붉은 제국의 그림자

이념과 인간 사회

이기우 지음

붉은 제국의 그림자

이념과 인간 사회

이담북스

▌ 서문

　인간은 늘 더 나은 세상을 꿈꾼다. 그러나 그 꿈이 이념과 제도의 외투를 입는 순간, 자유는 종종 그 주름 속에 갇힌다. 20세기의 붉은 제국은 그런 역설의 산물이었다. 인간이 인간을 지배하지 않는 세상, 굶주림도 차별도 없는 세상을 향한 약속의 불씨는 들불이 되어 대륙을 넘어 타올랐다. 그 과정에서 혁명은 신화를 낳았고, 신화는 권력으로 변했다. 제국의 권력은 평등을 향한 열정으로 자유를 억압했고, 해방의 공동체는 통제의 사회로 바뀌었다. 이 책은 공산주의 이상이 현실의 벽을 넘지 못한 붉은 제국들의 발자취를 뒤돌아보고, 오늘과 내일을 통찰해 본다.

　공산주의 이념은 18세기 후반 산업혁명이 일어나고 자본주의가 막 확산하고 있을 때 마르크스가 『자본론』을 출간해 사용자와 노동자 간의 고용관계의 문제점을 지적하면서 태동하기 시작했다. 그는 자본주의의 구조적 특성이 노동력의 상품화와 잉여가치 착취를 통해 사회적 불평등을 재생산한다는 점에 주목했다. 그런 점에서 『자본론』은 경제학뿐 아니라 역사, 철학, 사회학을 통합한 사회변혁의 이론서라 할 수 있다. 그 이론에 따라 레닌이 러시아에서 1917년 10월 혁명을 성공시켜 최초로 공산주의 국가가 탄생되었다.

　러시아 10월 혁명은 세계사를 바꿔 놓았다. 그 혁명으로 거대한 소련은 제국이 되었고, 이어서 소련군의 개입으로 동유럽의 공산화, 마오쩌둥이 국공 내전을 거쳐 중화인민공화국을 탄생시켰다. 또한, 오랜 프랑스의 제국주의 식민 지배와 긴 전쟁 끝에 이룬 통일 베트남의 공산화, 스탈린의 지원 아래 김일성의 북한 공산국가 수립, 그리고 아메리카 대륙에서 최초로 공산주의 노선으로 돌아선 카스트로의 쿠바 등이 붉은 제국의 대열에 올랐다. 소련 전성시대에는 전 세계 약 20개의 공산국가에서 세계 인구의 30% 이상이 붉은 제국에 속했다. 이런 세력은 냉전 시기 이념의 대결로 이어져 수많은 피해와 고통을 가져왔다.

이러한 공산주의 국가들이 1990년대를 기점으로 사회주의 이념을 포기하고 시장경제 자본주의 노선을 걸어 오고 있다. 동유럽 국가들이 선두로 체제 전환을 했고, 이어 공산주의 종주국인 소련이 해체되면서 공산주의는 힘을 잃고 다원적인 정치체제와 시장경제를 수용했다. 중국 또한 교조적 공산주의를 포기하고 덩샤오핑 시대를 거치면서 개혁·개방의 길을 택해 경제 대국으로 성장하고 있다. 공산 베트남도 중국을 모델로 시장경제를 수용하고 있고, 쿠바도 사회주의를 고수하고 있지만 점진적 개방으로 나오고 있다. 오직 북한만 공산주의 체제를 견고하게 붙들고 있다.

2027년이면 공산주의 혁명이 일어난 지 110년이 된다. 한 세기 이상을 거치면서 공산주의가 성공하지 못한 데는 두 가지 큰 요인이 있었다. 하나는 중앙 집중적인 통치 방식에서 출발한 계획경제가 갖는 비효율성이다. 인간이 아무리 치밀한 계획을 세워도 한계가 있고, 세상은 계획대로 되지 않는 요소들이 있다. 그래서 계획경제는 역동적이고 순발력 있는 시장경제를 이기지 못했다. 거기에다 인간의 기본적 욕구인 이기심과 소유욕을 충족시킬 사유재산권을 인정하지 않아 창의성과 능률이 떨어졌다. 또 다른 이유는, 결과론적이지만, 사회적 평등을 내세운 이상사회와 현실과의 괴리다. 인간 세상은 계급 없이 평등하고, 능력에 따라 일하고 필요한 만큼 분배되고, 자유 없이 행복한 유토피아는 없다. 그런데도 공산주의자들은 이상사회를 이데올로기로 내세워 혁명에 통해 정권을 잡고, 세상을 바꾸기 위해 독재정치와 강압 통치를 일삼았다. 그리고 이상과 현실의 간극을 메워 나가기 위해 허위·날조된 정보로 선전·선동을 일삼았다.

영국 정치사상가 에드먼드 버크가 『프랑스혁명의 성찰』에서 프랑스 시민혁명을 과격하고 급진적이라고 지적했다. 그런데 공산주의 혁명은 이보다 더한 폭력을 행사했다. 마르크스는 폭력이 단순한 수단이 아니라 역사 발전의 도구라 했다. 폭력은 새로운 사회를 낳는 산파로서 역사적으로 불가피하다는 것이다. 부르주아 지배계급이 국가의 군대와 경찰력을 장악하고 있어 평화적으로는 세상을 바꿀 수 없다고 판단했던 것일까? 그러나 폭력혁명은 큰 후유증을 낳는다는 교훈을 남겼다. 그래서 20세기 후반 신마르크스주의자들은 무력을 통한 혁명보다 문화적·이데올로기적 헤게모니를 통해 공산주의 혁명을 해야 한다는 비판적 대안을 내놓기도 했다. 그리고 혁명을 성공한 후 평등한 세상으로 바꾸려고 해도 인간 사회는 불평등한 요소가 여전히 존재하게 된다. 조지 오웰은 『동물농장』에서 아무리 혁명이 일어나고 지도자가 바뀌어도 결국은 원래의 모습대로 되돌아간다는 세상 이치를 희화적으로 묘사하고 있다.

이렇게 탄생한 붉은 제국들은 불과 반세기 만에 내부 균열을 드러내며 새로운 길을 모색하기 시작했다. 공산주의자들은 소멸한다고 예언한 자본주의의 본령인 시장경제를 받아들여야 했다. 그 변화가 단순한 경제적 타협인지 권력 유지를 위한 생존 전략이었는지 차치하고, 공산주의 이념이 내세웠던 이상적인 사회 구현은 경제의 비효율성, 정치적 억압, 인민의 삶의 저하 등 문제들이 현실로 나타났기 때문이다. 이런 상황에 맞닥뜨린 붉은 제국들은 하나둘 체제 전환으로 겨우 실패의 역사에서는 벗어나고 있다. 그런데 일부 국가는 이러한 몸부림에도 불구하고, 권력의 보존을 넘어 과거 전성기 제국의 영광에 미련을 버리지 못하고 새로운 권위주의적인 통치 행태를 보이는 국가도 있고, 사회주의와 시장경제의 이념적 혼합을 통해 변형된 공산주의 체제로 만들어 가는 국가도 있다. 즉 21세기 신(新)전체주의 속성을 띠는 국가들이 등장하고 있다.

이 책의 구성은 제1부에서 공산주의 기원, 즉 산업혁명, 애덤 스미스의 이론, 마르크스의 과학적 사회주의 이론을 간략히 소개하고, 제2부에서 마르크스 이론을 현실에 적용한 러시아혁명과 그 후 소련 제국의 통치와 영향을 탐구하고, 제3부와 제4부에서 중국, 베트남, 북한, 쿠바의 공산화 배경과 과정을 자세히 추적하고, 공산혁명 이후의 통치 행태를 조명해 보았다. 그리고 혁명 주역의 인물 탐구도 곁들였다. 제5부에서 체제 선택의 기준이 되는 변수인 가치와 제도를 짚어보고, 이념의 내구성과 그 한계에 따른 체제 변환을 원론적으로 살펴보았다. 제6부에서는 붉은 제국들의 탈이념 원인과 실제 체제 전환 과정을 분석했다. 제7부에서 그 이후 최근까지 이들 국가의 변화된 정치 행태를 규명해 보았다. 제8부에서 공산주의가 남긴 유산으로 중국의 국가자본주의 모델의 확산 가능성과 대국들의 신(新)전체주의 등장을 예견해 보았다. 마지막으로, 최근 새로운 몇몇 좌파의 이념을 소개하였다.

이 책은 학술적인 연구서라기보다 공산주의 이념이 거쳐 간 한 시대를 거시적 관점에서 조망하면서, 공산주의였거나 아직 공산주의인 5개국의 국가 통치 과정을 총체적으로 분석한 지식 교양서에 가깝다고 하겠다. 또한, 저자의 공직 생활 중 해외 근무 기간 러시아와 중국 등 사회주의 국가에서의 경험과 관찰 내용이 녹아 있다. 이념과 인간 사회의 삶에 대한 지적 욕구가 있는 사람들의 소양에 보탬이 되었으면 한다. 특히, 이념적으로 분단된 국가에 살고 있으면서 대한민국의 정체성에 무관심한 우리 젊은이들이 눈을 크게 뜨는 데 도움이 되었으면 한다. 끝으로, 북한도 늦기 전에 다른 공산국가들의 체제 변화를 참고했으면 한다. 이 책이 출판되도록 해준 한국학술정보 채종준 대표이사님, 출판사업부 관계자 여러분에게 감사드린다. 그리고 사진 작업에 도움을 준 이준호에게도 고맙게 생각한다.

2026. 북한산 자락에서
이기우

맺음말

█ 일러두기

- 사회주의와 공산주의는 학술적으로는 구분되는 개념이다. 그러나 이 책에서는 통상적으로 공산국가로 불리는 국가를 연구 대상으로 한 관계로 사회주의를 공산주의로 표기한 곳이 있다.
- 북한의 신문 보도나 최고지도자 언술 인용에서는 맞춤법과 띄어쓰기를 원문 그대로 표기하다 보니 우리 한글 표준어 원칙과는 맞지 않는 경우가 있다.
- 책 또는 저서는 『 』, 논문은 「 」, 신문과 방송 매체 또는 글이나 연설 제목은 〈 〉로 표시했다.

제1부

공산주의 사상의 태동

제1장

공산주의 이념의 형성 배경

» 이상사회 갈망

인간이 공동체를 형성한 이래 언제나 유토피아를 갈망해 왔다. 이는 인간이 바라온 이상적인 사회로 정의, 도덕, 자유, 평등, 행복 등이 실현되는 사회를 말한다. 고대 철학자 플라톤(Plato, BC427~BC347)은 저서 『국가』(Politeia)에서 현상의 본질이자 절대적 실재라 할 수 있는 이데아의 인식을 통치 능력의 최상위 기준으로 삼았다. 그래서 이상 국가는 선(善)의 이데아를 직관할 수 있는 철학자가 국가를 이끌어야 한다고 했다. 그리고 이상적인 사회는 정의가 실현된 사회로, 개인의 영혼과 국가의 구조가 서로 조화를 이루는 상태를 말한다. 플라톤은 사회를 세 가지 계층으로 나누고, 각 계층이 고유한 덕목을 발휘할 때 사회 전체의 정의가 실현된다고 했다. 국가 통치는 지혜를 갖춘 철학자가 하고, 국가 방위는 용기를 덕목으로 하는 군인이 맡고, 생산자 계급은 자신의 욕망을 절제하면서 물질적 생산을 담당하면 국가 전체가 조화롭고 정의로운 이상적 상태에 이른다고 했다.

한편, 중국의 고대 사상에서도 인간 사회가 지향해야 할 이상사회를 도(道)와 덕(德)을 기준으로 제시했다. 공자(孔子, BC551~BC479)는 『예기』(禮記)에서 '대동사회'(大同社會)를 이상사회라고 했다. 대동사회는 도(道)가 행해져 천하가 공평하게 다스려지고, 사익보다 공익을, 탐욕보다 덕(德)을 중시하는 사회라고 했다. 그는 "대도가 행해질 때 천하는 모두의 것이다(大道之行也, 天下爲公)"라고 표현했다. 그리고 백성들은 신뢰와 도덕 위에서 법과 질서를 지키는 사회를 이상사회로 들었다. 맹자(孟子, BC372~BC289) 역시 인(仁)과 의(義)를 바탕으로 하는 '왕도정치'(王道政治)를 통해 백성을 올바르게 다스리는 사회를 이상사회라고 했다. 고대의 이상사회는 공동체 강조, 위계질서의 중시 등에서 전체주의 속성이 내포되어 있다는 주장도 있지만, 서양은 철학적·형이상학적 관념주의, 동양은 도덕적 규범과 실천 윤리로 실현된다고 믿었다.

반면, 르네상스 시대 이후 유토피아는 이상과 현실에 대한 인본주의적 문제의식에서 시작되었다. 대표적으로 영국의 토머스 모어(Sir Thomas More)는 16세기 영국의 봉건제가 붕괴하면서 '인클로저 운동'(Enclosure Movement)[1]이 일어 농민들이 쫓겨나고 사회가 혼란해지기 시작하는 시기, 영국 사회의 탐욕과 부패, 불평등을 비판하며 "좋은 사회란 무엇인가?"라는 이상사회를 그렸다. 그는 저서 『유토피아』(Utopia, 1516)에서 사유재산이 폐지되고, 노동이 평등하고, 교육과 문화가 보편화되고, 법이 간단명료하여 누구나 쉽게 이해하고 준수할 수 있고, 종교의 자유가 보장되어 서로 다른 신앙이 공존하는 사회를 유토피아로 삼았다. 특히, 그는 "사유재산이 있는 한 사회는 결코 공평하거나 정의로울 수 없다."라고 해 공동체적 사회모델을 제시했다.

---

1) 15세기~19세기까지 영국에서 왕조시대부터 내려오던 공유지나 공동경작지를 사유지로 만들고 울타리를 쳐서 가축 방목이나 집약적인 농업에 이용한 현상을 말한다.

　계몽주의 시대로 넘어와 프랑스 사상가 장 자크 루소(Jean-Jacques Rousseau)는 『사회계약론, 1762』에서 인간의 자연적 자유와 평등을 회복하고, 일반의지에 따른 공동체를 만들어 자유롭고 평등한 시민사회를 만드는 것이 이상사회로 가는 길이라고 주장했다. 그리고 19세기 들어서서 샤를 푸리에, 생시몽, 로버트 오언 등이 이상사회는 자본주의의 부작용을 극복한 평등하고 협동적인 이상적 공동체를 제안하기 시작했다. 특히, 생시몽(Henri de Saint-Simon)은 1789년 프랑스혁명 이후의 혼란과 산업 현장의 노동 착취와 빈부 격차에 대한 문제의식을 강하게 가졌던 초기 사회주의 사상가라 할 수 있다. 그는 산업사회로 전환하면 봉건 귀족이 아닌 생산을 담당하는 기업가, 과학자, 기술자가 사회를 계획하고 통치해야 한다고 주장했다. 기술 관료주의에 의한 산업과 과학의 발전이 이상사회를 이끌 것이라고 하면서, 산업혁명에 의한 사회 변화를 긍정적으로 봤다. 그리고 개혁의 방법에서 폭력적인 혁명이 아닌 평화적인 변화를 주장한 온건한 사회주의자로 볼 수 있다. 그 후 19세기 중엽에 마르크스-엥겔스가 등장하면서 급진적으로 계급 없이 평등한 공산주의를 이상사회로 설정했다.

　이상으로 살펴보았듯이 고대의 이상사회는 자연스러운 조화와 질서를 중요한 가치로 여겼다. 그래서 그 실현은 지도자의 자질과 백성의 감화로 이뤄지는 것이다. 도덕을 갖춘 통치자나 현자가 올바른 길을 안내하고, 백성들이 이를 따르면 사회적 정의와 조화가 이뤄지게 된다. 그 후 르네상스와 계몽주의 시대를 거치면서 개인의 자유와 인간의 합리성이 중요시되어 이상사회는 사회계약 등 법치 실현으로 나타난다. 이성적인 개인들이 모여 자유로운 의지로 사회를 구성하고, 불합리한 권위에 대해 저항하며 사회 제도를 개선해 나가는 것이다. 그러다 근대 들어 자본주의에 대한 문제의식에서 출발한 공산주의는 혁명을 통한 정치·경제적 정의가 실현되는 상태를 이상사회라 했다.

» 애덤 스미스의『국부론』

애덤 스미스(Adam Smith)의『국부론』(The Wealth of Nations, 1776)은 영국에서 출간되어 19세기 말까지 경제학의 주류를 이룬 고전 경제학이다.『국부론』이 출간된 이후 경제학이라는 학문이 생겨났다. 애덤 스미스는 자본주의 경제는 자발적인 개인의 이익 추구를 통해 가장 효율적으로 작동하며, 정부의 개입은 최소한으로 제한되어야 한다고 주장했다. 이는 '보이지 않는 손'(Invisible Hand)의 원리인 시장의 자율경쟁을 통해 스스로 작동하도록 놔둬야 한다는 의미이다. 이러한 주장은 당시 '자유방임주의'(Laissez-faire) 사상과 맥을 같이하는 것이었다. 그리고 그는 노동의 분업과 자본의 축적이 경제성장의 원동력이라고 했다.

고전 경제학파의 주장은 경제 주체들이 각자의 이익을 추구하다 보면 사회적으로 이익이 되고, 나아가 국부의 극대화를 가져오게 된다는 것이다. 또한, 시장 가격기구에 의한 자원 배분이 가장 효율적이어서 정부가 보호주의나 규제 등 그 어떤 형태로든 시장에 개입해서는 안 된다고 주장한다. 또한, 자본주의 경제는 이익의 가장 큰 부분이 이윤을 창출하는 자본가에게 배분되는 것이 장기적으로는 모든 사람에게 이롭다고 한다. 자본가는 소득을 재투자해서 경제성장을 촉진하는 계급이기 때문이다.

『국부론』이후 고전학파 경제이론은 세계 경제를 이끌어 오는 경제학의 큰 지주(支柱)로서 역할을 해 오고 있다. 상품 생산의 분업화, 전문화, 비교우위론, 교역 등 현대 자본주의 작동의 원리를 제공한 경제이론의 전범(典範)이라 할 수 있다. 산업혁명 이후 현대에 이르기까지 인류 문명에 가장 큰 영향을 끼친 경제이론이다. 그러나 이에 비판하는 경제이론들이 수시로 등장하기도 했다. 공산주의 이론을 확립한 마르크스의『자본론』(資本論)이 그중 대표적이다.

공산주의 이념을 잉태시킨 시원(始原)은 13세기 영국으로 거슬러 올라간다. 이 시기 영국에서 양털이 상품으로서 서서히 환영받기 시작했다. 모직물 제조업이 성업하면서 양모(羊毛)의 수요가 급증하게 되었다. 그러자 지주들은 농경지를 양목장으로 바꾸고 울타리를 치기 시작했다. 이른바 '인클로저 운동'이 일어났다. 영국 정부도 처음은 이러한 움직임을 못마땅하게 여겼으나, 당시 영국 경제정책의 기조가 정부 개입을 최소화하는 것이어서, 이를 방관했다. 그러다 18세기 중엽에 이르러 제임스 와트(James Watt)의 증기 기관 발명으로 직물 공업에서도 기계화를 가져와 생산량이 급격하게 늘어나는 산업혁명이 일어났다. 이러한 인클로저운동과 산업혁명은 자본주의 발전의 밑거름이 되었다.

한편, 19세기 접어들면서 영국이 시민혁명 등으로 봉건사회가 무너지자, 자유를 얻어 해방되는 농노(農奴)들이 늘어났다. 그동안 영주에 구속되어 있던 농노가 정치 · 사회적으로는 자유를 얻게 되었으나, 경제적으로는 삶의 터전을 잃고 쫓겨나는 처지가 되었다. 그러자 이들은 공장 등 일자리를 찾아 도시로 모여들었고, 거기서 생계를 위해 노동력을 팔아야 했다. 이러한 사회적 변화를 토머스 모어는 "양은 온순한 동물이지만 영국에서는 인간을 잡아먹는다."라고 당시 상황을 풍자했다.

이때부터 자본으로 기계와 노동력을 매입해서 상품을 생산하고 이윤을 벌어들이는 자본가(Bourgeois) 계급과 임금을 받고 노동력을 팔아 살아가는 노동자(Proletariat) 계급이 형성되기 시작했다. 그런데 문제는 당시 영국 노동자 임금 수준이 물가에 비해 턱없이 낮아서 노동자의 삶은 비참했다. 그럼에도 자본가들은 이윤을 늘리기 위해 장시간의 노동과 저임금 지급이 보편적이었다. 1833년 영국의 '공장법'이 하루 노동시간을 15시간으로 규정한 적도 있었다. 그 후 약 50년이 지나서야 '신노동법'으로 개정되면서 하루 10시간의 노동 원칙이 정해졌다. 산업혁명의 바람이 영국보다 늦게 일어난 유럽 국가들의 산업 현장의 사정도 이와 비슷했다.

» 19세기 말 혁명의 불씨

산업화, 노동문제, 제국주의

19세기부터 유럽의 인구는 폭증하기 시작했다. 그 주된 원인은 18세기 후반부터 시작된 산업혁명에 힘입은 산업화와 도시화에 있었다. 유럽 인구는 1800년대 대략 2억 5백만 명이었으나 1900년대 4억 1천4백만 명으로 급증했다. 같은 기간 영국은 1천6백만 명에서 2천7백만 명으로 69% 증가했고, 러시아 인구는 3천9백만 명에서 6천만 명으로 54% 증가했다. 전 세계 인구가 19세기 한 세기 동안 약 9억 명에서 16억 명으로 56% 증가했다.[2] 산업화가 계속되면서 유럽의 도시 인구는 6배까지 증가했다. 도시들의 기반 시설은 증가한 인구와 산업의 수요에 부족했다. 특히, 인구 증가에 비해 주택 사정은 열악했다. 대도시 노동자들은 채광이나 하수도가 전혀 없는 환경에서 지내야 했다. 1850년에 이르도록 유럽에서 좋은 급수시설을 갖추었다는 파리에서도 노동자 1인당 연간 목욕 횟수는 10회 미만이었다. 또한, 도시에서는 매춘이 성행해, 19세기 중반 허가받은 직종이었던 매춘업은 파리에 5만 명에 이르렀다고 전해진다. 프랑스 작가 뒤마(Alexandre Dumas)의 소설 『춘희』(1848)에 등장하는 상류사회의

---

2) 주디스 코핀, 로버트 스테이시 『새로운 서양 문명의 역사』(손세호 역), (서울: 소나무), 2014, p.233.

이야기를 다룬 베르디의 오페라 〈라 트라비아타〉(La Traviata)의 여주인공 비올레타는 이런 여성을 모티브로 한 시대의 사회상을 보여준다.

이러한 인구 증가에 따른 경고는 이미 인구통계학자 맬서스(Thomas R. Malthus)가 『인구론』(An Essay on the Principle of Population, 1789)에서 지적한 바 있다. 인구는 기하급수적이지만 식량은 단지 산술적 비율로만 증가하기 때문에 과잉인구로 인한 식량 부족은 필연적이라고 했다. 인구 증가가 농업 생산량을 앞질러 기근이 오면 전쟁 등을 일으키는 '맬서스 재앙'이 오게 되어 있다고 했다. 그나마 이러한 재난이 식량 부족의 불균형을 가까스로 해소해 나간다는 주장을 폈다. 즉 기근은 혁명이나 전쟁을 불러오게 된다는 것이다.

산업혁명으로 인해 섬유 산업과 같은 분야에서는 여성 노동자가 노동력의 거의 절반을 차지했다. 그 이유는 여성 노동자는 임금이 싸고 문제를 일으킬 소지가 적었던 것으로 여겼다. 그래서 제조업자들은 여성 노동자를 선호했다. 대부분의 여성 노동자는 공장보다는 집이나 작은 작업장(Sweatshop)에서 일했으나 작업 시간은 남자 못지않게 길었다. 1850년대 이전에는 보통 하루에 15시간 이상이었다. 그리고 공장들은 새로운 규율을 부과했다. 자유로운 상태에서 노동이 아니라 냉혹한 기계의 속도에 따라야 했다. 이러한 노동자의 삶은 실업, 질병, 사고, 가정 문제 등으로 취약해져만 갔다. 19세기 중반에 접어들자 다양한 경험을 통해 노동자 스스로가 다른 계급과는 별개의 삶을 산다는 인식을 하게 되었다. 즉 '노동계급'이라는 개념이 자리 잡기 시작했다.

유럽 사회가 한창 산업적인 성장을 할 때 전 지구상의 대다수 사람들은 계속해서 농지에 의존하고 살았다. 도시뿐만 아니라 농촌에서도 비슷한 양상이 나타나고 있었다. 늘어나는 인구에 비해 제한된 토지는 소규모의 영농 문제와 농가 부채라는 고질적인 문제가 늘 함께했다. 러시아의 일부 대지주들은 50만에이커 이상을 소유했고, 농노 해방 이전까지 대부분의 농민은 지주들에게 종속된 존재였다. 동서를 막론하고 농민 반란은 19세기 초까지 역사를 뒤흔든 사회현상이었다. 농촌의 비참함에 대처하는 정부의 무능력까지 더해지면 농민 혁명으로 분출되기도 했다.

19세기의 이러한 여러 사회현상에 대해 정치 지도자, 학자, 문학인, 혁명가들은 '사회문제'로 인식하기에 이르렀다. 그리고 일부 개혁가들은 이러한 불만이 혁명으로 비화하기 전에 적절한 조치를 해야 한다고 느끼기 시작했다. 1862년에 발표한 빅토르 위고의 소설 『레미제라블』(Les Miserables)은 1789년 프랑스혁명 이후 60여 년 지속된 왕정 복귀 시도로 야기된 정치·사회의 대혼란을 배경으로 하고 있다. 서민들은 헐벗고 배고픔 속에서 자유와 풍요를 보장해 줄 변화를 갈망하는 소설이다. 혁명은 민중의 마음에서 멀리 있지 않았다.

혁명의 필요성을 가중시킨 것은 서구 자본주의가 발전하면서 나타난 제국주의(Imperialism)였다. 이는 한 국가가 다른 국가나 지역을 정치·경제·군사적으로 지배하려는 대외 팽창정책을 말한다. 제국주의 이념의 실행으로써 식민주의(Colonialism)는 직접적인 통치 형태로 식민 국가를 병합하고 국민을 예속시켜 관리하기 위해 새로운 정부를 세우는 방식이다. 19세기 제국주의가 극적으로 확대된 배경에는 유럽 사회의 발전, 산업화, 자유주의 혁명, 국민 국가 등장에 있었다. 산업화로 인한 원료에 대한 새로운 공급처가 필요했고, 서유럽의 산업 발전이 계속되기 위해서는 과잉 상품의 시장 개척은 물론 투자처를 확보할 필요성이 있었다. 특히 무역과 무기 산업에 관련된 사업가와 투자가들이 자국의 제국주의를 부추겼다. 영국과 프랑스의 경우 이런 경제적 이유 이외에 정치적, 외교적, 군사적 목적으로 해외 식민지를 개척했다.

이러한 서구 제국주의 확장이 러시아혁명 지도자 레닌이 혁명을 꿈꾸게 한 중요한 요인이기도 했다. 레닌은 제1차 세계대전이 절정기인 1916년 『제국주의: 자본주의의 최고 단계』(Imperialism, The Highest Stage of Capitalism)를 스위스 취리히에서 출간했다. 여기서 레닌은 제국주의가 자본주의의 최종적인 발전 단계이며, 그 특징은 독점 자본주의와 금융자본의 지배, 그리고 세계 분할을 위한 강대국 간의 전쟁으로 나타난다고 했다. 그래서 자본주의 자체를 전복시키는 것만이 제국주의 팽창을 억제할 수 있고, 그렇지 않으면 제국주의의 약한 고리인 식민지나 후진국에서 프롤레타리아 혁명이 필연적으로 일어난다고 했다. 그 후 레닌은 "제국주의는 프롤레타리아 사회혁명의 전야다. 이것은 1917년 이후 전 세계적으로 확인되었다."라고 했다.[3]

지식인의 역할론

사회에 대한 문제의식과 불만이 고조되어 대안 이념이 실행으로 옮겨지면 혁명이 된다. 그 중심에 지식인의 역할이 있다. 지식인이란 앞날을 내다보는 선구자적인 통찰력을 지닌 사람, 이러한 혜안을 동시대인들에게 널리 알리는 계몽자 역할을 하는 사람, 자신이 깨우친 진리가 기존의 낡은 가치 질서와 충돌할 때 새로운 진리를 위하여 목숨을 바칠 수 있는 용기를 가진 사람으로 설명될 수 있다. 인간의 문제를 우주 질서의 일부로만 보았던 초기의 그리스 사상을 인간 중심의 세계관으로 지배계급을 통렬히 비판했다가 처형된 소크라테스, 막강한 권력을 가진 로마 가톨릭교회의 천동설을 부인하고 지동설을 주장하다 종교 재판에 회부되어 평생 지하 감옥에서 보낸 갈릴레오가 서양 지식

---

3) 이 표현은 레닌의 『Imperialism, The Highest Stage of Capitalism』의 프랑스어판과 독일어판(1920년) 서문에 나온다(이정인 역, 파주: AGORA, 2017, p.22).

인의 표상이라 할 수 있다.

지식인은 크게 두 부류로 나뉜다. 하나는 정치나 계급으로부터 중립적이라고 여기는 학문적 지식인, 즉 학자, 성직자, 예술가 등 '전통적 지식인'(Traditional Intellectuals)이다. 현실 사회 구조와 밀접한 관계를 맺지 않고 고립된 '지식의 탑' 속에 있다고 믿는 사람들이다. 시류에 영합하지 않고, 불의와 타협하지 않으며, 부귀영화를 탐내지 않고, 학문을 통하여 터득한 진리에 만족하며, 정의롭지 못한 일을 보면 비판적인 글과 말로써 항거하는 기개를 지닌 사람들을 말한다. 이러한 지식인은 대체로 현실의 문지방을 넘지 못한다.

두 번째는 특정 계급(노동자 계급)과 함께 그 계급의 세계관, 이해관계, 문화를 반영하고 실천하는 '유기적 지식인'(Organic Intellectuals)이다. 이들은 단순히 학문하는 사람이 아니라 현장 속에서 계몽, 조직, 지도 역할을 하는 사람들이다. 학문적 지식인을 넘어 사회 변화에 실질적으로 관여하는 행동하는 지식인이다. 이탈리아 공산주의자 안토니오 그람시(Antonio Gramsci, 1891~1937)는 유기적인 지식인의 역할을 중요시했다. 이 지식인은 '문화적 헤게모니'인 지배적 가치 체계를 만들고 유지하는 데 핵심적인 역할을 해야 한다고 주장했다. 그의 '헤게모니 이론'은 정치권력은 무력뿐 아니라 '문화적, 도덕적 동의'에 의해 유지되어야 한다고 했다. 그람시의 저서 『옥중 수고』(Prison Notebooks)에서 지식인은 '아는 사람'이 아니라 '행동하는 사람'이며, '조직자'이며, 계속해서 대중을 계몽하고 설득하는 '영구 설득자'라고 했다.

실존주의자이면서 사회주의적 성향의 프랑스 철학자 장 폴 사르트르(Jean-Paul Charles Aymard Sartre, 1905~1980)도 지식인의 역할을 적극적으로 규정했다. 사르트르는 사회의 모순과 부조리를 비판하는 일은 지식인의 기본적인 역할이라고 하면서, 인간은 자신이 세계를 자유롭게 할 수 있을 때간 진정 자유롭다고 했다. 그러므로 지식인은 인간의 근원적인 목적인 인간의 해방, 인간의 보편화, 인간의 인간화를 위해 사회적으로 중요한 기능인으로 인식했다. 그리고 지식인은 독자적인 계급적 이익을 가진 집단으로 존재하지 않기 때문에 정치적, 이데올로기적 여러 관계 속에서 어떤 계급적 기능을 수행하느냐에 따라 자신의 입장을 달리하게 된다. 이러한 점에서 지식인은 기본적으로 기회주의적인 성격을 갖게 되지만, 궁극적으로는 모든 권력에 대항하여 대중이 추구하는 역사적 목표의 수호자가 되어야 한다고 했다.[4]

반면, 사르트르의 오랜 친구인 자유주의자 레이몽 아롱(Raymond Aron)은 『지식인의 아편』(The Opium of Intellectuals, 1955)에서 당시 서구 지식인의 역할을 비판했다. "지식인에게 개혁은 지루하나 혁명은 흥분을 일으킨다. 개혁이 산문적이면 혁명은 시적이다. 혁명은 모든 일이 가능하다는 신념을 일으켜준다."라고 했다.[5] 그러면서 지식인은 역사의 대의에 참여하고 있다는 허영심과 사명감에 빠져 있고, 이데올로기적 맹신을 하고 마르크스주의를 종교적 신앙처럼 받아들이고 있다고 비난했다. 스탈린 공산주의가 범죄와 탄압을 저지르는 데도 서구 지식인들은 이를 외면하거나 정당화하고 있는 것을 보면, 그들의 의식 속에는 공산주의가 '과학'이 아니라 '신앙'이 되었다고 비판했다. 마르크스가 "종교는 민중의 아편이다."라고 했지만, 아롱은 "공산주의는 지식인의 아편이다." 라고 했다. 그는 당시 프랑스에서 확산하고 있던 공산주의에 대한 위기감을 지식인들이 제대로 인식하지 못하는 데 대한 불만을 강하게 표출했다. "이념이 다르면 친구가 될 수 없다."라는 말로 사회주의자 사르트르와 불편한 관계를

---

4) 사르트르(J.P.Sartre) 「지식인의 역할」(「Plaidoyer pour les intellectuels」, 1972), 민족지성 1986년 1월호, pp. 154-158.

5) 레이몽 아롱, 『지식인의 아편』(안병욱 역), (서울: 삼육출판사, 1968), p.68.

표현하기도 했다.

새로운 질서의 여명(黎明)

혁명(革命)의 사전적 의미는 이전의 관습, 제도, 방식 등을 단번에 갈아치우고 질적으로 새로운 것을 급격하게 세우는 일이다. 정치적 의미로 좁히면, 헌법의 범위를 벗어나 국가의 기초, 사회 제도, 경제 제도 등을 근본적으로 고치는 일이다. 여기서 논의될 공산주의 혁명은 마르크스가 주장한 기존의 생산관계, 계급 구조, 지배 이념 등 사회 전체를 구성하는 질서를 완전히 바꾸는 것을 의미한다. 여기에는 반드시 대규모 대중이 동원되고, 특정 이념을 바탕으로 기존의 권위를 부정하고 새로운 사회질서를 수립하려는 의도가 깔려 있다. 그런데 혁명은 어느 날 갑자기 일어나지 않는다. 현재 상태에 대한 불만과 민생고가 기본적인 여건으로 조성되어 있고, 또한 충분한 준비가 되어야 한다. 그리고 혁명은 조직하고 실행할 주체가 있어야 가능하다.

근대국가 출현 이래 정치적 혁명의 원조는 1688년 영국의 명예혁명을 들 수 있다. 명예혁명의 이념은 1689년 의회에서 통과되고 새로운 왕과 여왕이 받아들인 〈권리장전〉(Bill of Rights)에 나타나 있다. 배심제, 인신보호법, 의회를 통해 군주에게 불만 사항을 청원할 수 있는 권리 등 인권을 재확인하고, 군주는 나라의 법에 복종해야 한다는 선언이다. 유혈사태 없이 국왕의 권력을 상당 부분 의회로 넘긴, '의회에 속하는 국왕'이 통치하는 입헌군주정이 확립되어 이를 명예혁명이라고 부른다. 영국의 명예혁명은 절대주의자에 반대해 온 존 로크(John Locke, 1632~1704)에게서 크게 영향을 받았다.

영국 명예혁명은 그 후 미국독립혁명과 프랑스혁명을 촉발하는 데 큰 역할을 했다. 1789년 프랑스혁명은 절대왕정과 봉건제도의 붕괴, 특히 인간의 자유와 평등사상을 일깨운 역사적 사변이었다. 프랑스혁명은 근대국가에서 민주 시민사회로 이전하는 데 결정적인 역할을 한 시민혁명으로 평가받고 있다. 다만, 프랑스혁명이 급진적이고 과격한 시민혁명이었던 것은 영국의 명예혁명보다 100여 년 뒤 당시 프랑스의 상공업이 상당한 수준으로 발달하여 부르주아 계층이 형성되어 있었던 탓도 있다. 그래서 구체제의 신분제도와 조세제도 등 '앙시앙 레짐'(Ancien Regime)에 대한 불만이 고조되었고, 또한 당시 영국은 이미 한 세기 전 혁명을 거쳐 시민사회로 나아가고 있는데 그때까지 프랑스는 절대왕정이 유지되고 있었던 것이 과격한 유혈혁명으로 이끌었다. 프랑스혁명에서 선포된 '인간과 시민의 권리선언'(Declaration of the Rights of Man and of the Citizen)은 근현대 국가들의 헌법 등 성문법에서 인간의 기본적인 권리 조항의 고전(古典)이다.

봉건 왕조 시대 인간의 삶은 동서를 막론하고 비슷했다. 역대 중국 왕조들의 흥망성쇠가 모두 인민들의 삶에 의해 판가름 났다. 특히 농업 사회에서 농민들의 혹사와 세금, 빈곤과 기아, 군대 징집 등이 만연해 백성들의 삶은 비참했다. 결국 청나라 말기의 혁명 기운도 농촌 문제로 시작하여 마오쩌둥의 공산주의 혁명에 이르렀다. 러시아도 공산혁명 이전에는 전통적인 왕조 국가였다. 러시아를 서구화하여 유럽의 일원으로 부상시킨 표트르 대제(Peter the Great, 1672~1725)도 독재 군주로서 유럽 어느 나라보다 절대적인 존재였다. 그는 1705년경 러시아 농민의 절반을 차르(Tsar)가 소유한 토지에 종속하게 하여 국가 농민으로 만들었다. 국가 소유의 인적 자원으로 세금, 징병, 노역을 국가가 직접 관리하고 동원을 쉽게 만들었다. 이러한 러시아의 가혹한 전제정에 저항해 귀족 출신 젊은 장교들이 1825년 12월 반기를 들고 일어났다. 황제의 전권 폐지 및 헌법 제정, 농노제 폐지 등을 요구하였으나 곧바로 진압되어 뜻을 이루지는 못했다. 이를 '12월 당원'을 의미하는 '데카브리스트(Decembrist) 혁명'

이라고 불렀다. 혁명은 실패로 끝났지만, 러시아 봉건 왕조에서 근대적 자유와 정치개혁을 시도한 최초의 운동이었고, 러시아에서 혁명의 새벽종이 울렸다.

그런 러시아의 농촌이 20세기 초에 이르러서는 농민도 토지의 임대와 매매, 노동자의 고용, 최신 농업 설비의 도입 등으로 부분적인 자본주의 단계에 진입하고 있었다. 남부 러시아와 우크라이나에서는 집약적인 곡물 경작까지 하여 러시아의 농업 부문이 러시아 산업 자본주의의 마중물이 되었다. 한편, 도시에서도 페테르부르크에는 야금업, 모스크바에는 섬유업, 돈 분지에는 탄광, 바쿠에는 석유 산업이 번성하고 있었다. 러시아 제국의 말기에는 농촌과 도시에서 초기 자본주의가 자리 잡아가고 있었다. 당시 러시아의 이러한 정치·경제 상황이 레닌으로 하여금 혁명을 일으킬 여건이 마련되어 있다는 판단을 내리게 했다.

제2장

마르크스-엥겔스의 과학적 사회주의

» 『자본론』 출간

마르크스(Karl Marx, 1818~1883)는 독일 유대계 집안에서 태어났다. 그는 젊은 시절 자유분방한 자유주의자였다. 19세기 전반기까지 독일은 봉건세력이 남아 있었지만, 아버지의 영향을 받아 자유주의자로 성장을 했다. 대학에 들어가서 급진적으로 변하면서 혁명가로 변신했다. 그는 본(Bonn) 대학에서 당시 철학의 대가 헤겔(George W. F. Hegel, 1770~1831)의 사사(師事)로 철학 박사학위를 받았다. 학창 시절 머리가 비상하여 헤겔의 방대한 철학 체계를 통달하고 비판할 정도의 경지에 이르렀다고 한다. 대학을 졸업한 후 그는 제도권인 대학 교수로 임용되기 어려워 언론인으로 사회 활동을 시작했다. 1842년 독일 급진 자유주의자들이 만든 〈라인 신문〉(Rheinische Zeitung) 편집인을 맡고 있을 때, 당시 프로이센(지금의 독일) 정부의 정책에 대해 비판적인 글 〈임금노동과 자본〉을 연재하기도 했다. 이 신문은 결국 1년 만에 폐간되었다.

이 시기부터 마르크스는 경제학을 공부하기 시작했고, 파리로 가서 공산주의 길로 들어섰다. 이 당시 프랑스는 혁명 이후 자유와 평등의 열기로 가득했다. 세계 각국에서 평등한 세상을 꿈꾸는 혁명가들이 모여들던 시기였다. 마르크스는 여기서 사회주의자들과 빈번히 교류하고, 특히 '공상적 사회주의자'인 피에르 푸르동(Pierre Proudhon)과 자신의 '과학적 사회주의'로 논쟁을 벌이기도 했다. 이 시기에 마르크스는 평생 공산주의 운동을 같이하고, 재정적 후원자이기도 한 프리드리히 엥겔스(Friedrich Engels, 1820~1895)를 운명적으로 만났다.[6] 그들은 파리의 혁명가 그룹에 가입하여 활동하다가 추방되어, 학문의 자유가 비교적 관대하고 사상적·이념적으로 개방된 사회였던 영국으로 건너갔다.

마르크스는 독일 관념론의 헤겔 철학, 프랑스 공상적 사회주의, 영국의 고전파 경제학 등을 두루 섭렵하면서 이들을 비판적으로 분석한『독일 이데올로기』,『공산당선언』,『자본론』등을 저술했다. 그중에서『자본론』(Das Kapital, 1867)은 영국에서 독일어로 출간됐다. 이를 쓰게 된 배경은 19세기 후반 산업 현장에서 일어나는 자본주의 문제점들에 대한 인식이 있었다. 즉 자본주의가 서구 사회에 확산하기 시작하던 시기에 '자본가의 노동력 착취'에 대한 문제의식을 품게 되었다. 책의 원제목『자본론; 정치경제학 비판』에서 알 수 있듯이, 이 책은 자본주의 문제점을 분석하고 비판한 정치경제학 저서다. 마르크스는 이 책에서 상품, 노동, 임금, 잉여가치, 이윤, 자본 등의 개념을 체계적으로 설명한 최초의 인물로 평가된다. 이러한 개념들을 통해 자본주의 생산관계가 안고 있는 문제점과 한계, 즉 이윤율 저하와 과잉생산 등 내재적 모순을 비판했다.

상품의 가치는 노동자의 사회적 평균 노동력에 의해 창출되고 있지만, 계약

---

6) 엥겔스는 아버지가 운영한 영국 맨체스터 소재 직물공장에서 일하면서 자연스럽게 자본주의를 접하게 되었고, 경제적 여유가 있어 마르크스에게 많은 도움을 준 것으로 알려져 있다.

에 따라 장시간 노동으로 창출된 잉여가치를 자본가가 이윤으로 가져가고, 노동자에 대한 보상이 이뤄지지 않는다. 이것이 착취의 본질이며, 그 잉여가치가 자본가의 이윤이 되어 자본으로 축적된다는 것이다. 당시로서는 마르크스의 주장은 혁명적인 것으로 유럽은 물론 전 세계적으로 큰 반향을 일으켰다. 그의 이론은 당시 주류 경제학이라 할 수 있었던 애덤 스미스를 중심으로 한 고전파 경제학 이론에 대한 도전이었고, 한창 확대되고 있던 자본주의에 대한 비판이었다. 이후 마르크스-엥겔스는 20세기 들어오면서 좌파의 우상이 되었다.

» 마르크스의 이론 체계

유물론

마르크스의 이론 체계는 유물론(唯物論)을 기초로 자본주의의 구조적 모순을 분석하고, 그 발전 방향을 통해 계급해방과 공산주의 사회로 이행을 전망한 총체적 사회 이론이다. 먼저, 마르크스는 헤겔이 주장한 인류의 역사는 고정불변이 아니라 모순과 대립을 근본 원리로 한 정(正), 반(反), 합(合)의 단계를 거쳐 변증법(辨證法)으로 끊임없이 변한다는 원리를 받아들였다. 즉 현실 세계에는 한 시대에 어떤 제도가 옳다고 여겨져 일정 시간 지나면 반드시 문제점들이 나타나게 되고, 이를 해결하기 위한 새로운 길을 모색하게 된다는 논리다. 그리고 마르크스는 우주 만물의 근원을 물질로 보는 유물론을 따랐다.

당시 지배적 세계관은 세상과 인간이 신에 의해 창조되고 유지된다는 유신론이었다. 그러나 마르크스는 신이나 초월적 존재를 인정하지 않고 인간 세상을 구성하는 근본은 물질이라는 포이어바흐(Ludwig Feuerbach)의 유물론에 영향을 받았다. 마르크스가 1845년에 쓴 〈포이어바흐에 관한 테제〉에서 다음과 같이 주장하였다. "지금까지 철학자들은 다양한 방식으로 세계를 '해석'해 왔을 뿐이다. 중요한 것은 해석이 아니라 세계를 '변화'시키는 것이다." 그럼, 무엇이 세상을 변화시키느냐? 헤겔은 세상을 변화시키는 것은 절대적인 정신에 있다고 했으나, 마르크스는 세상을 바꾸는 것은 정신이 아니라 물질이라고 주장하면서 헤겔의 이론을 관념론으로 비판했다. 그러면서 그는 헤겔의 변증법과 포이어바흐의 유물론을 결합하여 세상 변화의 원리를 철학적 방법론인 '변증법적 유물론'(Dialectical Materialism)으로 정립하였다.

나아가 마르크스는 변증법적 유물론을 바탕으로 역사의 변화를 설명하는 사회과학적 이론인 '역사적 유물론'(Historical Materialism)을 내놓았다. 역사의 발전은 사상이나 의지가 아니라 경제적 생산 양식이 결정한다는 것이다. 즉 인간의 사고방식이나 사회 제도는 모두 물질적 생산관계인 경제적 토대에 의해 결정된다는 것이다. 그러면서 인간 사회를 하부구조와 상부구조로 나누고, 하부구조는 생산력과 생산관계로 구성되어 있고, 상부구조는 정치 · 법 · 종교 · 예술 등으로 구성되어 있다고 했다. 그런데 문제는 자본주의 사회의 상부구조는 자본가 계급의 이익을 보호하는 방향으로 형성되어 있다는 것이다. 그러나 상부구조는 결국 경제적인 하부구조에 조응(照應)하여 형성되게 되어 있어, 물질에 바탕을 둔 토대가 상부구조를 결정한다는 소위 '하부구조 결정론'을 주장했다.[7]

---

7) 마르크스의 '하부구조' 결정론에 대한 반박과 보완적 주장; ① 이탈리아 공산주의자 안토니오 그람시(Antonio Gramsci)는 『옥중 수고』에서 경제적 생산관계(하부구조) 변화를 위한 혁명은 더 이상 불가능하다. 학교, 교회, 언론, 문화 등을 통한 자발적 '동의'에 의한 헤게모니로 점진적 혁명이어야 성공할 수 있다고 주장했다. ② 독일 사회학자 막스 베버(Max Weber)는 『프로테스탄트 윤리와 자본주의 정신』에서 프로테스탄트(특히 칼뱅주의)의 금욕적 직업윤리가 자본주의 경제발전에 중대한 영향을 미쳤다고 주장했다. 이는 상부구조에 속한 종교가 하부구조인 경제 관계에 변화를 초래하는 것이다.

이러한 생산력과 생산 양식의 모순을 극복하면서 인류 역사는 5단계로 진행한다고 했다. 고대 노예사회, 중세 봉건사회, 자본주의, 사회주의, 공산주의로 나아간다. 자본주의 사회는 내재적인 문제점으로 인해 필연적으로 붕괴하는데, 그 과정에 노동자 계급이 투쟁으로 자본가 계급을 무너뜨리고 모든 권력을 장악하는 단계를 사회주의라 했다. 사회주의는 개인이 아니라 사회 전체가 생산수단을 공유하고 계획경제를 실시한다. 마지막 단계인 공산주의는 프롤레타리아 독재로 생산력 수준이 높아지고 공산주의 인간형이 완성되어 계급도 국가도 없는 평등한 이상적인 사회를 말한다.

마르크스의 역사 발전 단계 이론에 대해 러시아 여성 혁명가 자술리치(Vera I. Zasulich)[8]와 마르크스가 질의응답한 사례가 있다. 러시아가 자본주의가 성숙하지 못한 상태에서 자본주의를 완전히 파괴하고 사회주의를 채택할 가능성이 있는지에 대하여 마르크스는 이렇게 대답했다. "역사의 발전 단계 이론이 모든 나라에 맞는 원형을 제공하지 않는다. 러시아가 농업 경제와 농민 공동체의 전통 덕분에 자본주의적인 산업화를 거치지 않고도 사회주의적 변혁을 달성할 수 있을 것이다."라고 했다. 그러나 현실에서 혁명을 주도한 레닌의 생각은 달랐다. 앞에서 언급했듯이 당시 러시아가 농업 분야와 도시 소상공업에서 이미 초기 자본주의가 형성되어 있어 혁명이 가능하다고 판단했다. 1917년 러시아 10월 혁명은 마르크스 판단에 의하면 역사의 발전 단계를 뛰어넘었고, 레닌의 논리에 따르면 짧은 기간에 순차적으로 진행된 것이다.

---

8) 자술리치(Vera Zasulich)는 마르크스주의자이긴 했지만, 레닌과는 혁명 추진에 의견을 달리하여 2월 혁명 이후 멘셰비키에 가입하여 지도자로 활동했다.

계급투쟁론

마르크스는 역사의 변화와 발전을 추동하는 구체적인 동력을 계급투쟁에서 찾았다. 자본주의를 생산수단인 자본과 공장을 가진 유산계급과 그것을 가지지 못하고 단순히 노동력만 제공하는 무산계급으로 양분했다. 그리고 자본주의 단계에 들어서면 새로 생겨난 자본가 부르주아 유산계급과 노동자 프롤레타리아 무산계급 간의 갈등으로 계급투쟁이 불가피하게 일어난다고 주장했다. 그러면서 1847년 11월 런던에서 열린 공산주의동맹대회에 즈음하여 마르크스와 엥겔스는 그 동맹에 가입하고, "모든 사회의 역사는 계급투쟁의 역사다."라는 내용이 담긴 〈공산당선언〉을 1848년 발표했다.[9] 그 선언에서 노동자들의 계급투쟁과 폭력혁명을 명시한 것으로 보아, 마르크스는 이때부터 공산주의 이론가에서 활동가로 변신하고 있었다.

그리고 〈공산당선언〉 말미에 "만국의 노동자여 단결하라!"라고 하면서 각국의 노동자들이 국경을 초월해 연대해야만 자본가 계급에 대항해 승리할 수 있다고 강조했다. 즉 자본주의 경제가 확대되면서 상품과 자본은 국경 없이 자유롭게 이동되는데, 노동자 계급은 한 국가에서 관리되고 있어 이를 타개하기 위한 계급투쟁의 전략이었다. 그러면서 현실에서 자본주의의 모순을 극복해 나갈 주체는 노동자 중심의 프롤레타리아임을 확신하고, 세계 최초로 실체적인 노동자 국제 연대조직인 제1 인터내셔널(1864~1876)을 런던에서 창설했다.

---

9) 〈공산당선언〉의 주요 내용: ①모든 사회의 역사는 계급투쟁의 역사다. ②모든 계급투쟁은 정치투쟁이다. ③부르주아가 촉진하는 산업의 발달은 노동자를 고립시키지만 동시에 연합을 통해 그들을 혁명 세력으로 만든다. 이리하여 부르주아지는 자신의 무덤을 파는 일군을 양성해 내는 것이다. 부르주아의 몰락과 프롤레타리아의 승리는 피할 수 없다. ④공산주의는 자신들의 목적이 기존의 모든 사회질서를 폭력으로 전복해야만 달성될 수 있음을 공공연하게 선언한다. ⑤만국의 노동자여, 단결하라!

이후 마르크스-엥겔스는 본격적으로 혁명적 노동운동 노선을 추구하고, 자신들의 이론 체계를 '과학적 사회주의'라고 하면서 다른 사회주의 사상과 차별화했다.

» 사회주의, 공산주의

사회주의 사상은 19세기 중엽부터 마르크스와 엥겔스의 등장으로 두 갈래로 나뉜다. 이상적 사회주의(Utopian Socialism)와 과학적 사회주의(Scientific Socialism)이다. 모두 산업혁명 시기 자본주의 부작용인 노동 착취, 빈부 격차 등의 사회문제를 극복하기 위한 새로운 대안적 이념으로 출발했다. 이상적 사회주의는 도덕적 호소를 통해 사회를 바꾸려는 것으로, 프랑스의 앙리 생시몽(Henri de Saint-Simon)이 대표적인 사상가다. 그는 생산자 중심의 사회와 산업가와 과학자가 지배하는 합리적인 질서를 중시했다. 사회문제의 해결은 도덕적 설득과 교육으로 개선해 나가는 것을 강조했다. 이에 대해, 너무 이상적 설계에 치중하고 자본주의의 구조적 문제를 제대로 분석하지 못했다는 지적이 뒤따랐다. 당시 프랑스의 자본주의 산업 발달이 영국보다 부진하여 문제 인식에 한계가 있을 수 있었다. 반면, 마르크스와 엥겔스의 과학적 사회주의는 사회 변화를 도덕적 접근이 아니라 역사적이고 경제적인 법칙에 따라 과학적으로 분석해야 한다고 주장했다. 자본주의는 내적 모순에 의해 필연적으로 사회주의로 이행한다는 것이다. 다시 말해, 이상적 사회주의는 '이렇게 되면 좋겠다'라는 희망을 제시한 사회주의라면, 과학적 사회주의는 '이렇게 될 수밖에 없다'라는 필연을 주장한 점에서 역사관에 차이가 있다.

다음, 사회주의와 공산주의(Communism)는 같은 뿌리다. 기본 이념이 생산수단의 공동소유라는 점에서 그렇다. 그런데 사회주의는 생산수단의 공동소유로 불평등 완화와 복지 실현에 있다면, 공산주의는 사유재산 철폐와 계급 철폐로 완전한 평등 사회를 실현하는 데 있다. 사회주의와 공산주의는 사적 영역에 대한 국가의 개입 정도가 다르다. 즉 사회주의는 국가의 개입과 시장경제 공존이 가능한 데 반하여, 공산주의는 모든 생산수단이 국가 또는 공동체 소유로 된다. 20세기 후반으로 들어오면서 일부 사회주의 세력들은 혁명 대신 점진적인 개혁을 통해 사회 정의를 실현하는 방향으로 틀었다. 즉 사회주의가 민주주의와 자본주의를 결합하는 형태를 띠고 있다. 현재 유럽의 스웨덴, 노르웨이, 프랑스 등 사회민주주의 복지국가들의 경제체제가 여기에 속한다.

사회주의와 공산주의는 세상 변화의 방법에서 큰 차이가 있다. 사회주의는 개혁(Evolution)을 통해 점진적으로 사회를 변화시켜 나가는 데 반해, 공산주의는 혁명(Revolution)으로 급진적으로 세상을 바꾼다. 개혁과 혁명의 본질적 차이는 폭력의 사용에 달려 있다. 개혁은 평화적이지만, 혁명은 폭력을 수반한다. 역사적으로 러시아혁명 당시 알렉산더 케렌스키(Alexander F. Kerensky)가 이끌었던 임시정부는 2월 혁명 이후 개혁으로 세상을 바꾸려고 했으나, 레닌의 볼셰비키 당은 이에 만족하지 못하고 10월 혁명을 통해 급진적으로 국가를 탄생시켰다.

마르크스의 역사 발전관은 사회주의는 공산주의로 가기 위한 전 단계다. 사회주의는 국가가 생산수단을 통제하지만, 여전히 계급이 존재한다. 그러나 공산주의 단계에 들어서면 국가가 소멸하고 계급 없는 사회가 된다. 현재 공산당이 일당독재로 통치하는 중국, 베트남, 북한, 쿠바 등은 공산주의를 목표로 하지만, 현재는 사회주의 단계에 머물러 있는 상태다. 이들 국가의 헌법에도 사회주의 국가로 명시하고 있다. 그래서 국가가 엄연히 존재하고, 권력구조에서 프롤레타리아 독재를 위한 공산당이 최상위에 위치하여 '당-국가체제'(Party-state System)[10]를 유지하고 있다. 이들 국가의 지도자들도 "지금은 사회주의 단계이며, 종국에는 공산주의로 간다."라고 주장한다. 그러나 이러한 잦은 주장에는 혁명 이데올로기 연속성을 강조하고, 나아가 현재의 통제 체제를 정당화하려는 의도가 있어 보인다.

---

10) '당-국가체제'(Party-state System)는 1917년 레닌 혁명 이후 프롤레타리아 독재를 위해 볼셰비키당(공산당)이 최고 권력기관으로서 모든 국가 운영을 장악하고 통제하는 시스템에서 유래되었다. 현대 공산국가나 독재국가들에서 당이 입법부, 행정부, 사법부 등 국가기관의 상위 기관으로서 삼권분립이 무시되고, 당의 노선과 결정에 따른다는 의미로 사용된다.

제2부

혁명의 불꽃
- 이론에서 현실로

제3장

러시아혁명과 소련 제국 성립

» 혁명가 레닌

블라디미르 레닌(Vladimir Ilich Lenin, 1870~1924)은 러시아 남동부 볼가강 강변의 작은 도시 심비르스크의 유대인 교육자 집안에서 태어났다. 그의 본명은 블라디미르 울리야노프(Vladimir Ilich Ulyanov)였다. 러시아 혁명운동 과정에서 혁명가들이 주로 필명을 사용했듯이 레닌은 그의 '필명'이었다. 유대인이었지만 개신교로 개종했다. 그 이유는 당시 유대인들의 거주지 제한 등 학대가 있었기 때문이다. 그러나 레닌은 유대인들을 재능 있는 인종으로 여기고 자신이 유대인의 피가 섞인 것을 자랑스럽게 여겼다. 그리고 당시 러시아 남부에서 활동한 혁명가들의 절반은 유대인이었다. 소설가 막심 고리키(Maxim Gorky)의 말을 빌리면, 레닌은 가끔 "총명한 러시아인은 거의 유대인이거나 유대인 피가 섞인 사람들이다."라고 말했을 정도로 유대인에 대한 자부심은 특별했다.[1]

---

1) 로버트 서비스(김남섭 역), 『레닌』, (서울: 교양인, 2017), p.62.

레닌의 성격은 아주 깔끔하고 단정했다. 항상 단추를 채우고 신발 끈을 제대로 손질해 신고 다녔다. 연필은 무섭도록 날카롭게 깎고, 책상은 항상 가지런하게 정돈하였다. 건강 상태는 좋은 편이 아니었다. 만성 위통과 두통에 시달렸고, 밤에는 잠을 잘 자지 못했다. 신경과민으로 자주 흥분하기도 했지만, 한편으로는 꼼꼼하고 놀라울 정도로 결연했고 냉철했다. 그는 어느 날 자신의 대머리 진행을 멈추는 방법에 대해 누이에게 조언을 구했으나, 별수 없어서 남은 머리칼을 말끔히 손질하기 시작했다.[2]

레닌의 의식을 완전히 바꿔놓은 사건이 있었다. 1887년 러시아 황제 알렉산드르 3세의 암살 계획에 참여했다는 이유로 그의 맏형이 그해 5월 8일 사형되었고, 집안이 반역자로 낙인이 찍히게 되자 가족은 모두 왕정 체제에 원한을 품게 되었다. 형이 죽은 지 몇 년 뒤 레닌은 농업 사회주의 테러리스트들의 조직에 가담하고, 그 후 혁명 활동가가 되었다. 레닌이 러시아 혁명가 중에서도 과격했던 것은 바로 형의 처형에 대한 감정이 자리하고 있었다. 그는 1887년 17세에 모스크바 동남쪽의 인근 카잔대학에 입학하였다. 독립적인 직업인 법률가가 되기 위해 법학을 전공하기로 했다. 그러나 1학년이었던 그는 총장을 물러나게 하는 시위에 가담했다는 이유로 퇴학되었다. 이 시기부터 레닌은 1870년대에 이미 러시아에 들어 온 마르크스주의에 관심을 두기 시작했다.

레닌을 혁명가로 의식화시킨 한 권의 책은 19세기 러시아 사상가 니콜라이 체르니솁스키(Nikolai Chernyshevsky)가 쓴 소설 『무엇을 할 것인가?』이다. 이 책을 읽고 차르 체제에 대한 적대감과 혁명 의식을 키웠다. 레닌의 가슴에 혁명의 꿈을 품게 해준 이 소설은 급진적인 내용으로 이상향을 만들기 위해 무엇을

---

2) 앞의 책, p.111.

해야 하는가를 1860년대 여러 상황에 대한 목표와 사회적 문제에 대한 해법 등을 혁명을 꿈꾸는 젊은이들에게 제시했다.[3] 당대와 후대 혁명가들에게 사상의 교리와 행동 지침서로 러시아 최초의 사회주의 소설로 평가된다. 소설에서 그는 인간은 원래 선(善)한데 사회 체제 즉 환경의 탓으로 나쁘게 변화된다는 것이다. 그러면서 '새로운 사람들'이라는 개념을 제시하여, 당시 젊은이들에게 큰 울림을 주었다. 이 새로운 사람이란 정직하고 이성적이며, 사회적 책임을 잘 알고 있는 혁명적인 사람으로 정의했다. 레닌도 그들에 속하고자 했다.

19세가 되면서 레닌은 많은 독서를 했다. 마르크스의 『자본론』, 『철학의 빈곤』, 엥겔스의 『반뒤링론』, 『영국 노동계급의 상황』 등을 탐독하면서 마르크스주의에 심취했다. 레닌은 동료들과 함께 국가와 사회의 기존 구조가 오래 지속될 것을 예상하고, 로마노프 왕조를 무너뜨리기로 마음먹었다. 레닌은 천신만고 끝에 페테르부르크 법률가 시험에 합격하여 1893년 23세에 러시아 수도인 페테르부르크로 옮겨와서 마르크스-엥겔스의 저서를 집중적으로 탐독하기 시작했다. 그는 『자본론』이 '과학적'이라고 믿는 마르크스주의의 '맹신자'가 되었다. 다른 마르크스주의자들과 열띤 토론을 하고, 때로는 과격한 언행으로 혁명을 주장하기도 했다. 독일어와 프랑스어를 이미 유창하게 하였으나 해외 사정은 어두웠다. 그래서 러시아를 실제보다 더 경제적으로 발전된 나라로 여겨 나중에 프롤레타리아 혁명이 가능한 것으로 판단했다.

레닌은 1895년 12월 9일 당시 반체제 단체인 '노동계급해방투쟁' 회원들과 같이 활동하다 당국에 체포되어 구금되었다. 2년 후 1897년 1월 판결에 따라 시베리아로 3년 유배형을 받았다. 이때부터 그는 제정러시아 당국의 감시를

---

3) 니콜라이 체르니셉스키(김정아 역), 『무엇을 할 것인가?』, (서울: 지식을만드는지식, 2011), p.14.

받기 시작했다. 그는 유배 중인 1899년 〈러시아 자본주의의 발전〉이라는 글을 발표했다. 이후 러시아에서 수천 명의 마르크스주의자가 생겨났고, 러시아 마르크스주의자들도 유럽 사회주의자들과 꿈을 공유할 수 있다는 확신을 심어 주었다. 1900년 1월 19일 레닌은 유배를 마치고 시베리아를 떠나도록 허가받았다. 그때 이미 페테르부르크에서 발간된 백과사전에는 레닌에 관한 인적 사항이 실려 있었을 정도로 유명한 마르크스주의자가 되어 있었다.

당(黨) 앞세운 혁명론자

앞에서 언급한 체르니솁스키의 소설 『무엇을 할 것인가?』에 감명을 받은 레닌은 그 소설 제목을 그대로 인용해 1902년 3월 자신의 저서 『무엇을 할 것인가?』를 펴냈다. 이 책에서 그는 비밀 정당을 조직하고 투쟁하는 방법을 제시했다. 그 책의 저자를 '레닌'으로 사용한 이후, 그 필명이 세상에 알려지게 되었다. 이 책은 1917년 10월 혁명의 성공에 결정적인 역할을 했던 것으로 알려져 있다. 레닌은 여기서 특히 '조직'의 중요성을 강조했다. 오늘날에도 많은 학자들이 전체주의 국가에서 선전·선동 활동보다 더 중요하고 강력한 통치 기제가 조직이라고 주장하고 있듯이, 레닌도 일찍이 이를 간파하고 있었던 것 같다. 그리고 대부분의 마르크스주의자는 혁명은 계급투쟁과 대중 운동을 거쳐야 한다고 했으나, 레닌은 그보다 규율과 단결이 요구되는 중앙집권적인 당(黨)이 앞장서서 이끌고, 당내 비밀스러운 음모 활동가의 역할이 있어야 한다고 주장했다. 그 조직이 오늘날 공산당으로 이어져 오고 있다.

레닌은 당시 러시아 상황에서 민주주의 선거와 대중 토론으로는 세상을 바꿀 수 없다고 판단했다. 농업 사회주의자들의 도덕적이고 점진적 사회주의 건설은 비웃음거리이고, 노동조합은 고용주 아래에서 저항하는 '경제투쟁'에 불과하여, 이런 개혁으로는 사회주의로 갈 수 없다고 판단했다. 그 대신 엘리트로 구성된 당이 노동자들을 이끌어 계급투쟁을 통한 '정치투쟁'을 해야 한다고 주장했다. 그러면서 레닌은 "우리에게 혁명가들의 조직을 달라. 그러면 러시아 전체를 뒤집어엎을 것이다!"라고 외치기도 했다. 그는 철저히 마르크스-엥겔스의 추종자로서, 그들 이론의 진정한 해석가로 인정받으려고 노력했다.[4]

1902년 6월 1일 마르크스주의 선전지인 〈이스크라〉(Iskra, 불꽃)[5] 21호에 당 강령 초안이 게재되었다. 그중 중요한 것은 '프롤레타리아 독재'를 레닌의 주장대로 삽입시켰다. 레닌은 사회주의로 가는 데는 두 단계를 거쳐야 한다고 생각했다. 첫 번째는 '부르주아 민주주의 혁명'이고, 두 번째는 '사회주의 혁명'이다. 즉 러시아에서 1단계는 로마노프 군주정의 전복으로 성립된 임시정부가 '부르주아 민주주의 혁명'이고, 2단계는 프롤레타리아 계급이 사회주의 혁명을 통해 권력을 완전히 장악해 독재하는 것이다. 앞에서도 언급했듯이 레닌은 당시 러시아 제국의 경제가 이미 자본주의 생산 양식에 진입하여 부르주아 민주혁명이 가능하고, 그다음 단계인 사회주의 혁명도 가능하다고 판단한 것이다. 러시아에서 두 단계의 혁명을 암시한 것이고, 제2단계 혁명이 10월 혁명이었다.

---

4) 로버트 서비스, 앞의 책, 참고.

5) 〈이스크라〉 신문은 레닌에 의해 1900년 12월 독일 뮌헨에서 비밀리에 창간되었다. 이 신문은 해외에서 러시아 내 마르크스주의자들의 이데올로기를 다듬고 교화시키는 구심점 역할을 했다. 발행 부수가 수백 부에 불과한 선전 간행물이었지만, 밀사를 통해 독일과 오스트리아의 국경을 넘어 러시아로 운송되어 러시아 지하 혁명 조직에 마르크스주의 보급과 볼셰비키혁명의 사상적 기초를 제공했다. 러시아혁명 이후에는 〈프라우다〉 등 다른 매체가 등장하면서 영향력이 약화돼 1910년에 폐간되었다.

볼셰비키 지도자 되다

러시아에서 최초의 마르크스주의 정당은 '러시아사회민주노동당'(RSDLP)이
었다. 1898년 3월 러시아 제국의 변방 민스크(Minsk)에서 창당을 선언했다. 비
밀경찰의 감시가 덜하고 유대인 노동자 조직인 '분드'(Bund)가 세력을 형성하
고 있었던 곳이다. 그러나 제1차 회의 직후 당국에 의해 대의원들이 모두 체
포되어 힘을 잃었다. 그러다 1903년 8월 런던·브뤼셀에서 개최된 제2차 '러
시아사회민주노동당' 대회에서부터 레닌의 존재감이 드러났다. 자신을 중심
으로 한 다수파를 '볼셰비키'(Bol'sheviki)라 명명하고, 소수파 그룹을 '멘셰비
키'(Men'sheviki)라 불렀다. 이후부터 같은 당의 마르크스주의자들도 레닌을 중
심으로 하는 강경파 볼셰비키와 온건파 멘셰비키로 나뉘기 시작했다.

이 무렵 러시아 제국은 혼란에 접어들었다. 농민들은 흉작과 기근으로 고통
스러웠고, 노동자들은 고용주들에 맞서 분노하고 있었다. 1894년에 등극한 황
제 니콜라이 2세는 사실상 모든 세력으로부터 공격을 받았다. 상황을 더욱 악
화시킨 것은 1904년 러·일전쟁에서 러시아의 패배였다. 1905년 1월 9일 일
요일 페테르부르크에서 노동조합인 '러시아 공장 노동자회의'가 주축이 되어
평화적인 시가행진이 있었다. 니콜라이 2세에게 민주적인 대의제를 비롯하여
보편적인 시민권을 부여해 달라는 청원서를 제출하는 시위였다. 니콜라이 2세
집무실인 '겨울궁전'에 시위대가 접근하자 발포가 이뤄져 무고한 시민들이 살
해당하는 불상사가 일어났다. 이를 '피의 일요일'이라고 불렀다.

1905년 4월 제3차 '러시아사회민주노동당' 당 대회가 런던에서 개최되었
다. 물론 볼셰비키 중심의 대회였다. 프랑스 혁명기의 자코탱 클럽의 테러 활
동에서 많은 영감을 얻은 레닌은 여기서 로마노프 왕조를 무너뜨리기 위해 무
엇이든 하라고 역설했다. 무장봉기, 대규모 테러, 지주의 토지 몰수 등 과격

한 구호를 외치며 지지자들의 동의를 얻어냈다. 레닌과 볼셰비키는 프랑스혁명 과정에 로베스피에르(Maximilien de Robespierre)의 공포정치를 닮아가고 있었다. 1905년 5월이 되자 러시아에 '소비에트'(Soviet)라는 기구가 생겨났다. 소비에트는 러시아어로 '평의회'(Council)라는 의미로 노동자 등 하층계급의 자발적 조직체였다. 그러나 1917년 10월 혁명 이후는 단순한 노동자 조직을 넘어 정치적 성격을 띠게 되었다. 레닌은 "모든 권력은 소비에트로"라 말해 소비에트를 사회주의 국가의 기본 통치 단위이자 권력 기반으로 삼았다. 1905년 9월 트로츠키(Lev Trotsky, 1879~1940)는 페테르부르크 소비에트 부의장이 되었다. 이 때부터 지하에서 활동하던 정치단체들이 밖으로 나왔고, 각종 조합이 급증했다. 자유주의자들은 '카데트'(Kadet, 입헌민주당)를 만들기도 했다.

이 시기에 레닌은 해외에 있었다. 레닌의 귀국을 종용하는 볼셰비키들이 있었지만, 여전히 망명자로서 이념적인 토론, 연구와 출판에 열중하고 있었다. 물론 체포에 대한 불안감도 있었다. 1905년 10월 17일 니콜라이 2세가 의회 격인 '국가 두마'(State Duma)를 개원하고, 보편적 시민권을 보장하겠다는 약속을 선언하자, 레닌은 5년 만에 일시 귀국길에 올랐다. 러시아로 돌아온 이후에도 1907년까지 수시로 핀란드로 요양을 가거나 도피처로 활용했다. 그 후 다시 스위스 등 해외에 체류하면서 1916년 들어서 러시아에서 혁명이 무르익었다고 판단했다. 그동안 레닌은 많은 기고를 통해 지식층에는 알 만한 사람들은 다 알고 있었고, 러시아 비밀경찰 '오흐라나'(Okhrana)에서도 유명한 사람이 되었다. 그러나 러시아 노동자들에게는 많이 알려지지 않았다. 이때 레닌 나이는 46세였다. 역사는 레닌에게 우연과 기회의 결정적인 상황으로 다가오고 있었다.[6]

---

6) 레닌의 해외 체류 지역과 시기: 스위스 제네바(1900), 독일 뮌헨(1900~1902), 영국 런던(1902~1903), 프랑스(1903~1905), 러시아 일시 귀국(1905~1907), 스위스 제네바 및 프랑스

2월 혁명과 레닌의 귀국

1917년 러시아 2월 혁명이 수도 페트로그라드에서 일어났다. 여성 섬유 노동자들을 시작으로 파업이 며칠간 계속되었고, 야금 공장 노동자들로 확산하였다. 대부분 노동자는 작업 환경과 식량 부족으로 고통을 받고 있었다. 사회주의 정당들, 즉 볼셰비키, 멘셰비키, 사회주의자-혁명가당 할 것 없이 혁명의 순간이 도래했음을 감지했다. 이때 황제 니콜라이 2세는 수도가 아닌 전방인 모길레프(Mogilev) 군부대에서 이 보고를 받았다. 당시는 제1차 세계대전 중으로 러시아군 총사령관으로서 전선 가까운 지휘부에 상주하고 있었다. 사태 수습을 위해 돌아오려고 했지만 철도 노선이 혁명군에 의해 차단되어 도중에 멈춰야 했다. 상황을 엄중하게 판단한 황제는 왕위를 혈우병 환자인 아들 알렉세이(Aleksei Nikolaevich)에게 물려주려다 곧 마음을 바꿔 그의 동생 미하일 대공(Grand Duke Michael Alexandrovich)에게 양위하려고 했다. 그러나 미하일이 국민회의의 결정을 기다리며 주저하여 왕권 양위는 실패로 끝났다. 결국 국가의 제반 권력은 국가 두마의 지도자들에게 넘어가면서 1917년 3월 15일 러시아의 왕조 체제는 종말을 맞았다.

이런 상황이 되자 레닌은 먼저 러시아에서 활동하고 있는 볼셰비키들에게 당의 노선을 잘 따르라는 지령을 내렸다. 그것은 장차 '노동자 대표 소비에트'가 권력을 장악해야 한다는 의미였다. 이는 2월 혁명으로 들어선 임시정부에 대한 도전장이자, 다음 단계의 혁명을 암시한 것이었다. 그런데 레닌이 러시아로 돌아가는 것은 쉽지 않았다. 제1차 세계대전 중으로, 러시아로 바로 가는

(1908~1912), 오스트리아 및 헝가리(1912~1914), 스위스 취리히(1914~1917), 러시아 영구 귀국(1917.4)

길은 거의 막혀있었다. 그러자 레닌은 스위스 베른(Bern)에 주재하고 있는 독일 영사인 롬베르크에게 자신들의 귀국을 도와 달라고 부탁했다. 그 영사는 레닌 일행이 열차로 독일을 치외법권적으로 횡단할 수 있도록 하는 독일 외무장관의 승인을 얻어 주었다. 당시 독일로서는 교전국인 러시아 정부에 항거하는 러시아 망명자들을 돕는 것이 자국의 전황에 도움이 되었기 때문이다.

1917년 3월 24일 레닌 일행 32명은 각자 요금을 지불하고 열차에 올랐다. 무료 열차 이용은 적성국(독일)의 지원이라는 오명을 남길 수 있어서, 이를 차단하기 위한 레닌의 용의주도함이었다. 일행은 스위스를 넘어 독일로 들어갔고, 그곳에서 독일 장교의 안내로 열차를 갈아탔다. 열차 내부에는 분필로 '독일 영역'과 '러시아 영역'으로 구분되어 있었다. 그래서 이를 '봉인 열차'(Sealed Train)라 불렸다. 그러나 실제로 봉인될 정도로 엄격하게 통제되지 않아 열차 내에서 왕래 정도는 가능했던 것으로 알려져 있다. 독일로서는 러시아 망명자들의 귀국을 그렇게 엄하게 다룰 이유가 전혀 없었다.

스위스를 떠난 지 엿새 후인 3월 31일 레닌과 망명자들은 스웨덴에 도착했다. 이때 스웨덴 현지 신문 〈폴리티켄〉(Politiken)은 레닌 일행에 대한 보도에 레닌 사진을 함께 실어, 그의 얼굴이 인쇄물로 배포된 것은 이때가 처음이었다. 또, 동료들의 권유로 레닌은 러시아에 도착해서 임시정부 인물들과 맞선 투쟁을 하는 데 적절한 복장인 양복과 구두를 스톡홀름 NK(Nordiska Kompaniet) 백화점에서 구입하기도 했다. 레닌 일행은 다시 야간열차를 이용해 핀란드로 이동했다. 레닌은 열차 안에서 러시아 신문을 읽고 임시정부에 기울어지는 멘셰비키에 대한 불만을 표시하고, 특히 시베리아 유형지에서 석방된 스탈린이 이끄는 볼셰비키 중앙위원회가 임시정부를 조건부로 지지하는 방침을 세웠다는 소식에 분노했다. 2월 혁명으로 세워진 임시정부를 못마땅하게 여겼던 것이다.

» 10월 혁명

제2단계 혁명 전야

핀란드 헬싱키에서 레닌을 태운 열차는 4월 3일 자정 가까운 시간에 체포될지 모른다는 불안감 속에 러시아 페트로그라드 시내에 위치한 핀란드역에 도착했다.[7] 역에는 멘셰비키와 사회주의자-혁명가당 당원들도 환영 나와 있었다. 레닌은 볼셰비키가 준비한 장갑차에 올라, 수천 명의 군중들에게 러시아에서 자본주의를 붕괴시키기 위하여 사회주의자들은 임시정부 지지를 철회해야 한다는 과격한 연설을 했다. 스위스에서 돌아오는 기차 안에서 레닌은 틈틈이 그의 혁명 전략의 밑그림을 그렸다. 임시정부에 불만을 가진 극좌 사회주의자들을 자극하고 고무하는 내용들이었다. 2월 혁명으로 탄생한 임시정부는 '개혁'으로 러시아를 변화시킬 생각이었으나, 레닌은 임시정부를 전복하기 위해 더 과격한 '혁명'을 구상하고 10개 항의 〈4월 테제〉[8]를 발표했다.

군주정이 폐지되자 대중들은 정치를 공개적으로 토론하기 시작했다. 레닌은 프롤레타리아와 부르주아 사이의 경쟁을 유도했다. 한편, 볼셰비키 당이 프

---

7) 러시아 대도시 기차역 명칭은 철도망이 연결되는 도시나 외국 국가의 이름을 붙인다. 여기서 핀란드 역은 핀란드로 왕래하는 페트로그라드에 있는 역이다.

8) 레닌의 〈4월 테제〉는 1917년 볼셰비키가 권력을 장악하는 데 결정적 역할을 했다. 그 주요 내용은 ① 임시정부가 수행 중인 1차 대전은 조국방위전이 아니라 제국주의적 약탈 전쟁이다. ② 부르주아 중심의 임시정부에 대해 어떠한 지지와 협조를 하지 않는다. ③ 모든 권력은 소비에트로! 구호를 혁명의 기본으로 한다. ④ 제헌의회를 포함하여 부르주아 의회를 인정하지 않는다. ⑤ 부르주아 혁명은 완결되었으니, 사회주의 혁명으로 즉각 이행한다. ⑥ 대지주의 토지를 몰수하고 농민에게는 토지사용권 형태로 재분배한다. ⑦ 모든 은행을 통합하여 단일 국립은행으로 완전히 국유화한다. ⑧ 공장의 생산 시설은 노동자가 직접 통제한다. ⑨ 러시아사회민주노동당의 명칭에서 '사회민주주의'를 빼고 공산당의 성격을 분명히 한다. ⑩ 새로운 혁명적 조직인 제3 인터내셔널(코민테른) 창설을 준비한다.

롤레타리아 계급을 대변할 수 있는 유일한 정당이라고 주장하거나, 유럽 제국주의 전쟁을 '유럽 내전'으로 발전시켜야 한다는 주장에 노동자, 병사, 농민 모두 불안해했다. 그들은 임시정부에 많은 기대를 해 오고 있었기 때문에 레닌의 '전쟁', '독재'라는 과격한 구호들은 임시정부의 노선과 배치된다고 생각했다. 그러나 레닌은 대규모 산업과 은행의 국유화, 정부의 농지 수용을 촉구하면서, 멘셰비키와 사회주의자-혁명가당은 임시정부를 구성한 입헌민주당의 '제2중대'에 불과하다고 격하시켰다.

레닌은 앞에서 살펴보았듯이 청년 시절부터 분노를 품은 지적 능력을 갖춘 인물이었다. 그는 프롤레타리아에 대한 애정에 앞서 복수와 파괴의 열정을 품은 사람이었다.[9] 그래서 사상가라기보다는 정치 투사였다. 그러나 레닌이 1917년 러시아로 돌아올 때까지 그를 아는 사람이 거의 없었다. 단지 마르크스주의자들만 그의 글을 통해 알고 있었다. 그래서 1917년까지 〈프라우다〉(Pravda, 진리)를 비롯한 어떤 러시아 언론도 그의 사진을 싣지 못했을 정도로 레닌은 대중적으로 알려지지 않았다. 그러나 혁명이 가까워지면서 레닌은 문장과 연설을 통해 혁명의 정당성을 알렸다. 1917년 5월에만 48편의 볼셰비키 사상을 전파하는 글이 〈프라우다〉에 게재되었다. 그리고 6월에는 21차례 연설을 하면서 대중 앞에 나섰다. 레닌은 대중 앞에서 연설할 때는 엄지손가락을 조끼에 고정한 채 연설하는 버릇이 있었다. '레닌 모자'로 알려진 그의 검은 모자는 당시 러시아 노동자들이 쓰고 다니던 켑카(Kepka)로, 혁명가 면모를 갖추려고 했다.

1917년 6월 3일부터 24일까지 '전 러시아 노동자·병사 대표 소비에트 대회'가 열렸다. 소비에트들은 임시정부와 별개로 전국에 걸쳐 행정조직을 수립

---

9) 로버트 서비스, 앞의 책, p.28.

하려고 했고, 레닌은 자기 당이 이 조직을 장악해 나라를 통치하는 도구로 이용할 준비를 하고 있었다. 이 시기에 볼셰비키와 멘셰비키는 혁명 노선의 차이로 인해 결별하게 되었다. 볼셰비키를 중심으로 강경 노선을 추구하는 독립된 정당이 만들어져갔고, 그 지도자가 레닌이라는 사실을 누구도 의심치 않았다.

한편, 시간이 지날수록 상황은 케렌스키가 이끄는 임시정부에 불리하게 돌아가고 있었다. 인플레이션이 극심했고, 산업 생산이 급락했고, 식량도 부족했다. 지방의 행정들은 임시정부와 관계없이 각자도생의 길을 걸었다. 거기다 황제 니콜라이 2세는 1917년 1월 22일 이미 제1차 세계대전 연합국 측에 신뢰를 보이기 위해 동부전선에서 전쟁을 계속하겠다고 밝힌 상태였다. 이는 민심에 반하는 조치일 뿐만 아니라, 레닌에게 유리한 혁명의 기반을 만들어 준 셈이다. 수도 페트로그라드에서 멀지 않은 크론시타트에 주둔하고 있던 해군 수비대 병사들 사이에서 임시정부에 대한 적대감이 일기 시작했다. 수도에 주둔하고 있던 병사들과 공장 노동자들도 볼셰비키 쪽으로 돌아서는 사람들이 늘어났고, '모든 권력은 소비에트로!'라는 구호가 거리 여기저기서 들려오기 시작했다.

한편, 임시정부는 1917년 7월 7일 사회주의자-혁명가당 소속의 케렌스키를 총리로 선출했다. 임시정부 방첩 당국은 볼셰비키가 독일 정부로부터 보조금을 받는다는 믿을 만한 근거를 확보하고 있었다. 독일이 러시아인들에게 평화 선전을 할 목적으로 자금을 지원한 사실이다. 볼셰비키가 2월 혁명 후 소수파에 불과했는데 많은 신문을 창간하고 세력을 확장한 것은 결코 우연한 일이 아니었다. 레닌은 7월 9일 임시정부의 1급 지명 수배자로 되자, 핀란드로 다시 도피했다. 이때 스탈린이 레닌의 콧수염과 턱수염을 면도해 주고, 핀란드 농민처럼 변장시키고 가면을 쓰게 하여 무사히 탈출을 도왔다는 일화도 있다. 러시아 임시정부 내무장관은 레닌 체포에 20만 불을 걸기도 했다.

이런 상황에서도 레닌은 10월 혁명 직전에 『국가와 혁명』을 집필하고, 러시아의 현 정치 정세에 대처하는 데 필요한 당의 능력과 지도 노선을 제시했다. 마르크스 사회주의자들이 집권하려면 선전 · 선동이 중요하고, 성공한 사회주의 혁명 정부는 계속 폭력적 방식을 펴나갈 것을 요구했다. 선전 · 선동과 폭력은 전체주의 국가 통치의 기본 요소라는 것을 강조했다. 또한, 마르크스 이론에 충실하여 사회주의에서도 불평등 문제를 해결하기 위해 국가는 여전히 존재해야 하고, 역사 발전의 마지막 단계인 공산주의 체제에 들어서면 '능력에 따라 일하고, 필요한 만큼 분배되는 세상'이 되어 전문적인 정치인, 관료, 군대는 필요 없고, 국가는 당연히 소멸한다고 했다.

D-day 도래

1917년 10월 24일 밤 11시 레닌은 볼셰비키 중앙위원회 위원들에게 결정적인 지시를 내렸다. "인민의 이익, 군대의 이익, 농민의 이익, 굶주리는 사람들의 이익을 대변하는 진정한 대표자들에게 권력을 넘겨주겠다고 발표할 군사혁명위원회나 다른 기관이 권력을 잡게 해야 한다"라는 내용이었다. 그러자 볼셰비키 중앙위원회와 군사혁명위원회 지도자들은 곧장 쿠데타를 준비하고 있던 스몰니(Smolny) 학원으로 몰려들었다.[10] 레닌 역시 그 건물 71호실에 가발로 위장한 채 나타나 테이블 가장자리에 앉아 동지들에게 혁명의 속도를 더욱 올리도록 독려했다. 레닌이 성인이 된 후 30년 동안 헌신했던 역사적인 사회

---

10) 스몰니 학원(Smolny Institute for Noble Maidens)은 1764년 러시아 예카테리나 2세가 페테르부르크에 설립한 학원으로서 귀족 자제에게 교육과 예절을 가르치는 러시아 최초의 여성 교육 기관이다.

주의 혁명의 순간이 눈앞에 다가와 있었다.

1917년 10월 24일 밤과 25일 새벽이 되자 페트로그라드의 거리 여기저기서 산발적인 폭력 시위가 이어졌다. 임시정부에 운명의 순간이 다가오고 있었다. 오후 2시 스몰니 학원 대강당에서 페트로그라드 소비에트 비상 회의가 열렸고, 개막 연사는 소비에트 의장 트로츠키였다. 그는 "케렌스키의 권력은 전복되었다. 일부 각료들이 체포되었고, 나머지 각료들도 곧 체포될 것이다."라고 했다. 이어 등장한 레닌은 의기양양하게 "동지들 볼셰비키가 줄곧 역설해왔던 노동자와 농민의 혁명이 다가왔다. 억압받은 다중이 스스로 그들의 권력을 창출할 것이다. 옛 국가 기구는 철저히 파괴될 것이며, 새로운 행정 기구가 소비에트 조직의 형태로 만들어질 것이다."라고 했다.

볼셰비키혁명에 동조하는 해군 순양함 '아브로라'(Aurora)호가 네바강을 거슬러 임시정부 청사가 있는 겨울궁전을 향해 올라왔다. 그러자 케렌스키는 수도 바깥에서 세력을 규합해 보려고 겨울궁전에서 탈출했다. 레닌은 군사혁명위원회 선언문을 통해 "러시아 임시정부가 전복되었다. 국가 권력은 페트로그라드 프롤레타리아와 군사혁명위원회의 수중으로 넘어왔다. 노동자, 병사, 농민 혁명 만세!"라고 하면서 역사적인 볼셰비키혁명이 성공했음을 만방에 알렸다. 1917년 10월 26일 혁명군이 페트로그라드 겨울궁전에 본부를 둔 임시정부를 무너뜨리면서 혁명은 끝났다. 이후 레닌이 스몰니 학원에서 가장 먼저 한 일이 토지의 사적 소유를 폐지하는 '토지에 관한 법령' 완성이었다.

10월 26일~27일 밤 소비에트 대회가 이어졌다. 새로운 소비에트 정부 인민위원회 명단이 공포되었다. 의장은 레닌, 외무인민위원은 트로츠키, 민족문제인민위원은 스탈린이었다. 3년 이상 전쟁이 계속되던 동부전선의 전투는 즉각 중단되었다. 레닌은 곧바로 언론을 장악하기 시작했다. 10월 27일 '언론에 관한 법령'이 선포되면서, 언론 검열을 가능하게 하였다. 어떤 언론기관도 인민위원회에 저항하는 보도를 하면 폐쇄할 수 있게 했다. 레닌은 평소 '언론의 자유'는 부르주아들에게 이익이 되는 가치라고 인식하고 있었다. 10월 29일 레닌은 '1일 8시간 노동에 관한 법령'을 선포하고, 12월 14일에는 모든 은행을 국유화했다. 이러한 상황에서도 레닌에 대한 지지는 절대적이지는 못했다. 혁명 체제가 몇 년 갈지 아무도 확신하지 못했기 때문이었다. 그러나 레닌은 미래를 의심치 않았다. 비록 현실 정치가 마르크스주의 적용보다 더 혼란스러웠지만, 레닌은 혁명 상황과 궁극적인 목표인 공산주의에 몰두해 있었다.

레닌주의와 권력 의지

레닌은 마르크스주의를 어떻게 적용하여 러시아에서 혁명에 성공할 수 있었을까? 마르크스는 사회주의 혁명의 성공 조건이 자본주의의 고도화와 노동계급이 다수의 국민으로 구성되어야 사회주의로 무난히 이전된다고 하였다. 그러나 레닌은 러시아의 초기 자본주의 단계에서도 사회주의 혁명이 가능하다고 인식하고, 혁명에서 성공했다. 그러나 혁명 후 볼셰비키에 의한 권력 장악과 내전 이후 국가 건설이라는 과제가 대두되었다. 이러한 상황에서 레닌은 마르크스주의를 변용하여 독자적인 '레닌주의'로 변형시켰다. 마르크스의 추상적인 개념을 실천이 가능한 정치 형태로 구체화했다.

레닌주의 특징은 첫째, 혁명은 일시적인 폭발로 단기간에 끝나지 않는다. 자본주의가 타도되더라도 곧바로 사회주의로 이전되는 것이 아니라 장기적인 계급투쟁이 필요하다. 그래서 프롤레타리아 독재는 장기간 지속되어야 하고, 중앙집권적인 당-국가체제를 유지해야 한다. 둘째, 제국주의 이론을 통한 혁명 전략의 재정립이다. 마르크스는 자본주의 최후 단계에 이른 영국, 독일 등 중심 국가에서 혁명이 일어날 것으로 예상했으나, 레닌은 러시아 같은 주변국이나 식민지 등 '약한 고리'에서 혁명이 먼저 일어난다고 주장했다. 셋째, 마르크스는 노동자 계급의 스스로 운동으로 사회주의로 가는 것을 전제로 했지만, 레닌은 노동자든 지식인이든 직업적 혁명가들로 조직화된 당(黨)이 주도해야 한다고 했다. 그리고 프롤레타리아 독재가 장기적으로 가기 위해서는 노동자들을 이데올로기로 무장된 혁명가들이 조직을 이끌어야 성공할 수 있다고 했다. 그런 조직이 혁명에 성공한 이후에도 직업적 혁명가들로 구성된 공산당이 되어 이끌어 왔다.

한편, 레닌은 혁명 이후 권력 의지를 보이기도 했다. 그는 평소 유럽에서 전쟁은 '부르주아적이고 제국주의적'이라고 인식하고 있었다. 그래서 제1차 세계대전에서 유럽 여러 나라의 사회주의자들은 자국 정부의 패전을 촉구하는 운동을 벌이고, 나아가 혁명을 일으켜야 한다고 주장했다. 레닌은 유럽에서의 전쟁은 유럽이 혁명으로 가는 길로써 그 전쟁에 개입하는 것보다 조국인 러시아혁명에 더 관심을 두었다. 그래서 제헌의회를 해산한 이후 레닌의 가장 큰 고민은 동부전선의 전쟁 지속 여부였다. 그런데 외무인민위원이었던 트로츠키가 동부전선에서 독일과 협상을 벌인 후 돌아와 1918년 1월 열린 제3차 소비에트 대회에서 독일의 요구 조건에 반대입장을 폈다.

그러나 레닌은 독일과 즉각적인 강화조약 체결을 주장했다. 비록 강화조약 내용이 불리하지만, 전쟁이 격화되면 막 출범한 볼셰비키 정부는 무너질 것이고, 사회주의 혁명의 불씨가 꺼질 수도 있기 때문이었다. 그리고 그는 유럽에서도 연이어 사회주의 혁명이 일어날 것으로 믿고 있었다. 제1차 세계대전 중인 1918년 3월 3일 결국 러시아와 독일 대표단이 브레스트-리톱스크 조약 (Brest-Litovsk Treaty)을 체결했다. 폴란드, 발트 3국과 우크라이나를 독일 등의 동맹국[11]에 넘겨주는 조건이었다. 볼셰비키 내에서도 굴욕적 조약으로 논란이 있었으나, 결국 레닌의 뜻대로 독일 침공을 막고 10월 혁명에 매진할 수 있었다.

» 신경제정책, 소련 탄생

러시아의 왕정 체제는 1917년 2월 혁명으로 300년을 이어온 로마노프(Romanov) 왕조가 끝나고, 1918년 7월 17일 마지막 황제 니콜라이 2세가 볼셰비키 혁명군에 의해 총살당하면서 완전히 막을 내렸다. 그의 시신은 러시아 중부 도시 예카테린부르크시 성당에 가족과 함께 묻혀있다. 2월 혁명은 제1차 세계대전으로 인한 경제 파탄과 그에 따른 국민의 고난이 주된 원인이었고, 러시아 지식 계층을 포함한 일반 민중의 봉기였다. 그래서 왕조가 무너지면서 임시정부가 공화정 체제로 가는 듯했다. 그러나 볼셰비키들에 의한 2단계 혁명으로 공화정은 사라지고 인류 역사상 처음으로 공산주의 국가가 탄생했다. 10월 혁명 이후 부르주아 자산계급을 배제한 채 노동자, 농민, 병사들로 구성된 소비에트를 구성하여 프롤레타리아 독재와 공산주의 국가 건설에 주도적 역할을 했다.

권력을 장악한 레닌은 마르크스주의 맹신자답게 러시아 사회 구성원을 생산수단의 유무에서 비롯된 부(富)를 기준으로 계급을 나누었다. 생산수단을 소유하고 있는 유산계급과 생산수단 없이 노동을 제공하는 무산계급으로 구분했다. 유산계급은 무산계급의 노동을 착취하게 되고, 결국 빈부 격차를 가져와 갈등이 필연적으로 일어난다고 믿었다. 혁명가들은 이러한 갈등을 계급 간

---

11) 제1차 세계대전(1914.7.28.~1918.11.11)은 '동맹국'(오스트리아, 헝가리, 독일, 오스만제국, 불가리아 왕국)과 '연합국'(세르비아 왕국, 영국, 프랑스, 러시아, 일본, 이탈리아) 간의 전쟁이었다.

투쟁으로 몰고 갔다. 즉 프롤레타리아 계급의 독재로 경제적 관계에 변화를 오게 하려고 했다. 레닌은 곧바로 군사혁명위원회를 구성하여 프롤레타리아 계급의 민중민주주의 실현을 선포하였다. 그는 〈노동자, 병사, 농민에게 고하는 글〉에서 소비에트 정부는 토지 사유화를 영원히 폐지하겠다고 선언했다. 당시 황실, 귀족, 지주, 교회 등이 소유했던 토지는 모두 몰수해 농민들에게 분배하기로 약속하고, 노동자와 농민에 대해서는 생필품 보급과 병사의 권리를 보장한다고 했다.

한편, 레닌은 평소에도 사회주의로 이행에는 공업과 농업의 사적인 부문을 초기에는 보호하고 촉진해야 한다고 생각했다. 먼저 자본가들을 이용하여 어느 정도 경제적 기반을 형성하고 그런 다음에 자본주의를 제거하는 것을 혁명 전략이라고 공언해 왔다. 이를 볼셰비키 정치와 자본주의 경제의 공생관계 즉, '국가자본주의'라고 불렀다. 그런데 이는 마르크스의 혁명 이론과는 모순된다. 그래서 레닌은 자기주장의 문제점을 극복하기 위해 본격적으로 독재적이고 중앙집권적인 국가체제로 발전시켜 나갔다. 1918년 3월 제7차 당 대회에서 당의 명칭을 '러시아 사회민주노동당'에서 '러시아 공산당'으로 개명하고 본격적인 당(黨) 중심 공산주의 체제로 출발했다.

그런데 볼셰비키 세력들이 권력을 장악해 나가는 과정에 임시정부를 지지하는 세력들과 1918년부터 내전(內戰)이 일어났다. 적군(赤軍)은 볼셰비키혁명 세력이고, 백군(白軍)은 옛 제정러시아 지지자들로 구성된 온건 사회주의자와 민족주의자 등 반(反) 볼셰비키 세력들이었다. 여기에 영국, 프랑스, 미국, 일본 등 반공산주의의 열강들이 백군을 지원했다. 거의 4년여간의 격렬한 충돌은 1922년 적군이 백군을 대부분 격파하며 승리로 끝났다. 레닌은 내전에서의 승리와 혁명 체제의 유지를 위해 경제·사회 등 국가 전반을 위기 체제로 운영하는 '전시공산주의'(War Communism)를 선포했다. 그러나 혁명 초기의 러시아인들 의식 수준에 비해 그 내용이 과격하고 급진적이어서 실패했다.

곧이어 레닌은 1921년 '신경제정책'(New Economic Policy, NEP)을 내놓았다. 신경제정책의 추진 배경은 러시아 '전시공산주의'가 식량 징발제, 생산수단의 전면 국유화, 사적 거래 금지 등을 포함한 극좌적인 사회주의 정책 실패에 대한 수습·보완책이었다. 내전과 전시공산주의로 산업 생산이 혁명 이전 대비 20% 이하로 추락했고, 철도와 기계산업이 사실상 마비되었다. 경제 회복이 절실했다. 또한, 1921년에는 '크론슈타트 반란'이 있었다. 혁명에 우호적이었던 크론슈타트 해군기지의 수병들이 반란을 일으켜 '소비에트의 자유'를 요구하자 레닌은 이 사건을 혁명 정권의 지지 기반이 흔들리고 있음을 보여주는 중대한 사건으로 받아들였다. 그리고 혁명 초기에는 자본주의적 요소를 이용해야 한다고 판단해 온 레닌으로서는 과도기적 신경제정책 도입은 예상할 수 있는 조치였다.

1921년~1928년 간 채택한 신경제정책(NEP)의 핵심은 첫째, 식량 조세의 도입이다. 전시공산주의 하의 식량 강제 징발을 대신해 정해진 세금만 납부하면 나머지 곡물은 시장에서 판매를 가능하게 했다. 둘째, 소규모 자영업의 허용이다. 중소기업, 장인, 소매상 등의 사적 경제활동을 허용했다. 이는 시장경제 요소로 복귀하여 도시의 생필품 유통에 기여하기 위한 것이다. 셋째, 현금 유통과 화폐경제로의 복귀다. 물물교환을 폐지하고 현금 보수 지급제도를 활성화하여 노동자의 경제활동을 정상화하기 위한 것이었다. 넷째, 외국자본의 유치다. 외국과의 무역 및 기술협력을 제한적으로 허용했다. 그러나 국가의 주요 산업인 중공업, 은행, 교통, 외국과 무역 등 핵심 부분은 국유화를 계속 유지했다. 이는 중국, 베트남 등 공산주의 국가들이 20세기 후반 들어 사회주의 경제

정책을 포기하고 시장경제를 도입할 때도 매우 유사한 형태였다.

러시아 내전 동안 우크라이나, 벨라루스, 남캅카스(조지아, 아르메니아, 아제르바이잔 연합) 등지에서도 각기 공산주의 소비에트 공화국들이 등장하였다. 그리고 1922년 12월 30일 레닌 주도하에 모스크바에서 열린 제1차 소비에트연방 대회에서 러시아와 이들 5개 국가가 모여 공식적으로 소비에트사회주의연방공화국(소련, USSR)을 탄생시키고, 그 수도를 모스크바에 두기로 했다. 1924년 첫 소련 헌법이 제정되어 연방이 법적 근거를 갖게 되었다. 소련이 제국으로 발전하는 변곡점을 맞았고, 새로운 국제질서가 만들어지기 시작했다.

레닌의 대외정책 노선은 러시아 혁명정부의 안정을 위한 현실적인 외교 정책을 펴면서, 세계혁명 확산이라는 원칙을 지켜나갔다. 1919년 국제공산당 조직인 코민테른(Comintern, 제3 인터내셔널)을 설립하여 전 세계 공산당과 공산혁명 세력을 지원했다. 그리고 아시아와 중동의 식민지 민족해방 운동을 지원하면서 제국주의 타도를 세계 공산혁명의 전략으로 삼았다. 베트남 등의 민족주의자와 연대하고 공산주의 활동을 지원했다. 소련의 국경이 넓게 펼쳐진 관계로 자국의 안전 확보를 위해 동아시아 국가들의 공산혁명 세력을 연계하고 지원했다. 1920년대 초반부터 중국 공산주의 혁명에 깊숙이 관여하였고, 제2차 세계대전 종전 이후 한반도에 본격적으로 진출하였다.

» 체카, 적색 테러

볼셰비키 정권은 혁명 이후 전체주의 전조인 국가 테러(Terror) 조직을 만들고 작동시키기 시작했다. 먼저 정권 반대 세력을 색출하고 탄압할 목적으로 1917년 12월 레닌의 명령으로 비밀경찰 조직인 '체카'(Cheka, 전러시아비상위원회)

를 설립했다. 이를 통해 반혁명 세력, 백군, 내부 반란자, 외국 스파이 등을 색출하고 제거했다. 체카는 법적 절차 없이 무제한 체포와 고문, 그리고 비공개 재판에 의한 처형이 가능한 기관이었다. 그 후 체카는 소련과 러시아 시대를 거치면서 그 기능과 명칭의 변화를 거듭해 KGB(국가안전부), 현재의 FSB(러시아보안국)로 이어져 오고 있다.[12] 또한, 1918년 8월 사회혁명당 좌파에 의한 레닌 암살 계획이 실패로 돌아가자, 볼셰비키 정권이 곧바로 무자비한 숙청을 공식화하는 '적색 테러'(Red Terror)를 공포했다. 이후 정적은 물론, 왕족, 성직자, 지주, 자본가 등 수십만 명이 처형되거나 수용소로 보내지는 피의 숙청이 단행됐다. 민간인에 대해서도 감시와 사상 검열이 상시 이뤄지기 시작했다.

그러니까 소련의 공포정치는 혁명 직후부터 시작되었다. 체카와 정치범 수용소를 통해 반혁명 세력과 부르주아 대숙청이 일어났고, 체제의 정당화를 위해 검열과 선전을 통해 반대 여론을 차단하기 시작했다. 레닌을 이은 스탈린은 체카를 계승한 내무인민위원회 비밀경찰(NKVD)을 동원해 공포정치를 더욱 강화했다. 공포정치는 국가 권력이 의도적으로 폭력, 체포, 숙청, 처형, 강제수용소를 이용하여 물리적이나 정신적으로 사회를 통제하는 통치 방식이다. 이는 제도화된 국가의 폭력 행사이고, 전 인민을 대상으로 불안의 일상화를 통해 사회적 순응과 침묵을 강제하는 수단이다. 그래서 한나 아렌트(Hannah Arendt,

---

12) 체카는 1922년 내전이 종료된 후 법무부 산하의 정보 기구인 GPU(국가정치국)로 명칭이 변경되었다. 1923년 OGPU(연합국가정치국)로 변신하여 정치범 수용소 운영 및 해외 첩보 활동을 강화했다. 이어서 스탈린 시대인 1934년 NKVD(내무인민위원회)의 산하 기구인 GUGB(국가안전국)로 재편되어 폭압 정치와 숙청의 앞잡이로 활동했다. 그러다 2차 대전 이후 기능을 분리하여 '내무인민위원회'는 일반 경찰 내무행정을 담당하고, MGB(국가안전부)를 별도로 신설하여 보안과 첩보 업무를 담당케 했다. '국가안전부'는 흐루쇼프 집권 후 KGB(국가보안위원회)로 변신하여 악명을 떨치다 1991년 소련 해체와 함께 사라지고, 현재는 FSB(러시아보안국)로 이어져 오고 있다.

1906~1975)도 "공포는 최고의 심리전이다."라고 했다.

» 레닌의 유산

혁명가의 최후

레닌의 건강 상태가 나빠지기 시작한 것은 1922년 전후였다. 혁명 이후에도 러시아 경제는 특별히 좋아지지 않았고, 거기에다 기근이 자주 들어 인민들의 삶은 곤궁했다. 1921년 '신경제정책'(NEP)을 실시하여 농촌과 도시에서 경제가 다소 호전되기 시작할 때, 그의 건강은 악화하기 시작했다. 만성적인 두통, 불면증, 가벼운 심장마비 등을 몇 차례 겪었다. 그러자 1921년 6월 공산당 정치국의 건의에 따라 레닌은 한 달간 모스크바 근교의 고르키(Gorkhy)[13]로 휴양을 갔다. 이때 레닌 옆을 주로 지킨 사람은 아내가 아니라 여동생 마리아 울야노바(Maria Ulyanova)였다. 아내와의 관계는 여전히 냉랭했던 것으로 알려졌다.[14] 1922년 52세에 뇌졸중으로 여러 번 쓰러졌고, 이듬해에는 7번이나 졸도했다.

레닌은 자신의 병을 누구에게도 알리지 않았다. 그는 한때 자살까지 생각했고, 자살을 위해 동지들 가운데 가장 강철 같은 사람인 스탈린에게 자신이 요구할 때 언제든 독약을 건네주겠다는 약속을 받아냈다는 얘기도 있다. 1924년

---

13) 고르키(Gorkhy)는 모스크바 서쪽 외곽에 소나무가 울창하고 고급 별장이 많은 지역이다. 18세기 이후 지방의 대지주들이 큰 집을 짓고 거주하면서 마을이 형성된 곳이다. 러시아 대통령의 관저도 그 인근에 있다.

14) 레닌의 부인 '나데즈다 콘스탄티노브나 크룹스카야'는 1890년대 초반 마르크스주의 서클 활동을 통해 레닌을 알게 되어 1898년에 정식 결혼했다. 나데즈다는 볼셰비키 신문 〈이스크라〉 편집과 배포에 핵심적인 활동을 한 레닌의 혁명적 동지였다. 그들은 전통적 부부와는 달랐고, 또 레닌에게는 다른 연인 '이네사 아르만'이 있었다. 부인도 이 사실을 알고 있었지만, 사적 감정보다는 혁명적 대의를 중시해 묵과한 것으로 전해진다.

1월 21일 오후 레닌의 상태는 촌각을 다투었다. 그때 고르키 인근에 며칠 휴양 차 와 있던 니콜라이 부하린(Nikolai Bukharin, 1888~1938)이 오후 6시 50분 레닌의 임종을 지켜볼 수 있었고, 다음날인 1월 22일 공식적으로 사망 사실을 대중들에게 알렸다. 며칠 후 1월 26일 개최된 소비에트 대회에서 스탈린은 "레닌 동지에게 맹세합니다. 전 세계 근로자들의 단결을 강화하는 데 목숨을 아끼지 않겠습니다."라고 선언하면서 후계자의 입지를 굳혔다. 장례식은 1924년 1월 27일에 붉은 광장에서 열렸다. 레닌의 묘는 부인 나데즈다의 반대에도 불구하고, 스탈린이 우겨 붉은 광장에 안치되었다. 레닌의 시신을 그곳에 보존하여 혁명의 영속성과 참배 의례를 통한 종교적 상징화를 위한 책략이었다. 무엇보다 레닌을 신성화하는 것이 곧 자신의 권력을 공고화하는 것이었다.

레닌의 그림자

레닌은 마르크스주의 이론을 실행에 옮겨 러시아뿐만 아니라 전 세계 역사의 판도를 바꾸어 놓았다. 1917년 4월 그가 작성 발표한 〈4월 테제〉에 제시된 전략대로 그해 10월 권력을 잡았다. 제1차 세계대전 막바지인 1918년 3월 독일과 평화조약을 맺음으로 독일의 러시아 침공을 막았고, "평화, 토지, 빵"이라는 기치로 노동자, 농민, 병사들의 불만을 해소하고 지지를 얻었다. 레닌은 자신의 의지대로 노동자 계급과 지식인을 포함한 훈련된 '전위정당'(Vanguard Party)을 내세워 혁명에 성공하고, 그 조직을 강화한 공산당을 통해 국가를 통치했다. 그리고 중국, 베트남 등 20세기 공산주의 혁명가들이 그 모델을 따랐다.

레닌은 1922년 거대한 소비에트사회주의연방공화국(USSR)을 창설했다. 유라시아 대륙의 광대한 영토를 가진 다민족 국가를 공산주의 이념 아래 하나의 통치 체제로 묶은 대역사였다. 소련의 탄생은 냉전 시대로 접어들어 20세기 세계 질서에 지대한 영향을 미쳤다. 그리고 러시아 10월 혁명은 유럽의 정치사에도 영향을 미쳤다. 1922년 무솔리니의 파시즘이나 1933년 히틀러의 나치즘이 러시아 공산주의 확산을 저지한다는 명분으로 극우 전체주의 통치로 일관했다. 1918년~1939년, 즉 제1차 세계대전과 제2차 세계대전 사이의 유럽 역사는 1917년 10월 러시아혁명의 결과에 따른 이념 투쟁이라 해도 과언이 아니었다.

한 시대를 주도했던 레닌도 정치체제가 바뀌면서 권위가 땅에 떨어졌다. 러시아와 동유럽에 수천 개에 달하던 그의 동상들이 1991년 8월 체제 유지를 위한 수구적 쿠데타의 실패로 소련이 붕괴하기 시작하면서 모스크바 푸시킨 광장에 있는 동상이 시위대에 의해 무너지는 것을 시작으로 거의 모든 동상이 철거되었다. 비교적 최근인 2013년 우크라이나 키이우에 있던 동상이 친EU '유로마이단'(Euromaidan) 시위 과정에서 소련 잔재의 청산이란 이유로 끌어내려졌다. 그러나 러시아 내에는 지방 도시와 마을에 다직도 그의 동상이 남아있는 것을 볼 수 있다. 극동 블라디보스토크 기차역 광장에 서 있는 동상은 오른손이 '동방'을 가리키며 한때 세계 공산혁명의 꿈을 간직한 채 연방 문화유산으로 지정되어 보호되고 있다. 이를 반영하듯, 최근에도 각종 여론 조사에서 레닌이 역사상 가장 인기 있는 지도자로 나타나곤 한다. 그 원인은 레닌의 타고난 재능, 독서와 문장력을 갖춘 지식인의 인상, 소신과 자신감에 충만한 지도자의 삶을 살았기 때문일 것이다. 그리고 20세기 세계 역사를 흔들어 놓은 1917년 10월 혁명이 러시아인의 기억 속에 남아있을 것이다.

스탈린의 공포정치와 제국건설

» 독재자 스탈린

스탈린(Joseph Stalin, 1879~1953)은 조지아의 가난한 구두 수선공 집안에서 태어났다. 그는 레닌과 달리 영특하지 못해 독어, 불어, 영어 등 외국어도 할 줄 몰랐고, 대중 연설도 서툴렀다. 해외의 경험이 거의 없어 상류사회에 어울리는 몸가짐도 가지지 못해 태도는 무례한 편이었다. 어린 시절 한때 성직자가 되고자 했던 것 이외는 특이한 점이 없는 평범한 시골 출신이었다. 그런 그가 트로츠키(Leon Trotsky, 1879~1940)와 비슷한 시기에 볼셰비키 당원으로 활동하다 1912년 당 중앙위원회에 선출되었다. 1917년 10월 혁명 이후는 인민위원회 민족인민위원으로 임용되었고, 1919년에 정치국과 조직국의 상임 위원, 1922년 43세에 공산당 서기장으로 승승장구했다.

레닌의 후계자로서 스탈린의 평가는 어떠했나? 혁명 초기에는 레닌이 스탈린의 충성심과 능력을 인정했다. 그러나 1923년경부터 자신의 건강 상태가 나빠지면서 스탈린의 거칠고 권위적인 태도를 비판했다. 특히 조지아 문제에 강압적인 태도를 보이자 그를 "대러시아적 국수주의자"(Great Russian Chauvinist)라고 비난했다.[15] 레닌의 유언에는 "스탈린은 지나치게 거칠다. 우리와 같은 사람들 사이에는 사소한 흠일 수 있지만 서기장 자리에는 견딜 수 없는 결점이다."라고 하면서 스탈린의 서기장으로서의 자질에 대해 문제 제기도 했다. 레닌은 평소에도 스탈린을 '흐릿한 잿빛 인물'로 묘사할 정도로 부정적이었다. 그리고 트로츠키와 부하린도 후계자로 인정하지 않았다.[16] 결국, 레닌은 생전에 자신을 계승할 만한 지도자가 마땅히 없다고 생각했다. 그럼에도 레닌이 사망할 당시 스탈린은 공산당 중앙위원회 최고 서열인 서기장 직책을 맡고 있었다.

스탈린은 1932년 아내가 자살하고 나서부터 극도로 외로워하고 폭력성이 심해졌다. 그런 상태에서 1934년 1월 소련 제17차 당 대회에서 최고지도자로 뽑혔다. 당내에서 전술과 음모의 제1인자였던 그는 레닌주의에 의존하면서도 절대적 전제정치를 도입하고 싶어 했다. 그래서 레닌과는 다른 사회주의 건설 방식을 택했다. 레닌은 혁명 후 체제 안정을 위해 유연한 정책들을 추진한 측면이 있지만, 스탈린은 교조적이고 강압적인 노선을 택했다. 1인 독재체제와 개인숭배, 철저한 계획경제를 통한 산업화와 농장 집단화를 추진했다. 또한, 레닌의 '세계혁명론'에서 후퇴하여 현실적인 '일국사회주의론'을 택했다. 그럼에도, 스탈린은 1938년 소련에서 출간된 공산주의 교범인 『단기 강좌』에 '변증법적 유물론'에 관해 집필하여 마르크스-레닌의 적자로 인정받고자 했다.

---

15) 1921년 소련 붉은 군대가 멘셰비키 정부인 '조지아 민주공화국'을 무너뜨리고 소비에트화를 추진하는 과정에 당시 소련공산당 민족문제인민위원인 스탈린이 조지아를 독자적인 소비에트 공화국으로 두기보다, 아르메니아, 아제르바이잔과 묶어 '캅카스 소비에트연방'으로 강제로 편입시켰다. 이 과정에서 자신의 고향인 조지아 내 공산당원과 민족주의 세력을 숙청하고 탄압했다. 스탈린의 중앙집권적 권위주의적 행태를 보인 대표적인 사건으로 되어 있다.

16) 트로츠키에 대해서는 재능은 있지만 오만함이 있고, 행정적인 측면에서 부족한 면이 있다고 했다. 그리고 부하린에 대해서는 사상이 현학적이며 완전한 마르크스주의자가 아니라고 평가했다.

그러면서 그 또한 이상적인 공산사회가 도래할 것으로 굳게 믿었다. 스탈린과 마르크스주의자들은 자신들이 과학적임을 과시하기 위해 형이상학적인 사고 방식을 공격하면서도, 아이러니하게 자신들은 일종의 세속적 종교의식에 빠져 들어 갔다.

» 집단농장화와 계획경제

볼셰비키혁명으로 공산주의 정권이 수립됐을 당시 러시아 사회는 마르크스 주의 혁명 조건인 선진 자본주의 단계에는 이르지 못하고, 사회 지배 계층은 농민층인 농업국가였다. 특히 볼셰비키는 농촌 지역의 지지 세력이 약했다. 이 러한 경제, 사회적 문제를 해결하기 위해 레닌은 '신경제정책'을 채택했었다. 그러나 앞에서 보았듯이 신경제정책은 정치적 타협의 성격이 강해 도시지역 에서는 자영 기업가와 부유 상인(NEPmen), 농촌 지역에서는 부농(Kulak)이 생겨 나기 시작했다.

그러자 레닌이 사망하고 1920년대 중반에 접어들면서 향후 사회주의 정책 노선에 대해 치열한 논쟁이 벌어지기 시작했다. 뒤에서 다시 설명하겠지만, 세 계혁명 노선에서 좌파인 트로츠키는 '영구혁명론'을 내세워 세계 곳곳에서 혁 명이 일어나야 소련도 생존 가능하다는 주장을 폈다. 레닌의 주장과 대동소이 했다. 그러나 스탈린은 '일국사회주의론'을 내세워 소련 하나만으로도 사회주 의 국가 건설이 가능하다고 주장하면서 내부 문제에 집중하고자 했다. 또한, 경제정책 노선에서 온건파에 속하는 부하린은 국가의 산업화는 농촌의 번성 을 통해 추진되어야 한다고 주장했다. 이에 대해, 강경파 스탈린은 급속한 공 업화와 강제적인 농업 집단화를 주장했다.

그런 정책 논쟁 과정에 스탈린은 트로츠키와 부하린을 제거해 나갔다. 트로츠키가 1923년부터 스탈린을 집중적으로 비판하자 그를 '반혁명 분자'로 낙인찍고 당에서 축출했다. 그러자 1929년 망명길에 올랐고, 1940년 멕시코 망명 중 스탈린의 지령으로 암살된 것으로 알려졌다. 그리고 부하린은 초기에는 트로츠키를 견제하기 위해 스탈린과 손을 잡았지만, 스탈린의 급격한 산업화와 농업 집단화에 반대하면서 1930년대 초부터 권력에서 밀려났다. 1938년 공개 재판인 '모스크바재판'에서 '반혁명 음모 및 스파이' 죄명으로 사형 선고를 받고 그해 3월 15일 총살되었다.

권력 투쟁에서 승리한 스탈린은 1928년 제1차 5개년 계획을 채택하여 종전의 신경제정책(NEP)으로 도입된 자본주의 요소를 제거하고 다시 계획경제 체제를 강화하였다. 이 시기 계획경제는 국가 주도하에 급속한 공업화와 전국의 농민 집단농장화라는 새로운 질서를 구축하는 것이었다. 서 질서는 그 전 신경제정책 시기에 성장세를 보였던 도시와 농촌 부문의 사적 부문을 파괴하고, 자영 기업과 소상공인을 국가 통제 속으로 흡수하고, 부농들은 반혁명가 멍에를 씌워 생산수단을 몰수하고 집단농장화하는 것이었다.

1937년 전체 농가의 97%가 집단농장에 편입되었다. 그러는 과정에 농민들 삶은 파괴되었다. 급속한 공업화로 노동력에 대한 수요가 급증한 가운데, 농촌의 집단농장화에 반발하여 탈출한 농민들이 도시로 이주하면서 도시 인구 폭증으로 이어져 식품과 소비재 부족 현상을 초래했다. 그러자 소비에트 정권은 1932년 국내 통행증을 발급하여 농민들의 이주를 제한하기까지 했다. 그런데 집단농장의 농민들은 일반 노동자들에게 제공되는 최저 생계 보호의 사회 보장 혜택도 받지 못했다. 스탈린 치하의 농민은 '2류 국민'으로 전락했다.[17]

17) 박수현, 「스탈린 체제와 소련 사회」, 러시아 연구, 1997.12.(서울대학교 러시아연구소), p.286.

집단농장화에 반대하는 여론을 무마하기 위하여 1935년 각 농가에 0.5헥타르에 이르는 작은 경작지를 주어 농가 마음대로 경작하고 가축도 키우게 했다. 그러자 농민들은 집단농장 일에는 소홀하고 사적 농장에 치중했다. 1937년 소련 전체 경작지의 일부분에 지나지 않는 사영 경작지에서 생산된 채소, 과일, 우유, 육류가 소련 전체 생산량의 50~70%를 차지하게 되었다.[18] 집단농장은 실패할 수밖에 없었다.

한편, 스탈린의 계획경제는 역사상 공업화라는 획기적인 전환점을 만들었다. 전통적으로 농업국가였던 러시아를 미국 다음으로 세계 2위의 공업국으로 끌어 올린 성과를 보였다. 실제 스탈린 시대의 소련은 우주산업과 중공업 분야에서 세계의 으뜸이었다. 1928년부터 시작한 제1차 5개년계획이 주효했다. 그러나 이러한 성과 이면에는 인민들의 극심한 희생이 뒤따랐다. 스탈린의 중공업 정책의 목표는 사실 자본주의 국가들과 전쟁에 대비한 군사 기반의 확보에 있었다. "50년의 발전을 10년 안에 달성하라"라는 구호와 함께 속도전과 폭력적인 방식으로 추진되었다. 철강, 석탄, 기계, 전력 분야에 집중적으로 투자되었고, 노동자뿐 아니라 강제노동수용소(Gulag)의 수감자까지 동원되었다. 그리고 농업에서 집단화로 추출한 자원을 산업화 자본으로 끌어들였다. 공업화를 위해 농업과 인민의 희생이 뒤따랐다. 중국에서도 마오쩌둥이 이를 모방하여 대약진운동을 벌였으나 실패했다.

18) 위 논문, p.287.

레닌 때는 볼셰비키 중앙위원회와 정치국 등 집단지도체제가 다소 작동하여 트로츠키와 부하린 등의 반대파와 토론할 정도의 최소한 정치적 다원성이 존재했다. 그러나 스탈린은 당과 국가, 군과 비밀경찰들을 자신에게 충성하게 하는 1인 독재체제를 구축했다. 레닌이 혁명기에 '이념적 목적'이 지배적이었다면, 스탈린은 이념보다 '권력 유지'에 집착했다. 그런 스탈린이 무리하게 추진한 계획경제와 집단농장화 과정에 많은 후유증을 남겼다. 강제수용소 확대, 노동 강도 증가 및 임금 억제로 인한 실질임금의 하락으로 인민 생활고는 컸다. 그리고 농업 기반이 무너졌다. 농민들로부터 곡믈 강제 징발은 농업 재생산력을 붕괴시켰다. 그리고 부농들은 추방되거나 강제수용소에 수감되었다. 1932년~1933년 우크라이나에서 있었던 대기근 '홀로도모르'(Holodomor, 餓死)로 약 300만 명 이상이 사망했다.[19]

그의 계획경제 시행과 집단농장화는 국가 공권력을 동원한 폭력 정치로 나타났다. 스탈린의 폭정이 절정에 오른 시기는 1930년대로서 최소한 2천만 명 이상이 구금, 숙청, 강제 이주, 강제노동수용소에 보내졌다. 무리한 계획 추진에 대해 공산당 내부에서도 불만의 소리가 나오기 시작했다. 당시 청렴하고

---

19) 홀로도모르(Holodomor)는 1932~1933년 우크라이나에서 발생한 대기근을 말한다. 그 원인은 스탈린의 집단농장화로 생산된 곡물을 국가가 직접 통제해 산업화 재원을 마련하는 데 있었다. 1932년 소련 정부는 불가능한 수준의 곡물 할당량을 설정하고 곡물을 모두 압수해 갔다. 식량뿐만 아니라 다음 해 파종할 씨앗까지 징수했다. 굶주린 농민이 식량을 구하기 위해 다른 지역으로 이동하지 못하도록 국경과 철도를 봉쇄하고, 국유재산인 곡물이나 농산물을 훔치면 10년형 또는 사형에 처했다. 2006년 우크라이나 의회는 홀로도모르를 '스탈린 체제에 의한 대량 학살'로 공식 규정한 바 있다.

시민들의 신망이 두터웠던 레닌그라드[20] 당 서기 세르게이 키로프가 스탈린을 '권력 지향적 독재자'라고 비판하자 바로 숙청됐다. 이 사건이 스탈린의 공포정치의 신호탄이었다. 나아가 1936년 소위 '스탈린 헌법'이 공포되어 숙청 작업은 공개적이고 대담해졌다. 1936년 당 고위 인사 14명을 공개적으로 입건하고, 1937년에 당 중앙위원 1백 80여 명을 체포했다. 1939년에 부하린 추종자 1백 50여 명도 체포했다. 숙청은 강제노동수용소를 주로 활용했다. 제정 러시아 때부터 존재해 온 강제노동수용소는 스탈린 시대 들어 전국적으로 80여 곳으로 늘어났다.[21] 솔제니친(Aleksandr Solzhenitsyn)은 소설 『수용소 군도』(The Gulag Archipelago, 1973)에서 본인의 경험과 증언들을 통해 무수한 인민들이 "나를? 무엇 때문에?"라는 의문을 가진 채 '체포'되어 강제노동수용소로 끌려가 겪은 공포와 폭력으로 인간의 삶이 어떻게 파괴되는지를 외부 세계에 폭로하였다.

스탈린은 또 소련의 사회 구조를 완전히 뒤집어 놓았다. 일반 대중은 동원되는 노동자 신세가 되었고, 공업화로 새로 생긴 공업 도시로 수만 명이 강제로 이주당했다. 또한, 변경 지역에 거주하는 다른 민족 집단을 강제 이주시켰다. 폴란드인, 그리스인, 독일인, 조선인들이 표적이었다. 1937년 스탈린의 명령으로 소련의 극동 지역에 거주하던 고려인 약 172,000명이 중앙아시아로 이주되었다. 한편, 농촌 지역의 초·중등 정도의 교육을 받은 자가 신흥도시의 새로운 일자리에서 사무실 근로자로 승진되거나, 아니면 당이나 정부의 행정 업

---

20) 레닌그라드(Leningrad) 원래 이름은 상트페테르부르크(1703~1914)였다. 제1차 세계대전 때인 1914년 페트로그라드로 개명하였고, 1924년 1월 레닌 사망 후 그를 기리기 위해 레닌그라드로 불렀다. 그러다 1991년 소련 붕괴 직전 투표로 원래 이름인 상트페테르부르크로 되돌려 현재까지 불리고 있다.

21) 김유식, 「肅淸과 恐怖의 스탈린 時代」, 신동아, 1983년 11월호, pp. 264-272.

무를 맡게 되는 새로운 계급인 '소비에트 인텔리긴치아'가 생겨났다. 또, 청소년 공산당원을 소비에트 세대로 부르며, 이들을 충동질하여 '공산주의청년동맹'(콤스몰) 운동을 전개하였다. 이들은 전국 방방곡곡을 돌며 부르주아계급을 색출하여 '인민의 적'으로 만들었다. 홍위병을 앞세운 중국 문화대혁명의 선례였다.

비록 스탈린 통치가 인권탄압과 공포정치로 일곤했지만, 러시아 역사상 가장 힘센 제국을 건설했다. 인간적 대가를 치른 희생과 중공업 신화라는 성과의 양면성이 나타났다. 즉 인민의 자유를 제한하고 동원 체제의 결과이긴 하지만, 1928년부터 시작한 5개년 경제계획으로 농업국가에서 중공업 중심의 공업 국가로 만들었다. 특히, 군수산업 기반을 확브하여 제2차 세계대전에서 독일군과 맞설 수 있었다. 1941년 6월 침공하고 5개월 만에 소련 국경까지 진격해 오는 독일군에 대항하기 위해 스탈린은 인민들에게 공산주의 체제 수호가 아니라 '러시아 수호를 위한 애국 전쟁'으로 호소하여 전략적 민족주의 동원 체제를 가동했다. 결국 결정적 격전지였던 스탈린그라드(Stalingrad) 전투에서 소련군이 독일군을 패퇴시키면서 베를린까지 진격하는 전과를 올렸다. 전쟁이 스탈린을 영웅으로 만들었다. 러시아인들은 제2차 세계대전 기간(1941.6.22.~1945.5.9.) 자신들이 가장 많은 희생을 치렀고, 그 덕에 2차 대전을 연합국의 승리로 끝낼 수 있었다고 믿고 있다. 지금도 매년 5월 9일을 '위대한 조국 수호 전쟁'으로 기념하고 있다.

스탈린 시대의 또 다른 업적은 의무 교육 확대로 문맹 퇴치와 기술학교 증설을 통한 공립 학교 체제의 정비였다. 특히, 과학 분야의 인재 양성의 토대를 만든 결과가 우주개발 경쟁에서 미국을 앞선 1957년에 인류 최초 인공위성 '스푸트니크'(Sputnik)를 쏘아 올려 지구 궤도를 돌면서 신호를 보냈다. 그리고

1961년 세계 최초 우주 비행사 '유리 가가린'(Yuri Gagarin)이 지구 궤도를 돌고 돌아와 "지구는 푸르다"라는 말을 남겼다. 우주 분야 업적은 지금도 러시아인의 큰 자긍심으로 남아있다.

소련의 국력은 공산주의 초기의 '혁명성'[22]에 힘입어 1960년대에 전성기에 이르렀다. 그러나 무기 생산 등 군수산업 중심의 중공업은 발전했으나 인민의 삶과 직접 관련되는 소비재 경공업이 부진했다. 그 결과 군사력은 강했으나 생필품이 부족하여 수요의 1/3만 충당되었을 뿐 민생은 계속해서 궁핍했다. 거기에다 소련공산당 일당독재에서 나타난 관료주의와 부정부패는 인민들의 사기와 의욕을 크게 떨어뜨렸다. 그래서 대부분 소련 인민은 공포에 질려 살면서도 주어진 현실에 적응하고 생존하기 위해 '소시민 의식'을 갖고, '이중사고'로 살아야 했다. 혁명 당시 꿈꿨던 사회와는 전혀 다른 세상으로 변질되어 갔다.

---

22) 여기서 '혁명성'은 저자가 조어(造語)한 개념으로서 초기 혁명 정신이 고조된 기간에 나타나는
     현상을 말한다. 개인보다 집단과 국가를 우선시하고, 자발적 봉사와 희생정신이 충만하고, 이데
     올로기의 순수성 추구와 자아비판 심화 등 '혁명의 이름으로'라는 구호 아래 어려움을 감내하는
     정신 상태를 의미한다.

제5장

코민테른과 국제 공산주의

» 세계혁명 vs 일국사회주의

레닌은 10월 혁명 이전 유럽에서 머무는 동안에도 혁명은 러시아뿐 아니라 자본주의가 정착한 유럽 여러 나라에서도 일어나야 한다고 주장했다. 만약 러시아 혁명이 성공하고 나면 유럽에서 연이어 사회주의 혁명이 일어날 것으로 믿고 있었다. 즉 레닌은 세계혁명을 꿈꾸고 있었다. 그래서 제1차 세계대전도 '부르주아적이고 제국주의적'이라고 인식하고, 유럽의 여러 나라 사회주의자들은 자국 정부의 패전을 촉구하는 운동을 벌이고, 나아가 혁명을 일으켜야 한다고 주장했다. 사회주의는 한 나라에서만 온전히 실현될 수가 없다고 봤다. 자본주의가 국제적인 체제로 자리 잡혀 가기 때문에, 사회주의도 국제적인 연대를 통한 혁명으로 완수되어야 한다는 것이다. 러시아 10월 혁명 이전에 이미 서유럽의 독일이나 프랑스 같은 나라는 자본주의가 정착되었기 때문에, 이들 나라에서도 사회주의 혁명이 일어날 것이고, 그래야 러시아 사회주의 혁명도 안전하게 완성 단계로 접어든다고 판단했다. 그래서 레닌은 1917년 러시아에서의 볼세비키혁명은 시작일 뿐이고 "유럽 혁명의 불쏘시개다."라고 했다.

　반면, 스탈린은 '일국사회주의론'을 주장했다. 1924년 레닌 사망 이후 그는 "세계혁명이 지연되더라도 러시아 하나만으로도 사회주의 건설이 가능하다."라고 주장하고 나섰다. 이는 국제주의에서 민족국가로 범위를 좁혀 방향을 선회한 것이다. 스탈린은 당시 유럽에서 레닌이 예언하고 기대했던 것과 달리 사회주의 혁명이 지지부진한 상황을 재빠르게 파악하고 현실적인 대안을 내놓은 것이다. 1923년 독일혁명이 실패하고 헝가리, 핀란드, 폴란드 등에서 사회주의 운동이 진압되면서 소련은 고립된 채 세계혁명의 불씨는 꺼져가고 있었다. 스탈린은 "우리는 언제까지 세계혁명을 기다릴 수 없다. 우리나라에서 사회주의를 완성하자."라고 했다. 현실적인 경제난도 한몫했다. 러시아 내전 동안 '전시공산주의'는 산업 생산력을 20% 이하로 떨어뜨렸다. 인플레이션과 기근으로 사회는 혼란스러웠다. 또한, 서구 자본주의 국가에서의 반공주의 확산과 적대적 위협에 대처하기 위해 자주적인 체제 구축이라는 목적도 있었다. 한편, 이데올로기 주도권 싸움에서 트로츠키가 '영구혁명론'으로 자신을 공격하자 이에 대한 대안으로 '일국사회주의론'을 내세운 측면도 있었다.

　트로츠키가 주장한 '영구혁명론'은 레닌의 세계혁명론을 토대로 한 것이지만, 더 적극적으로 체계화한 이론이다. 영구혁명론은 고전 마르크스주의와 달리 후진 자본주의 국가에서도 곧바로 사회주의로 혁명은 가능하다. 그렇지만 계속(Permanent) 국제적으로 확산하지 않으면 파국을 맞을 수 있다고 했다. 한 나라에 고립된 사회주의는 자본주의의 경제적, 군사적 압력에 무너지기 쉽다는 것이다. 그래서 러시아혁명은 독일과 유럽, 그리고 전 세계로 확산되어야 성공할 수 있다는 레닌의 세계혁명론과 맥을 같이한다. 트로츠키는 사회주의 혁명에 대해 낙관적이면서 국제 노동자 혁명 확산에 집착했지만, 스탈린은 해외 혁명보다 당면한 국가 건설과 내부 산업화에 집중했다.

» 코민테른

코민테른(Comintern)은 공산주의 인터내셔널로 1919년 3월 모스크바에서 창설된 국제 공산주의 조직이다. 즉 세계 공산주의 혁명 본부로서 제3 인터내셔널(Third International)이라고도 불렸다.[23] 코민테른은 세계적 규모의 프롤레타리아 혁명을 추구하기 위해 레닌에 의해 설립되었다. 레닌과 볼셰비키는 이전부터 혁명이 러시아에만 머물면 고립될 것으로 보고, 독일, 헝가리, 핀란드 등에서 연쇄적인 혁명을 촉진하기 위해 세계 노동자 혁명을 지도하고 지원할 국제기구 필요성을 느껴왔다. 그러한 목적을 위해 창설된 코민테른은 실제 1919년 헝가리, 1920년 독일, 1930년 중국 등 여러 국가에 공산주의 혁명에 필요한 지도자와 자금을 지원했다.

코민테른은 일본 제국주의에 맞서는 조선의 민족주의 운동을 지원함으로써 한반도에서도 공산주의 혁명을 촉발하고자 했다. 1921년 모스크바에서 열린 코민테른 산하 극동민족대회에 여운형, 김규식, 정인보 등이 참가했고, 이 회의에 참석한 이후 조선의 독립운동 방향이 무장투쟁과 사회주의 노선으로 바뀌기 시작했다. 1922년부터는 이르쿠츠크, 상하이, 블라디보스토크 등지에서 활동하던 한인 사회주의자들이 코민테른에 접근하여 자금 지원과 투쟁 노선

---

23) 제1 인터내셔널(1864~1876)은 마르크스 주도로 시작되었으나 바쿠닌 등 무정부주의자와 내분으로 실패했다. 제2 인터내셔널(1889~1916)은 사회주의 정당들의 국제조직이었으나, 제1차 세계대전 시 각국 사회주의 정당들이 민족주의에 부딪혀 실패했다. 제3 인터내셔널(1919~1943)은 러시아혁명 이후 레닌 지시로 창설되었다.

등의 지도를 받았다. 1925년 서울에서 박헌영, 김재봉, 김단야 등이 조선공산당을 결성하자 코민테른은 이를 조선 내 공식 공산당으로 인정하고 자금을 지원했다. 그러면서 지원 조건으로 조선공산당 조직의 중앙집권화, 사회주의 혁명을 통한 해방, 소련과 국제 공산주의에 충성 등을 요구했다. 북한 김일성도 1930~1940년대 동북항일연군으로 만주에서 항일 무장투쟁을 할 때 코민테른의 지원을 받았다. 그리고 1945년 해방 후 귀국한 김일성은 코민테른의 지도 노선에 따라 북한 정권을 수립했다.

당시 세계 각국의 공산당은 반드시 코민테른에 가입해야 했다. 그리고 모스크바의 결정에 복종하고 부르주아 정당과 단절하고, 심지어 모스크바에서 만들어진 공산주의 용어들을 거의 고치지 않고 자국에서 그대로 사용하기도 했다. 또한, 문학과 예술 분야까지 흉내를 냈다. 1934년 소련 막심 고리키(Maxim Gorky, 1868~1936)가 중심이 되어 형성된 '사회주의 리얼리즘'을 다른 나라들의 문학 작품과 예술 활동에 고수하도록 강요하였다. 러시아 공산주의가 코민테른을 통해 세계 각국의 이념, 정치, 문화에까지 영향을 미쳤다. 그러나 설립 목적이 세계혁명이었으나 점차 그 목적 달성이 여의치 않자, 스탈린 집권 이후 소련의 국가이익을 우선시하는 외교 정책의 도구로 활용되었다. 그러다 제2차 세계대전이 터지자, 스탈린은 연합국인 영국과 미국을 배려하여 1943년 코민테른 해체를 선언했다. 그때의 명분은 "민족별 공산당의 독립적인 활동 보장"이었다.

» 동유럽 공산화

제2차 세계대전 직후 동유럽

제2차 세계대전이 끝날 무렵인 1945년 7월 베를린 근처 포츠담에서 연합군

대표 전원이 참가한 회담이 열렸다. 포츠담회담에서 결정된 사항은 일본은 무장 해제하고 독일은 4개의 점령지역으로 분할되는 것이었다. 그리고 소련은 승전국 연합군의 일원으로서 패전국에서 보장받을 권리를 약속받았다. 2차 대전으로 소련은 약 2천4백만 명에 이르는 소련 국민이 희생됐다.[24] 독일과의 레닌그라드 항전과 스탈린그라드 전투는 전쟁사에 남을 만했다. 그리고 이들 전쟁이 연합군의 승리에 결정적인 역할을 했다. 전쟁은 군사적 수요로 인해 민간 경제가 크게 희생되었고, 농업은 황폐화했다. 그런 가운데 소련은 동유럽 지역에서 자국의 권위를 어떻게 유지할 것인가, 국익을 위해 무엇을 할 것인가를 고민했다.

미국, 영국, 소련은 2차 대전이 종결되자 앞으로 전쟁을 예방하기 위해 국제연합기구(UN)를 결성하기로 했다. 소련은 미국, 영국, 프랑스, 중국과 함께 국제연합 안전보장이사회에서 당당히 한 자리를 차지했다. 그러면서 스탈린은 동유럽에 꾸준히 관심을 가졌다. 스탈린은 유고슬라비아 특사 밀로반 질라스에게 이렇게 말한 적이 있다. "이 전쟁은 지난날과는 다른 전쟁이다. 자신의 군대가 도달하는 곳까지 자신의 체제를 강요한다." 한편, 모스크바에서 망명 중이던 코민테른의 일부 지도자들은 자국의 공산당을 이끌기 위해 고국으로 돌아갔다. 스탈린은 이 지역 국가들이 소련 위성국이 되도록 기회를 엿보고 있었다. 동유럽 공산주의자들 중 일부는 제3국(독일)의 동맹국으로서 자국 군대가 소련에 끼친 손실을 보상해 주는 것이 국가적 의무라는 사실을 받아들이기도 했다. 헝가리, 루마니아, 불가리아, 동독이 해당 국가들이었다.[25]

---

24) 당시 소련의 공식적인 자료가 공개되지 않아 희생자의 숫자를 정확히 알 수 없다. 그러나 러시아에서는 약 4천2백만 명이 희생되었다고 주장하기도 한다.

25) 로버트 스미스(김남섭 역), 『코뮤니스트』, (서울: 교양인, 2012), pp. 362.-363.

동유럽의 모든 나라들은 2차 대전이 끝나면서 대혼란에 빠졌다. 알바니아, 불가리아, 루마니아, 유고슬라비아에서 군주정이 폐지되었다. 제3국에 협력한 자들은 체포되어 처형되었다. 현지 공산주의자들은 이런 상황을 이용했다. 소련군이 언제든지 개입할 태세가 되어 있고, 공포 분위기가 조성되었기 때문에 공산주의자들의 권력 남용에 어떠한 대응 조치도 할 수 없었다. 이와는 대조적으로 미국의 대외정책은 경직되어 갔다. 미국 트루먼 대통령을 위시한 서방 국가 지도자들은 소련이 동유럽에서 압도적인 영향력을 행사하는 것을 묵인했다. 특히, 일본에 원자 폭탄을 투하한 사실을 끔찍한 재난으로 생각했던 미국 트루먼 대통령은 3차 대전이 발생할 위험을 무릅쓰고 싶지 않았다.

알바니아에서는 1944년 10월 이래 임시정부에 공산주의자들이 대부분의 직위를 차지했고, 유고슬라비아에서는 11월 선거를 통해 자신들의 권력을 확고히 했다. 폴란드에서는 폴란드사회당, 민주당, 노동당, 농민당과 함께 연립정부를 결성했다. 거기에다 종전 직후부터 소련의 내정 간섭이 본격화 되었다. 헝가리는 1945년 11월 첫 자유선거에서 '소농·소자작농당'이 57%의 득표로 다수당이 되었으나, 공산당이 내무장관직과 보안 경찰을 수중에 넣고 차츰 다수당을 약화시켰다. 체코슬로바키아에서는 소련 지도부의 요구에 따라 공산주의 지도자인 클레멘토 고트발트가 총리가 되었다.

불가리아는 공산주의자들이 이끄는 '조국 전선'이 1945년 11월 선거에서 86%의 득표를 기록했다. 루마니아는 연립정부에서 단 한 명의 공산주의자가 장관직을 차지하자 소련의 압력으로 내각을 해체하고 유순한 지도자 페트루 그로자가 정부 수반이 되었다. 동독에서는 지역 공산주의자들이 다른 좌파 정당들과 연합하고 싶어 했다. 그러나 소련군의 압력으로 1946년 4월 독일공산당이 독일사회민주당과 통합하여 독일사회주의통일당(SED)이 되었다. 핀란드

는 소련 이웃 국가이면서 불편한 관계였다. 그래서 2차 대전 중에는 독일 편에
섰다. 그런데도 1945년 총선에서 공산주의자들이 25%의 의석을 차지하는 결
과에 스탈린은 만족했다. 그 후로도 핀란드는 소련과 서방의 분쟁에서 중립을
지키기로 선언하면서 소련연방에도 포함되지 않았다.

동유럽의 공산화 완성

동유럽의 공산화는 1939년 8월 23일 체결된 독·소 불가침조약(German-
Soviet Non-Aggression Pact)[26]에 따라 폴란드 동부와 발트 3국(에스토니아, 라트비아, 리
투아니아)이 소련의 영향권으로 들어간 이후부터 본격적으로 되기 시작했다. 2
년 후 1941년 제2차 세계대전이 발발하자 소련군이 점점 서쪽으로 진격했고,
1945년에 이르자 소련군이 동유럽 대부분을 점령하면서 2차 대전에서 승리를
거뒀다. 이를 계기로 소련군은 군사적, 정치적 영향력을 바탕으로 이들 지역에
공산정권 수립에 착수했다.

동구권 국가들의 공산화에는 '살라미 전술'(Salami Tactics)이 구사됐다. 헝가리
공산당 지도자인 라코시가 처음 사용한 표현으로, 초기에는 연립정부에 참여
하여 정당성을 확보하고 점차 공산당이 군대, 경찰, 정보기관, 노동조합 등을
장악하면서 비공산세력을 제거하고 권력을 독점하는 전술이다. 한 조각씩 잘
라내듯이 하나하나 권력을 장악하는 것이다. 이에 준한 동유럽 공산화 과정은

---

26) 독·소 불가침 조약은 제2차 세계대전 발발 직전인 1939년에 맺은 협정으로 '몰로토프-리벤트
로프 조약'(Molotov-Ribbentrop Pact)이라고도 한다. 조약의 유효기간은 10년으로 상호 평화
관계 유지 약정이었다. 양국은 비밀 추가 의정서에 동유럽의 분할어 관해 합의해 폴란드는 독일
과 소련이 공동 분할하고, 발트 3국과 핀란드와 루마니아 일부를 소련 영향권에 두기로 했다. 그
러나 1939년 9월 1일 독일이 폴란드를 침공하여 제2차 세계대전이 발발하고, 이어 9월 17일 소
련이 폴란드 동부를 침공해 폴란드는 분할 점령되었다.

대체로 다음과 같이 전개되었다. 소련군의 주둔과 군사적인 압력, '국민전선'을 통한 정치 참여, 선거 조작과 언론 통제, 반대파 숙청, 소련식 사회주의 체제로 전환, 농업의 집단화와 사유재산 철폐, 계획경제의 도입 순이었다.

국가별 공산정권, 즉 동유럽의 '인민공화국' 탄생 과정은 ① 폴란드는 소련군이 1944년부터 점령하여 공산주의자 중심의 루블린 임시정부를 수립하고, 1947년 총선거에서 공산당이 선거를 조작해 집권하고, 1952년 헌법으로 인민공화국을 공식화하였다. ② 체코슬로바키아는 초기에는 비공산당과 연립을 하였으나 1948년 공산당의 '프라하 쿠데타'로 공산정권을 탄생시켰다. ③ 헝가리는 1945년 총선에서 공산당이 17% 득표로 소수였지만, 경찰과 군대를 장악하고 비공산 세력을 탄압하여 1949년 헝가리 인민공화국을 탄생시켰다. ④ 루마니아는 1945년 공산주의자들이 주도하는 정부를 수립하고, 1947년 국왕을 퇴위시키고 루마니아 인민공화국을 출범시켰다. ⑤ 불가리아는 1944년 소련군이 진입하여 임시정부를 수립하고, 1946년에 군주제를 폐지하고 인민공화국을 선포했다. ⑥ 동독은 1945년 소련군이 점령하여 이듬해 독일사회주의통일당(SED)을 결성하고, 1949년 독일민주공화국(GDR)을 수립했다. ⑦ 알바니아는 엔베르 호자 중심의 공산 유격대 '파르티잔'[27]이 민족 해방군으로 소련의 큰 도움 없이 1946년 인민공화국을 선포했다. ⑧ 유고슬라비아는 티토(Josip Broz Tito, 1892~1980)가 이끄는 파르티잔이 1945년 총선에서 승리하고 공산당 주도의 인민공화국을 수립했다. 소련군이 진입했으나 크게 영향을 받지 않

---

27) 파르티잔(Partisan)은 민족주의, 사회주의, 공산주의 등 이념적 색채를 띤 비정규적 유격대로서 침략군 또는 점령군에 맞서 싸우는 저항 세력이다. 파르티잔은 주로 게릴라 무장단체지만 전쟁이 끝난 후에는 해방자로서 정치권력을 잡는 경우가 많았다. 프랑스의 레지스탕스, 중국공산당의 유격대 등이 유사한 성격의 조직이다.

고 자력으로 출범했다. 이상의 동유럽 8개국은 1944~1945년 소련군의 점령과 지원으로 연립정부가 수립되고, 1947~1949년에 공산당 일당 체제로 전환되어 인민공화국을 설립하게 되었다. 제2차 세계대전 이후 이들 국가가 공산화되면서 '냉전'(Cold War) 체제가 형성되어 갔다.

제3부

동아시아 붉은 국가 등장

제6장

국공내전과 중화인민공화국 수립

» 공화정 시도 좌절

청 왕조는 영국과의 제1차 아편전쟁(1840-1842)과 제2차 아편전쟁(1856-1860)에서 패배하면서 기울기 시작했다. 동양의 잠자는 사자로 알려져 있던 청나라는 서양의 제국주의 열강에 무릎을 꿇고 말았다. 또한, 1894년 청일 전쟁에서도 일본에 패배하여 청나라 멸망의 길은 빨라졌다. 중국인들은 아직도 그 당시의 치욕들을 잊지 않고 있다. 마지막 왕조 청나라는 내우외환을 겪다 1911년 쑨원(孫文, 1866~1925)이 이끄는 신해혁명(辛亥革命)으로 역사 속으로 사라졌다. 이 시기에 쑨원이 제창한 '삼민주의'(三民主義)에서 민권주의(民權主義)가 중국 역사상 최초로 전제군주제에서 민주 공화정(共和政)으로 전환을 시사했다.[1]

왕정이 무너지고 각종 정치집단이 우후죽순 생겨났다. 무려 300여 개의 정당이 난립했다. 민주주의로 향하는 혁명의 구심 세력인 쑨원은 1912년 1월 1

---

1) 삼민주의(三民主義)는 민족주의(民族主義), 민권주의(民權主義), 민생주의(民生主義)로 되어 있다.

일 남경에서 정식으로 중화민국 혁명정부를 선포하였다. 그해 8월 몇몇 정당의 연맹으로 중국국민당(中國國民黨)이 결성되고, 10월 량치차오(梁啓超)가 민주당(民主黨)을 설립하여 양당 체제가 되었다. 그러나 혼란은 계속되었고, 많은 군벌(軍閥) 세력들이 등장하였다. 정치발전 과정 초기에 나타나는 군인들의 정치 개입 현상이 당시 중국에서도 일어났다. 대표적인 인물로 1911년 무창봉기(武昌蜂起) 이후 군을 장악한 위안스카이(袁世凱)가 1914년 자신을 황제라 칭하면서 권좌에 잠시 오르기도 했다.

청나라 몰락 이후 민주 공화정으로 정권 장악에 실패한 쑨원은 1925년 북경에서 간암으로 세상을 떠났다. 남경 중산릉(中山陵)에 안치되어 국부(國父)로 받들어지고 있다. 이 당시 중국의 지식인들은 허물어져 가는 청나라를 지켜보면서 그 원인을 오랜 봉건제도와 인습에 젖어있는 중국인들의 의식 세계에 문제가 있다고 판단하여 계몽 운동을 전개했다. 1919년 전국적으로 일어난 '5.4운동'이 대표적이다. 이는 중국인의 정신세계를 변화시키기 위한 신문화운동이면서 미국과 일본 등 제국주의와 식민주의를 반대하는 일종의 시민혁명이었다. 이러한 시대의 흐름에 지식인층 중심으로 서서히 러시아 볼셰비키혁명에 관심을 두기 시작했다. 천두슈(陳獨秀, 1879~1942)와 리다자오(李大釗, 1896~1927)가 선두에 있었다. 그 뒤를 이어 마오쩌둥(毛澤東, 1893~1976)과 저우언라이(周恩來, 1898~1976)가 등장하여 중국의 새로운 역사를 썼다.

쑨원 수하에 있었던 장제스(蔣介石, 1887~1975)는 1928년 국민당 정부의 주석직을 맡으면서 당을 이끌었다. 그는 철저한 반공주의자였다. 한편, 국민당에서 잠시 정치활동을 함께한 마오쩌둥은 농민 문제에 많은 관심을 두고 있었다. 빈농들의 어려움을 직접 경험하기도 하고, 농민 교육 사업을 통해 농촌 문제를 토론하고 집중적으로 연구했다. 이때부터 그는 농촌 문제 접근에서 마르크스-

레닌주의와 차별화를 시도했다. 그들의 이론을 일정 부분 수용하되, 중국의 현실에 맞는 실천적 혁명 이론으로 발전시켰다.

마오쩌둥 이론의 근간은 농민 중심의 혁명 이론으로 요약된다. 러시아 10월 혁명 당시의 상황과는 달리, 중국은 산업화가 미진하여 인구 대부분이 농민이었다. 러시아혁명은 도시 공장 노동자를 혁명의 주체로 삼아 도시에서 단기간의 무장봉기를 통해 혁명을 완수하고, 농촌은 혁명의 보조적 역할을 하게 했다. 이에 반해 마오쩌둥은 농민과 대중을 동원해 농촌에서 혁명을 일으켜 장기적 게릴라전을 통해 거점(해방구)을 만들고, 그 후 도시를 포위하여 혁명을 완수하는 전략이었다. 그러면서 그는 '군중 속으로 들어가 군중의 소리를 듣고, 군중을 이끈다.'라는 대중노선을 지향했고, 외부의 원조나 기술에 의존하지 않고 중국의 자원과 인간의 힘으로 사회주의를 건설하자는 자력갱생(自力更生)을 강조했다.

쑨원에 이어 장제스의 국민당이 공화정을 수립하려 하였으나, 마오쩌둥이 이끄는 공산군이 국공내전에서 승리하여 중화인민공화국이 탄생하게 되었다. 중국이 왕정 체제에서 입헌군주제나 공화정으로 넘어가지 못한 이유는 첫째, 쑨원 자신이 사상가·정치가였을 뿐 군사적 기반이 없었다. 신해혁명 당시는 군벌이 활개를 치던 시기로서, 위안스카이 같은 군벌의 지원을 받기는커녕 오히려 그에게 배신당해 결국 권력을 넘겨주었다. 둘째, 그 당시 '청나라 타도'에는 동참했지만, 입헌군주제와 공화정 등 정치체제에 대한 혼선과 갈등이 많았다. 입헌군주제는 황제를 유지하는 것으로 인식되어 국민 다수가 시대착오적으로 여겼고, 공화정은 실현할 정치적 연대가 미약했다. 셋째, 수천 년 동안 봉건 체제 아래 있었던 중국 사회는 유교 사상에 익숙해 민주주의의 의미를 잘 이해하지 못했고, 그래서 국민의 열망과 지지가 약했다. 그런가 하면, 지방에서는 여전히 향촌 지주와 군벌이 권력을 장악하고 있었다.

» 마오쩌둥

마오쩌둥(毛澤東, 1893~1976)은 호남성(湖南省) 상담현의 비교적 부유한 농부의 아들로 태어났다. 그의 아버지는 원래 가난하였으나 미곡상을 하면서 부자가 된, 자수성가한 사람이었다. 마오쩌둥은 창사 제1사범학교를 졸업할 때까지 책을 통해 미국의 초대 대통령 조지 워싱턴과 독립전쟁, 유럽의 나폴레옹전쟁, 링컨과 노예 해방, 루소와 몽테스키외, 러시아의 예카테리나 여제와 표트르 대제 등을 알게 되었다. 그리고 애덤 스미스의 『국부론』도 읽었다. 그는 젊은 시절부터 반제국주의자였고, 신해혁명과 5.4운동의 영향을 받으면서 성장했다. 대학을 졸업하고 베이징대학에서 잠시 사서로 일하면서 마르크스-레닌주의를 접하였다.

청나라 말기 중국의 정치 방향을 결정하는 중요한 시기에 마오쩌둥의 의식 세계에 크게 영향을 미친 지식인은 근대화 개혁 운동인 '변법자강'(變法自強)을 주도한 캉유웨이(康有爲)와 입헌군주제를 주장한 량치차오(梁啓超), 그리고 마르크시즘을 소개한 리다자오(李大釗)와 그 실천 방안을 지도한 천두슈(陳獨秀) 등이 있었다. 그리고 북경 대학 총장을 지낸 후스(胡適)와는 신문화운동을 함께했으나, 그의 자유주의와 민주주의 사상이 중국의 현실에 맞지 않다고 판단한 마오쩌둥이 사상적으로 거리를 뒀다. 그는 중요한 역사적 기로에서 점진적 변화를 통한 공화제 대신 농촌 혁명과 계급투쟁 노선의 공산주의를 택했다.

마오쩌둥이 자신을 공산주의자라고 처음 밝힌 시기는 1920년 여름 창사(長沙)에서 '마르크스주의 연구회'를 결성하고 동료들에게 "나는 공산주의자다."

라고 했을 때다. 중국공산당 창당은 1921년 1월 7일 상해의 프랑스 조계지(租界地)에 있는 기독교계 박문여고(博文女校)에서 있었다. 참석 인원은 총 13명으로서 마오쩌둥은 호남성 대표로 참가했다. 그리고 마오쩌둥은 1923년 소련 코민테른의 지시와 중국공산당의 결정에 따라 제1차 국공합작(國共合作)에 '당내당' 전략으로 37호라는 이름으로 국민당에 입당하기도 했다. 이후 국민당 정부의 명령에 따라 호남성 향촌 조사 임무를 맡게 되었고, 이때부터 마오쩌둥은 농민의 혁명 역량에 집중하게 되었다.

1925년 쑨원이 사망한 후 국민당 당내 권력 투쟁에서 좌파가 득세하기 시작했다. 그러나 좌파 세력들은 군벌을 소탕할 북벌에는 소극적이었다. 새로운 실력자 장제스가 나타난 1926년 7월부터 국민당의 제1차 북벌이 시작됐다. 북벌 과정에 그는 국민당 내 좌파와 중국공산당과의 관계는 점차 멀어졌다. 여기에 과격한 농촌 혁명가들이 곳곳에서 폭동을 일으키고 사회적 소요가 심각해지자 중국공산당에 대한 불만이 커졌다. 결국 1927년 4월 12일 공산당을 소탕하는 '상하이 쿠데타'로 이어져 국공합작은 결렬되었고, 국민당과 공산당은 다시 분리되었다. 이때 마오쩌둥은 국민당의 뿌리가 군벌과 지주계급이라는 확신을 갖게 되었고, 농민과 노동자 혁명에는 적대적이라는 사실을 깨닫게 되었다. 1927년 이후부터 그는 무장투쟁으로 돌아섰다.

마오쩌둥이 공산당 내에서 승승장구하고, 종국에는 혁명에 성공할 수 있었던 것은 앞에서 언급했던 당시 중국 상황에서 농민과 농촌을 혁명의 기반으로 삼았던 전략이 주효했다. 그리고 그의 남다른 개인적 역량이 한몫했다. 그는 혁명에 성공하기 위해서는 창간쯔(槍杆子)와 비간쯔(筆杆子)가 필요하다고 했다. 전자는 총칼의 무력이고, 후자는 필력의 선전·선동이다. 마오쩌둥 자신이 문필가이자 저널리스트였다. 그리고 당대 최고 지식인 천두슈, 후스, 리다자오

등이 집필하던 〈신청년〉과 〈매주 평론〉 등 매체가 중극의 지식인 세계에 큰 영
향을 미치고 있다는 사실을 인식하게 되었다.

그리고 1918년 베이징대학 도서관에 근무하면서 중국 최초의 신문 연구단
체인 '신문연구회'에 참가하였고, 1919년 후난성으로 돌아가 그의 나이 26세
에 〈상강 평론〉(湘江評論)을 창간하고 적극적인 언론 활동을 전개했다. 국공합
작 당시인 1925년 12월 국민당 중앙선전부장 대리로 근무하면서 국민당 기
관지 〈정치 주보〉(政治週報)의 책임 편집자였다. 그 후 그는 공산혁명 과정에서
누구보다 언론과 선전·선동의 중요성을 잘 인식하고 혁명의 도구로 적극 활
용했다.

마오쩌둥의 업적에도 공과(功過)가 있다. 중국을 외세의 침략과 내전으로 혼
란에 빠진 반식민지 상태에서 벗어나 통일된 사회주의 자주 국가로 만들었
다. 신중국 건립 이후 문맹 퇴치 운동, 여성 인권 신장, 기초 의료 및 초등교육
에 힘써 중국 사회 전반에 문해력과 기대 수명이 향상되었다. 여성해방을 상징
적으로 표현한 "여성이 하늘의 절반을 떠받친다"(婦女能頂半邊天)라는 구호는
1950년대 이후 여성의 사회 참여를 장려하는 선전에 사용되기도 했다. 또한,
한국전쟁 참전을 통해 중국을 국제무대에의 주요 행위자르 부상시키기도 했
다. 그러나 집권 후반기로 들어서 대약진운동과 문화대혁명의 실패로 엄청난
피해를 남긴 사실, 독재와 인권탄압은 그의 큰 오점으로 남았다. 그럼에도, 천
안문 광장에 걸린 그의 초상화는 중국공산당이 건재하는 한 걸려 있을 것이다.

» 중국 농촌, 대장정

공산혁명 당시 중국의 농촌 상황과 마오쩌둥이란 인물을 외부 세계에 소상

히 알린 사람은 미국 언론인이자 작가인 에드거 스노(Edgar Snow, 1905~1972)였다. 그는 공산군 대장정 때 동행하며 현장을 취재하고, 1936년 7월 16일 이후 몇 차례 마오쩌둥과의 인터뷰 내용을 보도한 기자이다. 당시 서구 언론 대부분이 국민당 위주로 보도하였으나, 그는 다른 시각과 정보를 제공했다. 또한, 그의 저서 『중국의 붉은 별』(Red Star Over China, 1937)에서 국공내전 당시 중국 농촌의 실상과 마오쩌둥을 비롯한 공산당 지도자들에 대한 상세한 내용을 독자들에게 제공했다. 책 내용이 중국공산당과의 긴밀한 관계로 인해 다소 미화된 부분이 있다는 일부 비판이 있지만, 당시 중국 농촌사회의 참혹한 현실과 그로 인해 공산주의 활동이 전개된 배경을 다룬 자료로써 평가된다.

1926년 마오쩌둥이 국민당의 농민운동위원회에서 활동할 당시 농촌인구의 10%가 경작지의 70%를 소유하고 있었다. 65%의 농촌인구가 10~15%의 경작지에서 농사하면서 가난한 삶을 이어갔고, 15% 정도의 농촌인구만 중간 정도의 생활을 유지하는 자작 농민이었다.[2] 에드거 스노가 당시 시골의 한 선교사와 나눈 대화에서 농촌의 삶과 농민들의 고충을 짐작할 수 있다. "돼지 한 마리가 농부로부터 소비자에게 도달하기까지는 6곳에 세금을 내야 하는 실정이다." 마오쩌둥이 공산혁명의 원동력을 농촌 문제로 삼은 이유가 이런 데 있었다.

마오쩌둥은 국민당 내에서의 농촌 문제 해결을 위해 1927년 '남창봉기'(南昌蜂起)[3]를 꾀하였으나 정부군의 진압으로 실패로 끝났다. 그러자 그해 호남성 인근의 정강산(井崗山)으로 들어가 농촌 혁명의 거점으로 삼고 '정강산투쟁'을

---

2) Edgar Snow, 『Red Star Over China』, (NY: Grove Press, 1968), p.101.

3) 중국에서는 남창기의(南昌起義)라고 부르며, 1927년 8월 1일 중국 강서성 남창에서 공산주의자들이 일으킨 무장봉기다. 중국 공산주의자들이 국민당에 맞선 최초의 항쟁이었다.

시작했다. 여기에 주더(朱德)와 펑더화이(彭德懷)가 혁명군에 합류하면서 투쟁의 대열을 갖추어 나갔다. 훗날 중국 대륙을 통일할 정강산 결의가 여기서 이뤄졌다. 한편, 국민당의 장제스 군대는 공산당 세력 소탕 작전에 나섰다. 국민당 군대는 공산당 군대에 비해 병력과 화력 면에서 우세하였다. 그래서 공산군은 정규전에서는 승산이 없다고 판단하여 게릴라전을 택했다. 1933년 장제스는 백만 대군을 이끌고 제5차 공산당 토벌 작전을 벌이자 더 이상 버티지 못한 공산군은 1934년 10월 15일부터 혁명근거지를 버리고 강서성(江西省) 서남쪽으로 도주하기 시작하여 '대장정'(大長征)의 길에 올랐다.

10만 명에 가까운 농민과 혁명군으로 구성된 대장정의 행렬은 귀주성(貴州省), 운남성(雲南省)을 거쳐 북서부인 섬서성(陝西省) 연안(延安)에 이르기까지 약 1만km를 2년여에 걸친 고난의 행군을 이어 갔다. 대장정 중 1935년 1월 귀주성 준의시(遵義市)에서 열린 중앙정치국 임시 확대회의에서 마오쩌둥은 중국공산당 정치국 주석으로 추대되면서 공산당 제1인자가 되었다. 대장정의 종착지였던 연안(延安)은 중국공산당의 성지가 되어 해외 공산주의자들의 순례지가 되었고, 지금도 공산당의 교육과 연수, 각종 회의가 열리고 있다.

» 내전 승리로 신중국 출범

장제스가 군벌을 소탕하고 있을 때 공산당은 국공내전에서 세력을 넓혀 나갔다. 그리고 1931년 7월 일본 관동군에 의한 '만주사변'고 1933년 2월 '열하사변'(熱河事變)[4]이 일어나 국민당군의 전선이 분산되는 틈을 타서 공산군은

---

4) 1933.2.21. 일본 관동군 이시모토 총살 사건을 빌미로 일본군이 장쉐량(張學良)의 관할에 있던 동북지역 열하성을 공격하여 만주국에 병합시킨 사건이다.

세력을 더욱 확장해 나갔다. 한편, 역사적인 제2차 국공합작이 '서안사건'(西安事件)으로 성사되었다. 이는 1936년 12월 국민당 만주동북군 지휘관이었던 장쉐량(張學良)[5]이 서안에 공산주의자 토벌을 격려하러 온 자신의 상관 장제스를 감금하고 항일 투쟁을 위한 국공합작에 동의를 받아낸 사건이다.

그 당시 장쉐량은 '중국인이 중국인을 공격하기보다는 일본 제국주의를 물리쳐야 한다'라는 인식을 하고 있었다. 그리고 장쉐량은 전장에서 공산군의 기동전술과 게릴라 전법에 대해 깊은 인상을 받고, 이를 장제스 국민당 군대에 적용하여 함께 항일 투쟁에 이용하면 효과적일 것이라는 생각을 하고 있었다. 감금된 장제스는 저우언라이를 비롯한 공산당 지도부와 면담하고, 또 남경에서 온 국민당 정부의 대표단과 부인 쑹메이링(宋美齡)의 설득에 결국 제2차 국공합작에 동의했다. 국민당군과 공산군 간의 내전을 중지하고 단일 대오로 일본 제국주의에 항거하는 데에 합의한 것이다. 이 국공합작은 1937~1945년 일본 패망 때까지 지속되었다. 그러는 동안 열세에 있었던 공산군은 내전에서 우세로 돌아섰다.

국공내전과 항일 투쟁이 계속되는 동안 마오쩌둥은 그의 사상을 정리하고 체계화해 나갔다. 1945년 4월 23일 중국공산당 제7차 전당대회에서 마오쩌둥은 그의 사상이 마르크스-레닌주의와 함께 공산당 모든 활동의 방침이라고 결의했다. 일본이 제2차 세계대전에서 패배하고 물러나자 1946년 7월부터 제2차 국공합작은 끝나고, 국민당군과 공산군 간의 전투는 다시 치열해졌다. 3년

---

5) 장쉐량(張學良)은 동북 지역 군벌인 장쭤린(張作霖)의 아들이다. 처음에는 장제스의 국민당군 서북 지역 부사령관으로 임명되어 공산군을 토벌했다. 그러나 매번 패배하자 점차 장제스에 대해 불만을 품고 비밀리 공산군과 접촉하기도 했다. '서안사건'(西安事件) 이후 장쉐량은 국민당의 근거지인 남경으로 끌려가 가택연금 상태로 있다가 국민당이 패배하자 장제스와 함께 대만으로 건너갔다. 대만에서 가택연금이 풀려나 하와이로 이주한 후 2001년 사망했다.

여 만에 공산군은 국민당군을 압도하면서 1949년 4월 남경, 5월 상해, 10월에 광동성을 함락시켰다. 그러자 장제스는 대만으로 탈출했다. 마지막으로 수도 인 북평(북경)은 공산군이 무혈 입성하였다. 장기전에 시민들이 전쟁을 원치 않았고, 특히 문화유산과 민간 생명 보호라는 명분에 국민당군 지역 사령관이 설득 당했다.

1949년 10월 1일 마오쩌둥은 천안문 위에 올라 광장을 내려다보며 중화인민공화국 건설을 선포하면서 "중국 인민은 이제 일어섰다"(中國人民從此站起來了)라고 외쳤다. 마오쩌둥이 이끄는 공산당이 23년간 장제스 국민당 정권과의 내전에서 승리하여 공산주의 '신중국'의 탄생을 알렸다. 신중국은 토지를 국유화하고 사유재산제를 폐지했다. 모든 산업은 국유화하고, 농촌은 집단농장으로 만들었다. 시장경제도 폐지되었다. 수천 년을 봉건 왕조로 이어온 중국이 공산당 일당독재의 전체주의 국가로 탄생하였다.

장비와 병력에서 열세에 있었던 공산군이 승리할 수 있었던 원인은 첫째, 피폐해진 농민과 일반 백성들의 마음을 얻는 데 성공했다. 정강산에서 시작한 '붉은 군대'(Red Army)의 전투 규칙에는 일반 백성들을 대하는 태도에 대해 자세히 나열되어 있다. "사용하던 집의 문짝은 달아놓고 떠나라"(문짝을 침대로 사용), "가난한 농민의 재산을 몰수하지 말라", "백성들에게 겸손하고, 도울 일이 있으면 도우라", 그리고 "빌린 물건은 반드시 돌려주고, 농민과의 거래는 정직하고 구매한 물건값은 반드시 치러라." 심지어 위생과 관련하여, "화장실을 설치할 경우, 주방과 일정한 거리를 둬라."라는 등이 수록되어 있었다.[6] 그 당시 지주의 횡포, 군벌과 관리들의 억압에 시달려 왔던 일반 백성들에게

---

6) Edgar Snow, 앞의 책, p.173.

공산군의 이런 행동 준칙들이 심리전에서 그들의 마음을 끌기에 충분하였을 것이다.

두 번째로 공산당이 성공할 수 있었던 요인은 앞에서 언급되었듯이 마오쩌둥이 농민 문제와 토지의 배분에 대한 문제의식을 강하게 가졌던 것에 있다. 공산당 초기부터 마오쩌둥은 자신을 공산주의로 인도한 천두슈(陳獨秀) 같은 인물들과 농촌 문제로 갈등을 빚었다. 농민운동과 토지 소유 문제를 두고 천두슈는 온건한 노선을 주장한 데 반해, 마오쩌둥은 과격한 농민운동과 봉기, 그리고 토지의 전면적 수용을 주장하였다. 이 당시 중국 국민의 대다수가 농업에 종사하고 있었다.

세 번째 요인으로는 공산혁명에 이미 성공한 소련의 지원이 있었다. 소련은 일본, 영국 등 당시 제국주의 세력의 확장을 억제하고 자국의 안보를 확보하기 위해 국경을 맞대고 있는 중국을 공산화하여 친(親)소련 국가로 만들기를 원했다. 그러나 다른 공산주의 지도자들과 달리 마오쩌둥은 소련의 당 학교에서 수학하지 않아, 공산화 이후 소련의 지원과 구속에서 쉽게 벗어날 수 있었다.

네 번째, 역사의 우연이 있었다. 소련의 스탈린은 중국 붉은 군대에 무기를 공급하면서도 1948년경 마오쩌둥에게 장제스와 타협하라고 권고했다고 전해진다. 스탈린의 생각은 거대 중국의 북부 절반이라도 공산화하는 데 만족해야 한다고 생각한 것일까. 마오쩌둥도 마지막에는 국민당이 그렇게 쉽게 무너질 줄을 몰랐다고 한다. 국민당 장제스는 작전에 실패했을 뿐만 아니라, 군 내부는 부정부패가 만연했다. 시간이 지나면서 인민 해방군의 병력은 국민당군의 병력보다 많아졌다. 거기에다 일본군의 침략이 국공합작을 가져와 마오쩌둥 군대가 세력을 확장하는 데 시간을 벌어주었다.

여기서 러시아와 중국이 공산화되는 과정에 나타난 내전(內戰)에 대해 살펴보자. 한 나라에서 내전은 여러 요인에 의해 일어나지만, 그중에서 국가의 권력이 공백 상태에 이르면 반드시 일어난다. 러시아 내전은 10월 혁명 이후 사회주의 확립과 구체제 복원이라는 국가 정체성을 두고 적군(赤軍)과 백군(白軍)의 투쟁이었다. 중국은 신해혁명 이후 권력 공백 상태에서 정치적 통합의 실패로 인해 1927~1949년 장기간 공산당과 국민당 간 이념 전쟁이었다. 내전이 일어난 시기도 의미가 있었다. 러시아는 내전이 혁명 이후 권력의 공고화 과정이었다. 반면, 중국은 약 23년간의 내전이 혁명의 과정이었고, 내전의 종식이 혁명의 결과였다. 이는 전쟁을 통한 군사적 승리가 정치적 승리를 의미했다. 혁명과 내전의 시기적 전후가 결과적으로 군부의 위상에서 차이가 나타났다. 러시아는 내전 이후 백군이 폐지되는 등 군은 독자적인 세력이 되지 못했다. 반면, 중국은 내전이 곧 혁명 과정이었기 때문에 군이 단순한 도구가 아니라 혁명의 주도 세력이었다. 그래서 중화인민공화국 수립 이후에도 인민해방군은 당과 국가를 지탱하는 핵심 권력 기구로서 위상을 지녀오고 있다. 즉 중국의 군대는 지금도 공산당 중앙군사위원회의 직속으로 당의 무력 기반이다.

» 교조적 마오이즘

대약진운동, 인민공사 설립

중국공산당은 농민들에게 토지를 무상 배분하면 먹고사는 문제가 해결될 줄 알았고, 재산을 국유화하면 생산성이 올라갈 것으로 예상했었다. 그러나 공동소유에 따른 비효율성으로 인해 모든 분야에서 뒤떨어지기 시작했다. 그러자 마오쩌둥 공산당은 1956년 집단농장인 '인민공사'(人民公社)를 설립하고, 생산성 향상을 위한 '대약진운동'(大躍進運動)을 전개했다. 그러나 이러한 극약 처방은 초기에는 효과가 나타나는 듯했으나, 2년여 만에 모두 실패로 끝났다. 그 주된 원인은 비현실적 목표 설정, 집단화로 인한 생산량 하락, 기술과 인프라 부족이었다. 이들 정책 실패로 오히려 많은 사람이 아사(餓死)하게 되었고, 중국공산당의 뼈아픈 실책으로 기록되었다. 그 후유증을 수습하고 권력 이완 현상을 다잡기 위해 1966년부터 10년간 극좌적인 '문화대혁명'(文化大革命)을 일으켰으나, 이 또한 실패로 끝나 중국공산당 역사와 마오쩌둥의 업적에 큰 오점을 남기게 되었다.

이 시기에 마오쩌둥이 정통주의 이념으로 돌아선 배경에는 1957년 11월 모스크바에서 개최된 '10월 혁명 40주년' 행사에 참석한 그가 당시 소련 지도자 흐루쇼프(Nikita S. Khrushchev, 1894~1971)의 '사회주의로의 평화적 이행론'에 충격을 받았다. 그 후 그는 어떤 나라의 공산당도 혁명의 고삐를 늦추면 안 된다는 강경 기조를 유지했다. 물론 흐루쇼프의 미국과의 평화공존 노선에 대한 반감이 깔려있었다. 이때 모스크바에 와 있던 중국 유학생들 앞에서 "세계의 풍향은 변화되었다. 사회주의 진영과 자본주의 진영 사이의 투쟁은 서풍인 자본주의가 사회주의 동풍에 압도되고 있다."라고 연설했다. 즉 동풍론(東風論)을 주장하며 자신감을 보인 것도 수정주의에 대한 반감이었다.

소련 방문에서 돌아온 마오쩌둥은 1958년 초부터 항주(杭州), 남녕(南寧), 성도(成都) 등을 순시하면서 "인민대중의 전례 없는 적극성과 창조성이 고양되고 있는 것이 보인다."라며, "영국을 추월하자."라는 구호를 외치고 다녔다. 그해 5월 중국공산당 제8회 전국대회 제2차 회의에서 〈사회주의 건설의 총노선〉이 채택되면서 대약진운동의 깃발을 올렸다. 대약진운동은 서양 기술에 편중된 소련 방식에서 벗어나 중국의 독자적인 방법으로 공업과 농업을 동시에 발전시켜 나가겠다는 것으로, 흐루쇼프가 "15년 안에 미국을 추월하겠다"라는 주

장을 모방하여 마오쩌둥은 "15년 이내 영국의 공업 생산을 능가하자"라는 과제를 제시했다.[7]

　대약진운동은 철강 생산에 주력했다. 1958년 9월까지 전국적으로 5천만 명이 동원되어 60만 개에 이르는 소규모 재래식 용광로인 '토법고로'(土法高爐)가 마을마다 만들어지고, 그해 연말까지 1억 명의 농민이 동원되었다.[8] 목표 달성을 위해 집안의 살림 도구나 농기구까지 모두 용광로에 넣어 철강으로 생산했다.[9] 자연히 산림(山林)도 황폐해졌다. 첫해는 목표치인 1,070만 톤을 생산하여 그 전해에 비해 거의 2배에 이르는 실적을 올렸다. 양적인 증산은 달성했지만, 품질은 형편없었다. 철강 증산은 되었으나 대규모 농민 동원으로 농업에 종사할 노동력이 부족하여 식량 생산량은 목표치의 절반 수준으로 떨어졌다. 결과적으로 대약진운동은 자원, 자본, 인력 등의 객관적인 여건을 전혀 고려하지 않고, 인민의 충성심에만 호소한 무모한 생산 증대 운동이었다. 거기다 생산량 저하의 비판을 면하기 위해 하급 간부의 허위 보고는 다반사로 일어났다.

　이 시기 1958년 봄 마오쩌둥이 참새가 곡식을 쪼아 먹는 해로운 동물이라고 언급하자, 전국적으로 참새 박멸 운동인 '타마작운동'(打麻雀運動)이 전개되었다. 그런데 참새가 해충(특히 메뚜기)을 잡아먹는다는 사실을 간과하여 생태계 불균형을 초래했다. 해충이 급증하면서 농작물에 더 큰 피해를 입힌 결과 대기근을 맞았다. 그러자 1960년대 들어 참새를 '해로운 4가지 동물'(쥐, 파리, 모기, 참새)에서 제외하고 빈대를 대신 포함하였다. 그리고 부족한 참새를 러시아로부터 수입하는 황당한 일이 벌어졌다. 이는 독재체제에서 최고 권력자의 권위가

---

7) 아마코 사토시(임상범 역), 『중화인민공화국사』, (서울: 일조각, 2016), pp. 69-70.

8) 아마코 사토시(임상범 역), 앞의 책, p.72.

9) 중국 영화 〈인생〉(원제; 活着)에서 무리하게 추진한 대약진운동의 단면을 볼 수 있다.

과학적 지식보다 우선하고, 전체주의적 대중 동원 시스템이 위험할 수 있다는 사실을 보여준 사례이다.

마오쩌둥은 대대적인 생산 운동과 함께 사회개조도 병행했다. 1958년 8월 공산당 중앙위원회 확대회의에서 〈인민공사 건설의 결의〉를 채택하고, 전국적으로 인민공사(人民公社)를 설립했다. 인민공사는 농업의 집단화를 위해 대규모 집단농장과 함께 행정 · 경제 · 사회 · 교육 · 군사 조직이 일체화된 농촌의 사회생활 및 행정조직의 기초 단위였다. 기존의 향(鄕) 단위의 인민정부와 인민대표회의를 해체하고, 1향1사(一鄕一社)의 원칙으로 인민공사를 설립하여 집단 생산과 집단생활을 영위하는 자급자족의 지역 공동체를 만들었다. 심지어 농기구 소유권까지 폐지하고 집단소유제를 채택했다.

무리하게 추진된 대약진운동과 인민공사는 결국 실패로 돌아갔다. 그러자 1959년 7월부터 강서성(江西省) 여산(廬山)에서 개최된 중국공산당 제8 중전회에서 비판이 시작되었다. 이 회의에 참석한 혁명 동지인 펑더화이(彭德懷)[10]는 대약진운동과 인민공사 추진이 경제발전의 원칙을 지키지 않았고, 너무 조급했다는 주장을 담은 장문의 〈만언서〉(萬言書)를 제출했다. 이에 마오쩌둥은 크게 반발하면서 "일부 사람들은 가장 중요한 때에 동요해서 커다란 바람과 파도에 흔들려 버린다."라고 불만을 토로했다. 그 후 펑더화이와 추종 세력들은 '우익 기회주의 반당(反黨) 군사그룹'으로 지목되어 축출되었다. 이 여산회의 이후 마오쩌둥의 정책 실패에 대해 아무도 비난할 수 없는 분위기가 형성되어 갔다. 설상가상으로 1959~1961년 사이에 엄청난 자연재해마저 닥쳐 1인당 식량 생산은 기아 선상을 밑돌아 역사상 유례없는 아사자가 생겨났다. 정확한

---

10) 펑더화이(彭德懷)는 마오쩌둥과 같은 고향 출신이고 혁명을 함께한 동지다. 한국전쟁에 인민군 총사령관으로 참전하고, 그 후 국방부장과 공산당 중앙군사위원회 부주석을 지냈다.

통계는 없지만, 사망자 숫자가 4천만 명에 이른다고 알려져 있다. 결국 마오쩌둥은 원리주의적 공산주의 정책들이 실패로 돌아가자 '문화대혁명'으로 권력 구조를 재편하려다 더 큰 과오를 저질렀다. 불을 끌어들여 몸을 태우는 형국(引火燒身)이 되었다.

문화대혁명

문화대혁명은 마오쩌둥이 교조적 이념으로 추진한 정책들이 실패로 돌아가자, 공산주의 이념을 더욱 다잡기 위해 1966년부터 10년간 중국을 광풍의 도가니로 몰아넣은 현대 중국사의 대재앙이었다. 문화대혁명은 1965년 11월 상해 신문 〈원후이바오〉(文匯報)에 실린 야오원위안(姚文元)의 〈신편(新編) 역사극 해서파관을 평한다〉라는 글이 단초가 되었다. 〈해서파관〉(海瑞罷官)[11]은 1960년대 중국의 전통극 대본인데, 야오원위안은 그 내용이 우파적 시각에서 쓰였다고 비판적 글을 신문에 실은 것이다. 즉, 지주계급을 미화하고 혁명이 필요 없는 것처럼 썼다고 주장했다. 이 글은 당시 〈해방일보〉를 위시한 공산당 다른 선전 매체들도 많이 다루었다.

마오쩌둥도 이 전통극을 관람하고 "충성스러우며 강직하고 아첨하지 않는 정신"이라고 칭송하자 '해서정신'이라는 유행어로 돌기까지 했다. 그랬던 마오쩌둥이 180도 입장을 전환하여 비판한 세력들에 동조하는 태도를 보였다. 그의 입장 변화는 권력 유지 욕심이 영향을 미쳤다고 볼 수밖에 없다.[12] 즉 인민공사 설치와 대약진운동 등 대규모의 정책 실패로 인한 권력 누수와 주류

---

11) 〈해서파관〉(海瑞罷官)의 내용은 명나라 가정제(嘉靖帝) 때 충신 허서가 황제의 실정을 간언하고 결국 파면되었다는 역사극이다.

12) 유광종, 〈다시 읽는 文化大革命〉, 월간중앙 2001.8, p.150.

세력의 교체를 우려한 것이다. 그래서 그는 반대 세력들을 주자파(走資派)로 몰아세워 공격하기 시작했다. 그 중심에는 류사오치(劉少奇)와 덩샤오핑(鄧小平)이 있었다. 결국 문화대혁명은 '우파 척결'에 있었다.

1966년 8월 천안문 광장에서 '홍위병 출범식'이 열렸다. 홍위병(紅衛兵)은 말 그대로 붉은 이념을 지키는 젊은이들이며, 이는 마오쩌둥의 대중노선 전략의 하나였다. 홍위병들은 처음에는 대자보(大字報)를 활용했다. 1966년 6월 1일 베이징대학에 붙은 대자보가 문화대혁명의 도화선이 되었다. 대자보 제목은 〈송숴(宋碩), 루핑(陸平), 펑페이윈(彭珮雲)은 문화혁명 중 도대체 무슨 짓을 했는가?〉였다. 이들은 당시 북경대학 총장, 부총장들이었다. 대자보 내용은 '학생과 교직원의 사회주의 혁명 열의를 탄압했다.'라는 내용이었다. 여기에 마오쩌둥이 긍정적 반응을 보이자, 6월 1일 〈인민일보〉 1면에 대자보 전문이 게재되었다. 그리고 전국의 방송들이 잇따라 보도했다. 그러자 학생들은 수업을 거부하고 거리로 뛰쳐나와 시위를 벌이기 시작했다. 마오쩌둥의 혁명 전략 "조그마한 불씨가 넓은 들판을 태운다."(星星之火, 可以燎原)라는 형세가 나타났다.

마오쩌둥은 문화대혁명이 일파만파로 확산하자, 1966년 8월 12일 류사오치를 국가 서열 2위에서 8위로 강등시키고, 그 자리에 측근인 린비아오(林彪)를 앉혔다. 일주일 후 8월 18일 천안문 광장에서 개최된 '문화대혁명 축하 군중대회'에 참석한 홍위병의 숫자는 100만 명에 이르렀다. 홍위병들은 '구사상·구문화·구풍습·구습관', 즉 4구(四舊)의 타파 운동을 벌였다. 지식인들과 지도계급에 속했던 인사들을 모두 처단하고, 유서 깊은 시설들은 전부 파괴했다. 건국 과정의 영웅들과 고위급 간부들이 홍위병의 모진 비판과 고문에 의해 쫓겨나거나 목숨을 잃었다. 사망자 숫자가 자료와 시기마다 다르지만, 1985년 공식 통계로는 북경에서만 1만 명 이상이 사망한 것으로 되어있다.

　중국 근대문학을 대표하는 라오서(老舍)는 67세의 나이에 홍위병들에게 끌려 나와 '반동분자'라는 팻말을 목에 걸고 먹물을 두 집어쓰고 구타당하는 모욕을 당했다. 그러자 그는 경찰서에 출두하기 하루 전날 북경 근처 호숫가에서 자살한 것으로 알려져 있다. 북경 천안문 광장 가까운 곳에 그의 대표적 희곡인 〈차관〉(茶館)의 이름을 딴 '라오서차관'(老舍茶館)이 지금은 많은 관광객이 찾는 명소가 되어 있다. 문화대혁명 때 전국의 사찰과 불상, 공자묘 등 국가 문화재들을 봉건의 잔재로 규정하고 '투쟁'이라는 구호 아래 무차별적으로 파괴하였다. 중국인들은 이를 '10년간의 대재난'이라고 부른다.

　국가주석이었던 류사오치도 결국 실용주의 노선을 견지했다는 이유로 홍위병들에게 비참하게 당해 병원에 입원하고, 공산당 당적까지 박탈당했다. 그는 1967년 11월 12일 71세의 나이로 숨을 거두고, '무직 노인' 신분으로 가족도 모르게 화장되었다.[13] 홍위병들이 너무 과격해지자 마오쩌둥도 결국 결별을 선택했다. 1968년 7월 마오쩌둥은 인민대회당으로 홍위병 '5대 영수'를 불러 그들에게 "문화대혁명을 2년간 해왔지만, 자네들은 투쟁하지 않고, 비판하지 않고, 개혁하지 않았다."라고 꾸짖었다. 이어 홍위병들은 전국의 농촌과 공장 등 노동 현장으로 '하방'(下放)되었다.

　문화대혁명은 1974년 마오쩌둥의 건강이 악화되면서 서서히 세력을 잃어갔다. 1976년 9월 마오쩌둥이 사망하자, 한 달 뒤 국방부장 예젠잉(葉劍英)이 주도한 군부가 홍위병에 이어 문화혁명 후기에 등장한 정치 세력인 '4인방(四人幇)'인 장칭(江靑), 야오원위안(姚文元), 왕홍원(王洪文), 장춘차오(張春橋)를 '반

---

13) 1972년 류사오치가 사망하고 화장된 지 5년이 지나서야 딸 류핑핑(劉平平)이 아버지의 사망 전모를 알게 되었다.

(反)당, 반(反)사회주의' 죄명으로 체포하면서 문화대혁명은 막을 내렸다. 류사오치와 함께 실용주의 노선을 걸었던 덩샤오핑이 문화대혁명에서 무사히 살아남아 오늘의 중국을 있게 한 것은 역사의 아이러니다. 문화대혁명은 그 후 1981년 6월 27일 중국공산당 제11기 제6 중전회에서 〈건국 이래의 당의 약간의 역사적 문제에 관한 결의〉에서 "문화대혁명은 마오쩌둥 동지가 일으키고 지도했다. 문화대혁명은 내란이었다. 그는 10년에 걸친 문화대혁명에서 중대한 과오를 저지르기는 했지만, 전 생애를 통해 중국 혁명에 대한 공적은 과오를 훨씬 능가하고 있다."라고 규정하면서 덩샤오핑이 주도적으로 역사적 평가를 내렸다. 즉 '공칠과삼'(功七過三)이라는 것이다.

베트남의 전쟁사와 공산화

» 프랑스 식민 지배

프랑스는 다른 열강에 비해 식민지 정책이 비교적 온건하였다고는 하나, 식민지 정책의 본질이 착취에 있었기 때문에 베트남에서도 저항과 전쟁의 연속이었다. 프랑스가 베트남을 최초로 공격한 것은 1847년이었다. 그 후 본격적인 대규모 공격은 1858년 프랑스·스페인 연합군의 베트남 다낭 지역에서다. 연합군의 규모는 전함 6척과 병력 3,500여 명에 이르렀다. 공격의 직접적인 명분은 프랑스 선교사와 천주교 신자들의 순교 사태에 대한 항의였으나, 당시 나폴레옹 3세의 독재체제 견고화를 위한 해외 팽창정책의 성격도 있었다. 그리고 영국이 이미 인도를 중심으로 미얀마, 말레이반도 등 서태평양 지역에서 세력을 확산하고 있었던 때라, 이를 차단하기 위해 인도차이나 동쪽 지역을 선점하는 전략이기도 했다.

프랑스 침공은 1862년까지 지속되면서 베트남 남동부 3성(비엔호아, 자딘, 딘쯔응)을 점령하자 베트남이 강화조약 체결에 응하면서 종전에 이르렀다. 1862

년 6월 맺은 이 조약이 베트남이 외국과 최초로 맺은 '임술조약'이었다. 조약의 내용은 천주교 활동의 자유 보장, 남동부 3성 프랑스에 할양, 제3국과 조약을 체결할 때 프랑스의 사전 허가, 전쟁 비용의 배상 등으로 되어 있었다. 이때부터 베트남은 중국의 영향에서 차츰 벗어나기 시작했다. 그리고 이를 계기로 베트남 역대 왕조의 폐쇄적인 대외정책에 변화가 오기 시작했다. 특히 선교사나 서구 문명을 접한 인사들이 주장하는 서구식 사회개혁과 부국강병이 설득력을 얻기 시작했다.

프랑스가 남동부 3성의 통치를 위해 베트남인 관리들을 내세우기는 했지만, 지배력을 점차 강화해 나가자 저항하는 베트남 세력들이 나타나기 시작했다. 1866년 프랑스는 1,000여 명의 군사를 투입하여 이를 진압하고 인근 남서부 3성을 공격하여 점령하자, 1874년 3월 '갑술조약'이 체결되었다. 이 조약 체결로 베트남은 3개 성을 추가로 프랑스에 할양하고, 프랑스는 베트남의 외교와 군사적인 문제에 본격적으로 관여할 수 있게 되었다. 이후에도 계속해서 베트남의 저항 세력을 축출하고 '아르망조약'(1883년), '푸르니에조약'(1884년)을 체결하면서 프랑스의 베트남 식민지화가 착착 진행되었다. 특히, 푸르니에조약은 베트남에 주둔하던 청나라 군대를 완전히 철수시키고, 프랑스가 베트남과 맺은 모든 조약을 청나라가 인정한다는 내용이 포함되어 있었다. 그때까지 베트남에 대해 종주권을 주장해 오던 중국이 프랑스에 베트남 식민지화를 용인해 준 것이다.

프랑스의 베트남 식민 지배는 1887년 베트남 6개 성과 캄보디아 일부를 포함하여 '인도차이나연방'을 만들어 본국 정부에서 총독을 파견하여 통치하면서 본격화하였다. 성급 이상에서 고위 관리는 프랑스인이었으나 하급 관리는 베트남인을 임용했다. 베트남 풍속과 관습에 따라 저항 없이 식민 지배를 하기 위한 조치였다. 다른 제국주의들과 마찬가지로, 프랑스의 인도차이나 지배의 주된 목적은 경제적 착취였다. 그래서 안전한 식민 통치를 위한 장치로 군대ㆍ경찰ㆍ사법 기관들을 개편하고 강화했다. 군대의 조직도 소수의 프랑스인을 제외하고는 대부분 베트남인으로 구성되었고, 정규군은 물론 예비군까지 창설하였다. 그리고 반란을 진압하기 위한 특수경찰을 조직하기도 했다. 범법자에 대한 사법 절차도 프랑스인과 베트남인을 차별했다.[14]

프랑스 정부는 효율적이고 장기적인 식민지 개척을 위해 교육 개혁도 단행했다. 이전까지 사용해 온 한자를 베트남어(꾸억응으, 國語)로 대체하고, 오래된 과거제도를 폐지하는 등 근대식 교육제도를 도입하고, 1906년에는 초ㆍ중ㆍ고등학교 학제로 바꾸었다. 또한, 출판에 대한 칙령을 발표하여 출판사나 언론사의 주필과 편집장을 프랑스인이나 프랑스 국적 소유의 외국인으로 한정했다. 이는 프랑스 식민 정부를 비난하는 것을 사전에 차단하고, 식민 정부의 정책을 선전하기 위한 것이었다. 프랑스의 식민지 수탈은 농업, 공업, 상업 등 모든 분야에서 이루어졌고, 식민 지배는 제2차 세계대전 중 프랑스가 독일에 패배하자 독일과 함께 추축국인 일본이 베트남에 들어오면서 일단락되었다.

1847년 프랑스군의 베트남 침략 이후 베트남인들의 저항과 독립운동은 끊임없이 이어져 왔다. 이러한 정신은 과거 중국의 지배 이후로 형성되어 온 역사적 유산으로 보인다. 저항 세력은 프랑스 침략 이후는 베트남 전통의 왕조를 지키자는 사대부가 중심 세력이었고, 1900년대 이후 들어서는 서구의 근대적 사조에 영향을 받은 민족주의 지식 계층이 주도하였다. 1920년대 후반부터는 프랑스식 현대 교육을 받은 학생, 교사, 언론인을 중심으로 급진주의적인 운동

---

14) 송정남, 『베트남 역사 읽기』, (서울: 한국외국어대학출판부, 2010), pp. 351-352.

으로 나타났다. 그중에 사회주의, 공산주의 사상과 이론으로 무장한 좌익 세력이 등장했다.

» 호찌민, 민족해방운동

호찌민

호찌민(胡志明, 1890~1969)은 독립운동가이자 혁명가로서 베트남 국민이 국부(國父)로 추앙하고 있다. 시골 마을 가난한 유학자 집안에서 태어나 1969년 9월 사망하기까지 거의 평생을 반식민지 투쟁과 베트남 통일을 위해 살았다. 그는 민족주의자이며 전쟁 영웅으로서 인생 역정은 파란만장했다. 1911년 21세 나이에 베트남 독립을 위해 세계를 알아야겠다는 생각에 프랑스 해운회사의 요리사로 취직하여 프랑스로 떠났다.[15] 가난했던 그는 청소부, 화부, 웨이터 등 온갖 궂은일을 하며 영국, 미국 등 당시 제국주의 국가들을 견문했다. 1918년 제1차 세계대전이 끝나고 '파리강화회의'에 베트남인의 자유, 민주, 평등권을 요구하는 '안남민족 요구 8개 조항'을 제출하기도 했다. 그러나 그 회의가 제1차 세계대전 패전국 해체가 주된 목적이어서 당시 승전국이었던 프랑스의 식민지 베트남의 요구는 수용되지 못했다. 그는 민족의 해방은 식민 통치 세력의 선심이 아니라 투쟁을 통해 얻는 것이라는 냉혹한 현실을 깨닫게 되었다. 그 후 호찌민은 베트남 독립운동가로 본격적인 활동을 하게 되었다.

그 당시 많은 식민지의 지식인과 혁명가들이 러시아혁명에 매료되었듯이

---

15) 호찌민이 13세의 어린 나이에 처음으로 자유, 평등, 박애라는 프랑스 말을 듣고 무슨 의미인지 이해하기 위해 프랑스 문명을 직접 보고 싶어 했다는 이야기가 전해진다.

호찌민도 1920년에 프랑스 공산당에 가입하였다. 특히 1920년 제2차 코민테른에서 레닌이 발표한 〈민족과 식민지 문제에 대한 테제〉가 많은 영향을 주었던 것으로 알려져 있다. 1923년 프랑스 당국의 공산주의자 탄압을 피해 소련으로 가서 레닌의 이론을 배우고, 레닌 측근들을 만나 교류하기도 했다. 레닌을 만나고 싶어 했으나, 그 당시 레닌이 병상에 있어 직접 만나지 못하고 그의 아내와 트로츠키를 만났다. 그리고 공산당원 중 최고급 당원만 다닐 수 있는 국제레닌대학에서 수학하면서 피압박 민족의 투사로서 활동했다. 그 후 분단된 베트남을 공산주의 이념을 앞세워 공산국가들의 도움을 받아 통일을 이뤄냈지만, 그의 노년기인 1960년 레닌 90회 생일을 기념하여 소련 학술지에 발표한 그의 회고 에세이에서 이렇게 말했다. "나에게 영감을 준 건 공산주의가 아니라 애국주의이다."[16] 1969년 9월 2일 조국 통일을 보지 못하고 심장병으로 79세에 세상을 떠났다.

호찌민 사후 그에 대한 평가에는 양면성이 있다. 긍정적인 평가로는 베트남 민족 독립의 상징적인 지도자, 민족주의와 공산주의를 엮어낸 지도력, 반식민지와 반제국주의를 국제사회에 호소한 인물, 그리고 청렴하고 소박한 국가 지도자로서의 이미지가 있다. 반면, 부정적인 평가로는 베트남 노동당의 일당 독재체제와 권위주의 체제의 기반을 만든 인물, 1950년대 토지개혁 과정에서 과도한 폭력과 숙청, 언론과 표현의 자유 제한 등 민족주의적 정당성 아래 정치적 탄압 등이 있다. 그리고 통일 후 한때 베트남이 인도차이나를 장악하려는 패권주의를 꿈꿔, 인접 국가들의 평가도 긍정적이지 않다.

---

16) 1960년 4월 소련 학술지 『동아시아의 문제들』(Problems of the East)에 호찌민의 에세이 〈나를 레닌주의로 이끈 길〉(The Path which led me to Leninism)에서 나온 표현이다.

호찌민의 공산주의 활동

호찌민은 소련 코민테른의 요원으로 중국과 베트남에 파견되어 여러 지역에서 공산주의 조직을 결성했다. 1925년 중국 광동성에서 호찌민 주동으로 '베트남 혁명청년동맹'을 결성하고, 1930년 2월 홍콩에서 '베트남 공산당'을 창당(후에 '인도차이나 공산당'으로 변경)하기도 했다. 그 이후 다시 모스크바로 들어가 유학하면서 〈공산당선언〉 등을 베트남어로 번역하기도 했다. 1938년 중국으로 돌아와 중국공산당 '팔로군'(八路軍)에 가담하여 기자로 활동하기도 하고, 1940년 중국 운남성 곤명(昆明)에서 중국공산당과 함께 일하기도 했다. 30여 년 동안 해외에서 수학하며 경험을 쌓고 1941년 2월 51세에 고국 베트남으로 돌아와 베트남 민족주의 계열 정당들을 규합하여 '베트민'(베트남독립연맹회. 월맹)을 결성하였다.

호찌민은 제국주의로부터 독립을 갈망하였지만, 미국에 대한 감정이 초기에는 나쁘지 않았던 것으로 나타나 있다. 1942년 중국 국공내전이 한창일 때, 호찌민은 중국 국경에서 장제스 군대에 잡혀 1년간 투옥되었다. 이때 미국이 그를 구출해 주었다. 미국에 좋은 감정이 있었던 그는 미국과의 접촉을 원하던 차에 1944년 11월 미군 전투기가 베트남 상공에서 추락하였다. 생존 미군 조종사를 송환시키면서 미국과 우호적인 관계의 기회가 생겼다. 그러나 당시 미국으로서는 유럽에서 러시아의 공산주의 확산을 차단하는 데 프랑스의 협조가 절실한 상황에서 호찌민과의 공식적인 접촉을 피했다. 그런데도 그 후 호찌민 주선으로 베트남 독립운동가들이 한때 미군 OSS[17]에서 훈련받기도 했다.

---

17) 미국 OSS(Office of Strategic Service)는 제2차 세계대전 당시 유럽과 아시아에서 활동한 미 육군과 해군 합동 첩보기관이자 특수 작전부대였다.

이때까지는 호찌민과 미국의 관계는 우호적이었다고 할 수 있겠다.

1945년 제2차 세계대전이 점차 일본의 패색이 짙어지자, 호찌민은 베트민을 동원하여 베트남 전역에 총봉기를 일으켰다. 그리고 종전 직후인 1945년 8월 16일 '전국국민회의'를 통해 주석으로 선출되고, 8월 25일 임시정부를 수립했다. 이어 9월 2일 호찌민은 바딘광장에서 독립선언문을 낭독하고, '베트남민주공화국' 건국을 선포하였다. 베트남 독립선언문에는 "모든 인간은 평등하게 창조되었다. 그들은 창조주로부터 양도할 수 없는 권리를 부여받았다. 생존, 자유, 행복의 추구 등이 그러한 권리다." 이는 미국 독립선언문을 거의 그대로 인용하고 있다. 이는 당시 미국과 다른 서방 국가들의 공감과 지지를 얻으려는 목적이 깔려있었다. 이어서 "베트남은 자유롭고 독립된 국가로서 권리가 있다는 것을 전 세계를 향해 엄숙히 선언한다. 베트남 민족은 독립과 자유를 위해 그들의 생명과 재산을 희생하고 육체적 정신적 힘을 모두 동원할 각오가 되어 있다."라고 하여, 개인의 권리를 넘어 국가의 자주권과 민족의 권리를 위해 투쟁할 결의를 나타내고 있다. 1945년 베트남민주공화국 선포 후 호찌민은 곧바로 토지개혁과 식량 배급제 등 일부 사회주의 정책을 시행했다.

» 프랑스전 승리, 남북 분단

1945년 제2차 세계대전 종전으로 패전국이 된 일본군의 항복 접수와 무장 해제를 위해 북위 16도 선을 기준으로 베트남 남쪽은 영국군, 북쪽은 중국의 국민당군이 들어왔다. 그러나 이들 양국의 군대는 곧바로 철수했다. 중국은 당시 본국에서 국공내전이 다시 치열해지면서 장제스 군대가 철수하였고, 영국은 인도 등 다른 지역의 식민지 관리에 여력이 없어 프랑스에 남쪽 지역을 넘기고 철수했다.

제2차 세계대전에서 전승국이 된 프랑스는 식민지를 유지하려고 다시 베트남으로 들어왔다. 이때 미국이 처음에는 베트남 독립을 지지했다. 그러나 유럽에서의 상황이 프랑스를 의식하지 않을 수 없었고, 또한 호찌민이 이미 공산주의자로 인식되어 프랑스의 재진입을 끝까지 반대하지 않았다. 그러자 프랑스는 남쪽 사이공에 '바오다이 황제'를 내세워 '베트남국'을 건설하였다. 그러면서 북베트남까지 차지하기 위해 1946년 11월 23일 하이퐁 항구에 포격을 가하자, 1946년 12월 19일 호찌민이 프랑스군과의 전쟁을 선포함으로써 '제1차 인도차이나 전쟁'이 발발했다.

프랑스군은 압도적으로 우세한 전력에도 불구하고 산악지역 전투에서 월맹군의 게릴라전에 고전했다. 거기다 프랑스는 이때 아프리카 알제리, 튀니지, 모로코, 세네갈 등 다른 식민지에서 독립운동이 가중되는 상황이어서 베트남전에 매진할 수 없었다. 그러던 차에 월맹군의 집중적인 공격으로 1954년 5월 7일 프랑스군 거점인 디엔비엔푸(Dien Bien Phu)가 함락되면서 8년간의 전쟁은 끝이 났다. 56일간 지속된 디엔비엔푸 전투는 프랑스군 약 2~3천 명의 전사자가 나온 대참패였다. 그리고 전체 전쟁 기간 중 7만여 명의 프랑스군이 전사했다. 그러니 프랑스 내부에서도 장기전에 대한 여론이 좋지 않았고, 의회도 대규모 징집 해외 파병을 금지하게 되었다. 한편, 미국은 중국과 소련의 지원을 받는 월맹군을 저지하기 위해 프랑스군을 적극 지원해 왔으나 별 성과는 없었다. 결국 1954년 7월 21일 '제네바 휴전협정'을 체결하고 프랑스군은 철수하기에 이르렀다. 휴전협정은 북위 17도 선을 기준으로 베트남을 남북으로 갈라놓았다.

남베트남의 바오다이 황제가 통치하던 '베트남국'은 무너지고 1955년 10월 26일 '베트남공화국'이 수립되었다. 대통령으로 선출된 '응오딘지엠'은 처음에는 통치를 잘하는 듯했으나 점차 민심을 잃어 갔다. 정치적 기반인 지주계급의 눈치를 보느라 토지개혁에 실패하자 국민 대다수인 농민들의 신임을 잃었고, 미국의 원조는 오히려 정권을 부패시키는 촉매제가 되었다. 그러자 승려, 학생, 목사, 좌익, 우익 가릴 것 없이 정권 타도를 외치는 시위가 일어났다. 이때 공산당은 세력을 키우면서 1960년 12월 '남베트남민족해방전선'(N.L.F.)을 구축하고, 그 산하에 무장 게릴라 단체인 '베트콩'(Vietnamese Communists)을 결성했다.

남베트남의 대혼란과는 달리 북베트남 권력은 중악력이 강했다. 호찌민은 "10년이 걸리든 20년이 걸리든 우리는 베트남을 통일한다."라고 통일정책을 앞세우고 일치단결하였다. 절대권력을 가졌던 호찌딘은 대규모 반대자들을 숙청하고, 집단농장을 추진하기도 했다. 그러나 소련과 중국에서도 집단농장이 실패했듯이 북베트남에서도 성공하지 못하고, 무리하게 추진한 곳에서는 농민 반란이 일어나기도 했다. 종교인들에 대한 탄압도 시작되자 90만 명에 이르는 종교인들이(가톨릭 신자가 70%) 남베트남으로 넘어가기도 했다. 이들을 서구 세력의 앞잡이로 인식했던 것이다.

남베트남 정권이 부패로 시위가 잦아지고 혼란해지자 호찌민이 조종하는 '남베트남해방사령부'가 활약하기 시작하여 1961년에는 거의 30만 대군이 되었다. 미국의 남베트남에 대한 원조는 권력자의 주머니로 흘러 들어가고, 지원된 무기는 베트콩의 수중으로 넘어갔다. 민심을 잃고 휘청거리던 남베트남 정부와 군대는 베트콩에게 밀리게 되었다. 이를 지켜보던 미국이 직접적으로 개입하기에 이른다.

프랑스가 1954년 '제네바 휴전협정'으로 베트남에서 완전히 철수하자 미국이 개입하지 않을 수 없는 상황이 되었다. 이 시기는 이미 마오쩌둥이 국공내전에서 장제스 국민당을 축출하고 중국을 완전히 공산화한 후였다. 미국의 당시 최대 관심사는 공산 세력의 확장을 막는 것이었다. 중국과 인접한 베트남이 공산화되면, 인도차이나반도 전체가 공산화될 우려가 컸다. 남베트남 내에서도 이미 공산주의 베트콩과 남베트남 정부군 간의 내전 상태가 지속되고 있었다. 그러던 중 1964년 8월 4일 '통킹만 사건'[18]이 터지자, 미국이 북베트남을 공격하면서 '제2차 인도차이나 전쟁'이 시작되었다.

1964년 8월 5일 미국 존슨 대통령은 북베트남 폭격을 명령하고, 그 이틀 후 미국 의회에서도 통킹만 결의안이 통과되었다. 미 해군의 항공모함에서 전폭기들이 북베트남의 해군 어뢰정 기지와 석유 저장 시설들을 파괴하였다. 그 후 간헐적인 공방이 이어졌으나 국지적인 전투로 크게 확전되지는 않았다. 그러다 1965년 3월 8일 미 해병 2개 대대가 다낭에 상륙했다. 이때까지만 해도 미국은 북베트남이 남베트남을 합병하는 것을 저지하는 것이 목표였다. 그러나 1965년 3월 30일 베트콩이 사이공(지금 호찌민시) 미국 대사관에 폭탄테러를 가하여 218명의 사상자가 발생하자 전쟁 상황은 급속도로 확전되었다.

본격적인 전쟁에 돌입하기 위해 미국은 자국군 증강은 물론, 자유 진영의 한

---

18) 통킹만 사건(Gulf of Tonkin Incident)은 1964년 8월 2일 베트남과 중국 사이 통킹만에서 북베트남 소속 어뢰정이 미 해군 구축함 매독스호를 공격하며 벌어진 교전을 말한다. 이어 8월 4일 2차 공격이 일어나 미국 의회는 대통령에게 전쟁 수행을 위한 모든 권한을 부여하는 '통킹만 결의안'을 통과시켜 본격적으로 전쟁에 돌입하게 되었다. 그러나 2차 공격의 전말은 명확하지 않다.

국, 태국, 필리핀, 호주, 뉴질랜드의 전투병 파병을 요청했다. 대만으로 쫓겨난 장제스도 베트남전을 통해 본토의 일부를 수복하려는 욕심에 전투병 파병을 자청했으나, 중국의 개입을 우려한 미국은 이를 거절했다. 당시 마오쩌둥 중국은 북베트남을 뒤에서 지원하고 있었지, 병력 파병은 하지 않은 상황이었다. 그래서 대만은 다른 서방 자유 진영 국가들과 함께 비전투 병력을 파병하게 되었다. 결국 전쟁 양상은 한쪽은 북베트남, 베트콩+(소련, 중국, 북한 등 공산권 국가), 다른 한쪽은 남베트남, 미국+(캄보디아, 라오스, 태국 필리핀, 호주, 뉴질랜드, 한국[19]) 등 연합군으로 전개되었다.

북베트남은 호찌민의 용의주도한 선전·선동과 교란 전술로 남베트남을 호시탐탐 노리고 있었으나, 남베트남의 지도부는 전쟁이 발발하기 직전까지 방심하고 있었다. 당시 남베트남의 대통령 구엔 반 티우(Nguyen van Thieu)의 말에서 이들의 상황 인식을 짐작할 수 있다. "지금 우리에게 정규군이 58만 명이 있다. 그리고 미국과 방위조약이 살아있고, 북베트남도 북폭으로 거덜이 난 상태인데 저들이 침략할 힘이 남아있겠나?" 예로부터 북베트남보다 남베트남이 물자가 풍부했다. 그러나 북베트남군은 군사분계선을 넘고, 인접국인 라오스와 캄보디아를 경유한 진격을 준비하고 있었다. 전쟁 양상은 점점 확전으로 치달아 1965년 8월 미군이 약 30만 명에 이르렀고, 1966년에는 중국과 소련 등 공산권 국가들로부터 엄청난 물자와 장비가 비공식적인 루트로 북베트남으로 들어갔다.

화력이나 국력에서 우세했던 미국은 북베트남과의 전쟁이 6개월 정도의 단

---

19) 한국군 파병은 수도보병사단(맹호부대), 제9보병사단(백마부대), 해병제2여단(청룡부대), 건설지원단(비둘기부대), 해군수송전대(백구부대), 공군제55항공수송단(은마부대), 제100군수사령부(십자성부대) 등이다.

기간에 승리할 것으로 예상했으나, 실제 상황은 달랐다. 베트남의 자연조건과 지형지물이 미국의 전차와 전투기들이 제 성능을 발휘할 수 없게 했다. 밀림과 습지가 많은 지형에서 전투는 재래식 전투보다 게릴라전이 효율적이었다. 그리고 인접한 중국으로부터의 병참 보급로가 짧은 북베트남이 유리했다. 또한, 베트콩 비정규전의 대표적인 전술인 지하 터널을 활용한 것이 유효했다. 남쪽 사이공 근처에 베트콩의 은신처로 사용한 '구찌터널'(Cu Chi Tunnels)은 무려 230km에 달했다. 터널의 입구가 좁아 덩치가 큰 사람은 들어갈 수 없을 정도였으며, 지하 내부에는 모든 생활 시설과 무기고까지 갖추고 있어 수만 명의 베트콩이 지하 터널에서 생활하면서 전투를 할 수 있게 만들어져 있었다.

전장(戰場)이 대부분 정글과 밀림으로 미군의 우세한 중화기가 위력을 발휘할 수가 없게 되자, 미군은 고엽제를 사용하여 밀림을 말라 죽게 만들기도 했다. 그 영향은 전쟁 이후 후유증으로 심각하게 나타났다. 또한, 베트콩과 북베트남군은 인접국인 라오스와 캄보디아가 그 당시 중립국임을 이용하여 이들 나라의 정글을 통해 게릴라전 보급 지원을 하기도 했다. 미군이 완전히 대규모 공세작전을 펼 수 없었던 또 다른 이유는 참전 목적이 남베트남을 보호하고 공산화로부터 지키는 것이었기 때문에 북베트남을 폭격하다 자칫 중국 국경을 침범할 경우, 제3차 세계대전으로 이어질 수 있는 상황이 될 수 있기 때문이었다.

베트남 전쟁에서 미군의 운명을 가른 결정적인 전투는 '구정 공세'(Tet Offensive)였다. 1968년 설 연휴 기간 휴전의 관행을 깨고 베트콩과 북베트남군이 남베트남 주요 도시들을 공격한 것이다. 미국 대사관이 베트콩에게 공격당하는 장면이 미국 TV를 통해 방영되었다. 그렇지 않아도 미국 내에서 반전운동이 일어나고 있는 상황에 기름을 끼얹은 격이 되었다. 당시 베트남전 반전 노래인

밥 딜런(Bob Dylan)의 'Blowin' in The Wind' 등의 대중문화가 심리전에서 미군에게 큰 타격을 주었다. 구정 공세는 그해 미국의 대통령 선거가 있는 해였기 때문에 미국 국내 여론을 악화시킬 기회로 활용되었다. 그 당시 베트콩 지도자 '보응우옌잡' 장군은 "우리는 전투에서는 몇 번 졌지만, 전쟁에서는 단 한 번도 진 적이 없다."라고 말할 정도로 그들은 심리전에 능했다.

반전(反戰) 여론이 고조된 가운데 1968년 미국 대선에서 공화당의 닉슨(Richard Nixon, 1913~1994) 후보가 대통령에 당선되었다. 1969년 1월 20일 대통령 취임사에서 그는 중국과의 관계 개선에 대해 암시하는 한편, 남베트남에서 미군의 단계적 철수를 발표했다. 미국이 베트남전에 참전한 가장 큰 이유는 인도차이나 지역에서의 공산주의 확산을 막기 위한 것이었다. 그 지역의 배후에는 이미 1949년에 공산혁명에 성공한 중국이 버티고 있었다. 미국과 중국의 관계 개선의 목적이 양국 모두 당시 막강했던 소련을 견제하기 위해서이기도 했지만, 미국으로서는 중국과 관계를 발전시켜 이들 지역의 공산화를 저지하고 미군 철수의 명분을 만드는 데도 있었다.

이후 미군은 단계적인 철수를 시작하였다. 종전을 앞두고 1972년 크리스마스를 기점으로 미군은 하노이와 하이퐁에 대규모 독격을 가하기도 했다. 그러다 1973년 1월 북베트남과 남베트남, 그리고 미국이 '파리강화협정'을 체결하고,[20] 미군은 약 11년간의 지루한 전쟁에서 군인 5만 8천여 명의 사상자를 내고 철수했다. 한국군도 철수를 시작하여 1973년 3월에 완료하였다. 그러자 북베트남은 파리강화조약을 무시하고 1975년 3월 남베트남을 대대적으로 침공

---

20) '파리강화협정'의 주요 내용은 ① 60일 이내 모든 미군과 연합군 철수, ② 남베트남에서 자유를 보장하고 민주적으로 자유선거를 조직하기 위해 정부, 공산주의자, 중립 진영으로 구성된 '국민화해 콩코드평의회' 설립 등이 포함되어 있었다. 그러나 북베트남과 베트콩은 ②항을 지키지 않았다.

했다. '응우엔 반티에우' 남베트남 대통령이 국외로 탈출하고, 4월 30일 남베트남의 수도인 사이공이 함락되었다. 남베트남이 패망하고 공산주의 베트콩과 북베트남이 점령하자 많은 남베트남의 지도층과 유산 계층이 탈출하기 위해 미국 대사관으로 몰려들어 아비규환을 이루었다. 당시의 건물 옥상의 헬리콥터 탈출 모습은 미국의 베트남전 실패의 상징처럼 되었다. 이 시기에 탈출한 베트남 국민이 약 14만 명에 달했다.

1975년 4월 30일 베트남이 완전히 공산화되자, 북한 측의 요청에 따라 당시 한국대사관 이대용 공사가 억류되는 사태가 발생했다. 이대용 공사는 당시 교민들의 안전한 철수를 돕기 위해 끝까지 사이공에 남아있었다. 한국 정부가 석방을 교섭하였으나 이미 공산화된 베트남과는 외교 단절 상태라 여의치 못했고, 북한은 이대용 공사에게 겁박하며 사상적 전향을 강요하였으나 그는 이를 거절했다. 그 후 1979년 중국과 베트남 간의 전쟁이 터지면서 북한이 중국 편을 들자, 베트남 정부는 1980년 이대용 공사를 5년 만에 석방했다.

1975년 5월 3일 북베트남 정규군 사령부는 월남 전역에 각급 군사관리위원회를 설치하고, 행정단위에는 인민혁명위원회를 두어 공산주의 체제 수립에 돌입했다. 남·북베트남 대표들로 구성된 민족통일정치협상회의에서 합의된 대로 1976년 4월 25일 총선을 실시하고, 그 결과로 구성된 제6기 인민위원회가 1976년 7월 2일 드디어 남·북베트남 통일을 공식 선언했다. 이로써 호찌민이 일생을 갈망했던 통일된 베트남사회주의공화국(Socialist Republic of Viet Nam)이 건국하게 되었다.

제8장

북한 조선노동당과 세습 공산주의

» 일제시대 공산주의 운동

우리 민족에게 공산주의 내원(來源)은 일제 강점기에 두 지역에서부터다. 한 곳은 만주와 연해주 일대였고, 다른 한 곳은 일본이다. 먼저 만주 일대에 공산주의 이념이 전파되었다. 러시아 동포사회에서 시작되어 점차 중국 동포사회로 확산되어 갔다. 일제 강점기인 1920년 무렵 극동 러시아의 한민족은 약 20만 명에 이르렀다. 블라디보스토크에 한족회(韓族會), 신한촌(新韓村) 등의 동포 단체들이 생겼다. 이들 지역에 정착한 한인들은 가난에서 벗어나고 일본 제국주의를 타파할 탈출구로서 마르크스주의에 끌리기 시작했다. 특히 1917년 10월 러시아혁명은 한인들에게 한 가닥 희망이었다. 공산주의 사상에 공감하고 볼셰비키식 무력투쟁을 통해 일본 제국주의에 맞서자는 사람들이 생겨났다.

이러한 상황은 러시아에서 먼저 한인 공산당 결성으로 나타났다. 1918년 이르쿠츠크에서 김철훈(金哲勳)과 오하묵(吳夏默)이 중심이 되어 '이르쿠츠크 공산당 한인지회'가 결성되었고, 하바롭스크에서 이동휘(李東輝)와 박진순(朴鎭淳)이 중심이 되어 '한인사회당'이 만들어졌다. 우리 민족이 해외에서 만든 최초의 공산주의 정당들이다.[21] 다른 한편, 한반도 내 공산주의를 전파한 것은 식민지 시대 일본으로 건너간 유학생들이었다. 1920년대 일본에서도 지식인과 노동자들 중심으로 공산주의 사상이 유행하고 있을 시기 무정부주의 이념을 가진 김약수(金若水)가 서울에 들어와 1923년 11월에 '북풍회'를 결성했다. 이 무렵 이르쿠츠크파도 국내에 들어와 김약수와 함께 1925년 4월 17일 '조선공산당'을 결성했다.

한편, 만주 일대에서 비공산계 항일 독립운동을 이끌었던 세력은 민족주의자들이었다. 이회영(李會榮) 일가가 경학사(耕學社)와 신흥무관학교(新興武官學校)를 세웠다. 그리고 대표적인 무장단체로는 홍범도가 지휘한 '대한독립군'이 김좌진과 공동 지휘 아래 청산리 전투 등을 승리로 이끌었다. 그리고 비공산계 민족주의 혁명가들은 '대한민국임시정부'를 중심으로 활동했다. 그 중심에 김구(金九, 1876~1949)가 있었다. 1932년 1월 이봉창이 도쿄에서 일본 국왕에게 폭탄을 던진 사건, 같은 해 4월 윤봉길이 상하이에서 일제 장군들과 고관들을 향해 폭탄을 던진 사건들이 모두 이때였다.

» 김일성 항일 투쟁

김일성

김일성(金日成, 1912~1994)은 1912년 4월 15일 평양 근교인 평안남도 대동군

---

21) 김학준, 『북한 50년사: 우리가 떠안아야 할 반쪽의 우리 역사』, (서울: 동아출판사, 1995년), 참고

고평면 남리, 오늘날 만경대의 농가에서 태어났다. 아버지는 1894년생 전주 김씨 김형직(金亨稷)으로 1919년 3·1 운동이 평양 지역으로 퍼졌을 때 독립 운동에 일부 참여했던 것으로 전해진다. 김일성의 어머니는 강반석(康盤石)이다. 1892년에 태어나 김형직보다 두 살 위다. 아들 성주(成柱), 철주, 영주를 낳았으나 철주는 일찍 사망하고, 영주는 나중에 북한 부주석을 지낸 김영주(金英株)다. 김일성의 아버지와 어머니는 모두 기독교 신자였다.

기독교 집안에서 태어난 김일성이 무신론적 국가를 세웠다는 것이 역설적이다. 그러나 우상 숭배적인 유일사상 체제는 외형적으로는 기독교의 모습과 유사하다. 영국 철학자 버트런드 러셀은 공산주의와 가톨릭의 유사성을 지적했다. 가톨릭과 공산주의는 철저히 유일신 또는 그와 유사한 존재를 내세운다. 북한에서 유일신은 수령이고, 그의 경전이 주체사상이다. 그리고 일사불란한 상명하복 체제를 유지한다. 미래의 천년왕국과 유토피아를 제시하며 현재의 고통을 참고 견뎌야 한다고 주장한다. 그러나 본질에서는 큰 차이가 있다. 기독교나 종교의 본령은 '사랑'이다. 그러나 북한 공산주의는 그렇지 못하다.

만주 일대에서의 활동

1930년대 후반 소련과 중국은 일본의 압력에 못 이겨 만주 지역에서 조선인 무장단체를 통제하기 시작했다. 이후 비공산계 민족주의자들의 독립운동은 퇴조하고 공산주의자들의 독립운동이 강화되었다. 만주의 한인 공산주의자들은 중국 공산주의자와 유대를 맺어나갔다. 김일성은 비공산계 민족주의 단체인 '국민부'(國民府) 산하 청년 조직에서 활동하다 서서히 좌경화하면서 공산주의에 빠져들어 갔다. 20세이던 1932년 일본 제국주의자들이 '만주국'을 세운 해에 남만주에서 조선인들에 의해 조직된 작은 규모의 항일 유격대에 가담했다. 최현(崔賢), 최용건(崔庸健), 김책(金策) 등과 함께 활동했다. 만주에서 항일 운동을 했던 유격대원들은 뒷날 북한의 정치에서 핵심적인 역할을 하게 되고, 이들은 '만주파'로 불렸다. 김일성은 이 시기에 '동북항일연군'(東北抗日聯軍)[22]의 정치 위원장인 중국인 웨이정민(魏拯民)으로부터 공산주의 이론을 배웠다고 알려져 있다.

당시 만주와 연해주 일대에는 이미 항일 무장투쟁을 이끌었던 여러 인물 중 김일성이라는 이름이 영웅처럼 떠돌았다. 그런데 김성주가 김일성이란 이름으로 조선에 알려지게 된 것은 '보천보 전투' 이후부터다. 보천보는 함경남도 혜산진 부근의 마을이다. 1937년 6월 4일 김성주가 이끄는 2백 명 규모의 병력이 이 마을을 공격해 일본 경찰서, 우체국, 관공서 등을 파괴하고 방화했다. 다음날 5일에는 반격하는 일본 경찰을 대패시키고, 최현이 지휘하는 병력과 함께 다시 일본군을 공격해 10여 명을 죽였다. 규모는 크지 않았지만, 국내 진공 작전이라는 점에서 상징성이 컸다. 이때부터 김성주가 김일성과 동일시되면서 항일 영웅으로 떠올랐고, 당시 일본과 조선 신문에서도 "항일 유격대 수령 김일성"으로 보도되기도 했다.

1938년 12월 김일성은 '동북항일연군' 제1로군 제2방면군 군장으로 승진했다. 동북항일연군이 1940년 3월 일본의 마에다 다케이치 부대를 전멸시키자, 일본은 동북항일연군을 뿌리 뽑으려고 했다. 김일성은 1941년 3월 여섯 명의 대원을 이끌고 훈춘을 거쳐 두만강 강변을 따라 소련 극동으로 탈출했다. 극동 소련군은 김일성과 부하들을 일본의 첩자로 의심해 감금했다. 그러나 면식

---

22) 1931년 만주사변 이후 일본이 만주를 점령하고 괴뢰국 만주국을 세우자, 중국과 조선의 공산주의자와 민족주의자들이 함께 무장 항일 운동을 전개했다. 그러다 1935년경부터 중국공산당의 지도를 받으면서 '동북항일연군'이 되었다.

이 있던 중국 장교의 도움으로 풀려나 소련 극동군 산하 '오케얀스카야 야전학교'에 배치되어 훈련받았다. 소련이 일본과 전쟁하게 될 경우, 일본군과 싸운 경험이 있는 조선인들을 활용할 생각이었을 것이다.

일본과 전쟁 개연성이 높아지자, 소련 극동군은 하바롭스크 근처의 비밀 기지인 브야츠크에 '88특별여단'을 창설했다. 총인원은 조선인 60여 명과 중국인 1백여 명을 포함한 2백여 명 규모였다. 부대장 산하 4개 대대 가운데 김일성이 대위로서 제1대대장, 강건(姜健)이 제4대대장, 김책이 제3대대 정치위원을 맡았다. 이 무렵 자신과 함께 소련 극동으로 탈출한 유격대원인 김정숙(金貞淑, 1917~1991)과 결혼했다. 7년 아래인 그녀는 함경북도 회령에서 가난한 농부의 딸로 태어나 일찍 고아가 되었다. 김일성 유격대에 합류하여 주방일, 재봉일, 세탁까지 맡아서 하고 김일성의 목숨을 구해준 일도 있었던 것으로 전해진다. 1942년 2월 16일 브야츠크 야영지에서 아들 김정일을 낳았고, 출생 시 이름은 '유리 김'(유라, Yura)이었다. 1945년 7월 '88특별여단'에 속한 조선인들은 중국과 소련 군사들과 분리해 '조선공작단'을 결성하고 김일성을 단장으로 뽑았다. 그 한 달 뒤 일제의 패망 소식을 접했다.

» 소련의 지원과 개입

10월 혁명으로 볼셰비키들은 일단 정권을 잡기는 했으나, 러시아 전체를 장악하지 못해 내란 중으로 약 20만 명의 한인 공산당 조직원들이 적군(赤軍)을 지원한다면 큰 힘이 되는 상황이었다. 한편, 사회주의 성향이 강한 '한인사회당' 이동휘는 볼셰비즘 실현과 민족해방의 대의를 품고 1919년 4월 '대한민국 임시정부'의 초대 국무총리가 되었다. 그러자 1920~1921년 코민테른은 '한인 사회당'을 통해 혁명 확산을 위해 상당한 자금을 지원했다. 그간 임시정부 내 민족주의자와의 이념 갈등이 있어 오던 차, 그 자금의 성격과 사용처에 대한 불신이 커지자 1921년 총리직을 사임하고 상해에서 '고려공산당'을 창당했다.

이르쿠츠크파 '고려공산당'에는 여운형, 박헌영, 김단야 등이 참여했다. 이들은 상해파 고려공산당과 혁명 노선 및 코민테른으로부터 '조선공산당'으로 단독 승인 문제를 놓고 자주 갈등을 빚었다. 그 결과는 1921년 6월 '자유시 참변'으로 나타났다. 두 고려공산당을 각각 지원해 온 소련 내부의 갈등이 결국 시베리아 극동 공화국 자유시에서 폭발한 것이다. 한인 공산주의자들이 서로 무기를 들고 교전하고, 이어 소련 군대가 한인 공산주의자들을 학살하는 비극이 벌어졌다. 6백여 명의 동포가 죽임을 당했다.

1922년 1~2월 모스크바에서 '극동인민대표대회' 제1차 회의가 열렸다. 소련은 이 대회를 통해 한인 공산주의자들의 분쟁을 해결해 보려고 했다. 한인 대표로는 52명이 참석했다. 이동휘, 박진순, 여운형 등 공산주의자들과 김규식, 나용균, 김시현 등 우익 민족주의자들이 참석했다. 이 회의에서 코민테른 중앙집행위원장 지노비예프는 "서방 제국주의와 자본주의에 대항하는 민족주의 운동은 돕겠다. 그러나 민족해방 투쟁이 성공하고 나면 곧바로 공산주의 혁명을 향해 투쟁해야지, 그렇지 않고 자기 민족의 이익만을 위하는 맹목적 민족주의는 타도할 것이다."라고 주장했다. 민족주의 운동 이후 공산주의 투쟁을 독려한 것이다.

대회 기간 중 여운형은 레닌을 만났다. 그의 회고록에는 "레닌은 조선은 백성의 수준이 낮고 공업화가 되어 있지 않은 만큼, 처음부터 공산주의 혁명을 시도하려 하지 말고 민족주의를 실천하도록 하는 것이 좋겠다."라고 되어 있다. 그리고 소련은 조선공산당의 분열에 대해 '1국 1당 내국주의'를 강조하면서 조선을 대표하는 정통파 공산당은 하나여야 하며, 그 공산당 본부는 조선 안에 있어야 한다는 것이었다.

» 소련군의 북한 진주

소련이 북한으로 들어오게 되는 역사는 19세기 대영제국과의 패권 경쟁 시대로 거슬러 올라간다. 당시 러시아는 부동항을 찾아 극동 지역의 중국과 한반도 주변에 진출을 노렸다. 한반도는 조선 말기 일본 제국주의의 영향력을 견제할 목적으로 1896년 고종의 '아관파천'(俄館播遷) 사건을 일으켰다. 그러나 러시아는 일본과의 전쟁에서 패배하여 영향력을 잃었다. 그 후 1917년 10월 혁명에 성공한 러시아는 공산주의를 앞세워 중국, 한국, 일본 등 동북아시아에서 거점을 구축하기 시작했다. 그러던 차에 제2차 세계대전 막바지 1945년 2월 얄타회담에서 미국 루스벨트 대통령의 요청과 얄타회담 합의에 따라 독일 항복 3개월 후인 1945년 8월 8일 일본에 선전 포고하고 연합군이 전쟁에서 승리하게 되었다. 전승국이 된 소련은 결국 북위 38도선 이북의 북한 지역에 일본군의 무장 해제를 위해 진출하였다.

소련군이 제2차 세계대전 말기에 대(對)일본전에 참전하게 된 배경에 당시 미 국무부 내 소련 간첩 앨저 히스(Alger Hiss)[23]의 역할을 지적하는 보수적인 연구도 있었다. 히스는 얄타회담을 조직한 실무 책임자였고, 실제 얄타회담에 보

---

23) 앨저 히스(Alger Hiss, 1904~1996)는 미국 국무부 고위 관토로서 2차 대전 후 소련 간첩 혐의로 기소 되었으나 소멸시효에 걸려 무혐의로 판정받았다. 그러나 증거 관련 위증죄(Perjury)로 1950년 징역 5년을 받았다. 그는 출소 후 평생 무죄를 주장했다. 이 사건은 냉전 초기 반공주의 열풍인 '매카시즘'(McCarthyism)의 도화선이 되었다.

좌관 자격으로 참여하여 소련을 끌어들였다는 주장이다. 그 당시 루스벨트 행정부 내 소련과 공산주의에 대해 호의적인 인사들이 많았고, 미군 수뇌부에서는 일본의 전쟁 수행 능력을 과대평가하여 소련의 참전을 원하기도 했다. 한편, 이러한 상황에서 소련 공산주의 확산에 대해 우려의 목소리를 내고 있던 이승만 대통령(대한민국 임시정부 외교위원)은 한반도 문제에 소련의 개입을 막아야 공산주의 확산을 막을 수 있다는 이유로 '미군에 의한 한반도 단독 점령'을 미국 정부에 여러 번 요청하였으나 받아들여지지 않았다고 전해진다. 당시 미국 루스벨트, 트루먼 행정부는 소련과 함께 2차 대전 종결과 전후 국제질서에 더 관심이 있었다.

한편, 앞에서 언급하였듯이 소련이 1942년 극동 지역에 공산당 빨치산 활동을 지원할 목적으로 하바롭스크 부근에 창설한 소련군 '88특별여단'에 김일성이 소속되어 있었다. 1945년 8월 스탈린은 극동군 사령관 바실레프스키(Aleksandr Vasilevsky)에게 "북조선을 소련의 뜻에 맞게 이끌 조선인 지도자를 추천하라."는 지시를 내렸다. 이에 극동군 사령관은 김일성 대위를 추천했다. 그러면서 1945년 8월 26일 극동군 사령관 휘하 제25군 사령관 치스챠코프(Ivan Chistiakov) 대장을 평양에 들여보냈다. 치스챠코프는 곧바로 '조선 주둔 소련점령군사령부'를 설치하였다.[24]

그해 9월 초 김일성은 소련 특별수송기 편으로 모스크바에 가서 스탈린을 만났다. 그 후 김일성은 9월 18일 하바롭스크에 있던 일행 70여 명을 이끌고 소련 군함을 타고 원산항을 통해 북한으로 들어왔다.[25] 김일성이 평양에 도착

---

24) 김창희, 『남북 관계와 한반도 평화』, (서울: 삼우사, 2022), p.13.

25) 북한 자료들은 김일성이 항일 유격대를 이끌고 1945년 8월 15일 일본 제국주의를 무찌르며 개선장군으로 귀국했다고 기록하고 있다. 그러나 소련 자료에는 김일성이 소련 군함을 타고 원산

하자, 소련군 군사위원 레베데프(Nikolai Lebedev)는 1945년 10월 14일 '김일성 장군 평양시민 환영대회'를 개최해 주었다. 그리고 12월 17일 북한 지역 공산당 최고지도자로 공식 발표했다. 이때 소련군과 함께 북쪽에 들어 온 인물은 박창옥, 허가이, 남일 등 200여 명이며, 이를 '소련파'라 불렀다. 이들은 소련 점령군이 초기 북한 사회를 조직화하는 데 중요한 역할을 했다. 결국 북한 김일성 정권의 수립은 소련이 오랫동안 추구해 온 한반도 진출을 위한 전략적 구상과 맞물려 있었다.

» 김일성 정권과 박헌영

김일성이 권력을 잡은 후 가장 먼저 실시한 것이 친일파 숙청과 토지개혁이었다. 1946년 3월에 실시된 토지개혁은 '무상몰수 무상배분'이었다. 그리고 배분된 토지는 전매나 저당을 금지하여 지주가 다시 소생할 수 없도록 했다. 남한 이승만 정권의 '유상몰수 유상배분'과 차이가 있었다.[26] 북한에서 무상몰수 토지개혁이 큰 저항이 없었던 것은 지주계급 대부분이 친일(親日)했기 때문이기도 하다. 또한, 일제 강점기에 만주 침략 기지로서 중공업 산업 시설이 북한 지역에 상당히 남아있었다. 이 시설들에 대해 국유화 조치를 단행했다. 1946년 8월 북조선인민위원회에서 국유화한 산업 시설이 1,034개소에 이르렀다. 북한 전체 공업 생산량의 72.4%에 해당했다.[27]

에 도착했다고 밝히고 있다.

26) 이승만 정권의 토지개혁 내용은 일제(日帝)로부터 빼앗은 농지는 농민들에게 무상 배분하고, 지주의 토지는 매입하여 농민들에게 저렴하게 판매하고, 농지 임대료는 상한선을 설정하였다.

27) 이종석, 『현대북한의 이해』, (서울: 역사비평사, 2011), p.69.

이 시기 김일성은 1945년 10월 서울에 소재한 조선공산당 북한 지부인 '조선공산당 북조선분국'을 평양에 설치했다. 이를 다음 해 8월 조선신민당과 합당하여 '북조선노동당'으로 만들었다. 이 당이 오늘날의 조선노동당이다. 해방 직후 북한 지역들은 지방마다 각종 정당·사회단체 대표들이 만든 자생적인 인민정권이 등장하는 등 혼란스러운 시기였다. 이에 김일성 세력들은 소련의 도움을 받아 1946년 2월 북한 전역을 중앙집권적으로 통치할 기구인 북조선 임시인민위원회를 발족하고 김일성을 위원장으로 뽑았다.

이 임시인민위원회는 1947년 2월 선거 절차를 거쳐 뽑힌 대표들로 구성된 북조선인민위원회로 정식 출범했다. 이때부터 북한에서 자본주의적 요소나 봉건적 요소를 제거하면서 사회주의 혁명이 본격적으로 진행되었다. 1948년 8월 25일 실시한 총선거에서 572명으로 구성된 제1기 최고인민회의를 구성하였다. 이들이 북한 헌법을 통과시키고 김일성을 내각의 수반으로 선출하고, 남노당 지도자였던 박헌영을 부수상 겸 외무상으로 추인하였다. 그리고 1948년 9월 조선민주주의인민공화국이 탄생하였다.[28]

박헌영(朴憲永)은 충청남도 예산군에서 1900년 5월 28일 태어나 일제 강점기인 1925년 4월 조봉암, 김약수, 김찬 등과 함께 서울 소공동 아서원(雅敍園)에서 비밀리에 '조선공산당'을 창당하고 곧바로 중앙위원이 되면서 주도권을 잡기 시작했다. 그러자 일제는 박헌영을 '신의주 사건', '6·10 만세 사건'의 배후자로 지목하고 체포한 후 재판을 거쳐 투옥하였다. 병보석으로 풀려난 박헌영

---

28) 1948년 9월 북한 정권의 수립은 1947년 가을 유엔이 〈남북한 총선거 결의〉(UNGA Resolution 112), 즉 "유엔 감시하에 남북한 총선거를 한다. 만약 북한이 불응할 시 남한 단독 정부를 수립한다."에 대해 북한과 소련이 거부하자, 남한 단독으로 1948년 5월 총선거와 8월 15일 대한민국이 건국된 데 대한 대응이라는 주장도 있다.

은 고향 예산군에 잠시 내려와 있다가 부인 고향인 함경남도로 가서 요양 중 갑자기 사라졌다. 그 길로 아내와 함께 블라디보스토크로 탈출했다. 그 후 1928년 11월 모스크바에 도착한 그는 이듬해 소련공산당에 입당했다. 그리고 국제레닌대학에 입학하고, 거기서 베트남에서 온 호찌민과 교류도 있었다.

1945년 해방을 맞아 서울로 귀국한 박헌영은 9월 3일 조선공산당을 재건하고 책임 비서가 되었다. 그리고 1945년 10월 8일 김일성과 개성에서 만나, 앞에서 언급한 38도선 이북 지역의 '조선공산당 북조선분국' 설치를 협의하는 과정에 박헌영은 '일국일당 원칙'을 내세우며 북조선분국 설치를 반대했다. 그러나 이미 소련의 지원을 받고 있었던 김일성에게 양보하여 분국 설치에 합의했다. 1946년 7월 박헌영은 김일성과 함께 모스크바로 가서 스탈린에게 남한 정세에 대해 보고하자, 스탈린은 어려운 여건에서의 혁명 투쟁에 대한 그의 노력을 칭찬했다고 한다.

1946년 9월 4일 미군정이 박헌영에 대한 체포 영장을 발부하자 1946년 10월 7일 관(棺) 속에 들어가 북한으로 일시 도피했다는 얘기도 있다.[29] 그리고 그해 11월 23일 '남조선노동당'(남노당)을 창당했다. 이는 북한에서 북조선공산당과 조선신민당이 합쳐 북조선로동당이 만들어지는 데 대한 대응이었다. 1948년 4월에는 남북 협상을 위해 김구와 함께 평양을 방문했으나 돌아오지 않고, 그해 8월 황해도 해주에서 열린 '남북연석회의'에도 참석했다. 그리고 9월 2일 평양에서 개최된 조선민주주의인민공화국 최고인민회의에서 제1기 대의원으로 선출되면서 완전히 월북했다. 그 후 남조선노동당은 궤멸되었지만, 그는 북한의 조선노동당 중앙위원회 부위원장이 되었다.

---

29) 「스티코프 일기」, 국사편찬위원회, 2004. 참고

그는 또 북한 조선인민군 중장으로서 총정치국장을 역임했으며, 한국전쟁에도 북한군으로 참전했다. 1950년 한국전쟁 직전 그는 김일성에게 "조선인민군을 남한으로 내려보내면 남한 내 남노당 당원 20만 명이 이에 호응할 것"이라고 주장하기도 했다. 그리고 1950년 4월 김일성과 박헌영은 모스크바에 가서 북한의 남침에 대한 스탈린의 동의를 얻어내는 데 성공했다. 그리고 이어 5월 베이징으로 가서 마오쩌둥을 만나 스탈린이 "최종 결정은 마오쩌둥과 협의하여 이뤄져야 한다."라는 내용을 전달하고, 남침 계획에 대한 마오쩌둥의 동의도 받아냈다.

그러나 전쟁 수행 중 김일성과 박헌영의 갈등이 불거지기 시작했다. 특히 김일성은 박헌영이 남한에서 일어날 것이라고 했던 빨치산이 어디 갔느냐며 언성을 높이기도 했다. 그러다 1953년 3월 김일성은 박헌영을 '미제 스파이', '반당 종파분자' 등의 죄목으로 체포하였다. 그리고 한국전쟁의 패배 책임을 박헌영에게 돌렸다. 1955년 12월 15일 북한 최고재판소는 그를 '미제의 간첩'이라는 죄명으로 판결하였다. 그 재판에서 남노당 계열 인사들이 모두 즉결 처형되었다. 그러나 그는 함경북도 수용소에 수감되었다가 생을 마감했다. 이는 당시 소련과 중국이 박헌영의 처형을 반대했기 때문이었던 것으로 알려졌다.

김일성은 소련의 사주를 받아 1948년 공산정권을 수립한 이후 마르크스-레닌의 공산주의 이론에 북한의 전통적인 유교적 요소를 가미하여 왕조적 전체주의 국가를 만들어 갔다. 작고한 북한의 주체사상 이론가 황장엽 씨도 "김일성은 스탈린의 방법과 공자의 가르침을 바탕으로 독립적이고 강한 나라를 세울 수 있다고 믿었다."라고 증언한 바 있다.

» 6·25 한국전쟁

한국전쟁은 1950년 6월 25일 새벽 북한의 기습 남침으로 시작됐다. 북한이 전쟁을 통해 한반도 전체를 공산화하겠다는 소위 '민족허방전쟁'을 일으켰다. 북한의 남침 사실은 앞에서 살펴봤듯이 김일성이 소련과 중국의 사전 동의를 얻어낸 데서도 알 수 있다. 전쟁 초반 인민군은 파죽지서로 남쪽으로 밀고 내려왔다. 그러자 미국 주도로 6월 25일 유엔 안전보장이사회를 긴급 소집하여 북한의 무력 공격을 '침략 행위'로 규정하고, 북한은 전쟁을 중단하고 38선 이북으로 철군할 것을 요청하는 결의안을 채택했다. 그리고 유엔 회원국에 원조를 제공할 것과 북한에 대해서는 어떠한 지원도 중단할 것을 요청하였다.

1950년 6월 27일 미국 트루먼(Harry Truman, 1884~1972) 대통령은 미국 해군과 공군이 한국군을 지원하도록 조치했다. 6월 28일 일본 동경에 있던 극동군 사령관 맥아더(Douglas MacArthur, 1880~1964) 장군이 한국에 와서 전선을 둘러 보고 미 국방부에 지상군 파견을 요청하였다. 한편, 유엔 안전보장이사회에서는 한반도에서 유엔의 군사 활동을 위한 최고 지휘권을 미국에 위임하는 결의안이 채택되어 맥아더 장군이 유엔군 사령관에 임명되었다. 한국의 이승만 대통령도 7월 14일 군 지휘권을 유엔군 사령관에게 이양하는 '대전각서'에 서명했다. 이로써 미국을 포함한 유엔 회원국 16개국 군대가 한국군을 지원하게 되었다.

전쟁 초반 한국군의 열세 상황이 역전된 계기는 9월 15일 맥아더 장군이 이끄는 유엔군의 '인천상륙작전'이었다. 이 작전으로 유엔군의 서울 진격은 주력 부대가 이미 낙동강 전선까지 내려간 북한군에게는 배후가 차단되는 상황이 되었다. 그러자 김일성은 중국 마오쩌둥에게 지원을 요청하게 되었다. 1950년 10월 19일 펑더화이(彭德懷)가 이끄는 중공군 20만 명이 최초로 압록강을 건

넘고, 첫 교전은 10월 25일이었다. 중국은 한국전쟁 참전을 '항미원조전쟁'(抗美援朝戰爭)이라고 불렀다. 이는 한국전쟁을 내전(內戰)으로 간주하면서 동시에 미국이 참전하니 이를 방어하고 북한을 돕는다는 정치적·이념적 정당성을 부여했다.

중공군 참전에 관련된 유명한 전사(戰史) 두 가지를 소개하면, 먼저, 중공군의 일원으로 마오쩌둥의 장남 마오안잉(毛岸英)이 중국인민지원군 총사령관 펑더화이의 러시아 통역 겸 비서로 북한에 참전했다. 펑더화이는 평안북도 대유동 폐광지역에 중공군 사령부를 설치했다. 중공군의 2차 공세가 예정된 하루 전 1950년 11월 24일 저녁 미군 정찰기 두 대가 사령부 상공을 비행하고 지나갔다. 그리고 다음날 미군 B-26 전폭기 두 대가 수십 발의 폭탄을 사령부 상황실에 퍼부었다. 여기서 마오안잉은 사망하게 되었다. 당시 중국 총리 저우언라이로부터 아들의 전사 소식을 들은 마오쩌둥은 한동안 고개를 들지 못했다는 이야기도 있고, "혁명하다 보면 이런 일이 일어날 수도 있다."라고 담대한 모습을 보였다는 얘기도 전해진다. 마오안잉의 무덤은 지금도 북한에 있다.

다음은 장진호(長津湖) 전투이다.[30] 이 전투는 함경남도 장진호와 장진군 일대에서 미 제1해병사단과 중공군이 혹한기에 벌였던 전투를 말한다. 1950년 11월 27일 쑹시룬(宋時輪)이 이끄는 중공군 제9병단 예하 7개 사단 병력이 북한의 북동쪽으로 침투하고, 미국 제10군단 예하 스미스(Oliver Smith) 사령관이 이끄는 제1해병사단이 북쪽으로 진격하면서 교전이 벌어졌다. 중공군 12만 명의 대규모 병력이 혹독한 겨울 전투에 고전하던 미 제1해병사단과 유엔군 병력 3만여 명을 포위하는 상황이 되었다. 동절기 전쟁 준비를 잘 갖춘 중공군

---

30) 미국을 비롯한 서구에서 '장진'을 'Chosin'으로 표기하는 것은 일본식 발음을 표기한 것이다.

의 인해전술은 전장에서 우세했다. 전황이 급박해지자 미 제10군단장은 중국 국경까지의 북진 계획을 변경하고 장진호 부근의 병력을 흥남 기지로 후퇴하는 결정을 내리게 되었다. 이때 유엔군 31연대 전투단(페이스 특수임무부대)이 동쪽에서 치열한 전투를 하는 동안 서쪽 제1해병사단이 포위망을 뚫을 수 있었다. 12월 11일 제1해병사단이 모두 흥남 지역으로 빠져나오면서 장진호 전투는 마무리되었고, 유엔군의 북한 철수의 마지막 단계인 제10군단의 흥남 철수 작전이 이뤄졌다. 장진호 전투는 세계 전쟁사에서 몇 가지 기록을 남겼다. 미군과 중국군이 맞붙어 싸운 최초의 전투이고, 세계 3대 동계전투 중 하나였다. 그리고 미 해병대 창설 이후 가장 치열한 전투를 거치면서 철수 작전을 성공적으로 수행한 해병 전사(戰史)이다.

유엔군과 국군에게 전세가 우세해 가던 전쟁 양상은 중공군의 참전으로 진퇴를 거듭하면서 38도선 근처에서 교착상태에 빠지자 1951년 7월부터 휴전회담이 개시되었다. 유엔군 사령관 맥아더 장군이 교체되면서 양측 모두 전쟁이 확대되는 것을 원치 않았다. 휴전회담이 개시되자 한 치의 땅이라도 더 차지하려고 치열한 공방전이 일어났다. 휴전회담은 군사분계선 구획 문제, 포로 교환 문제 등으로 2년여 끌다가 1953년 7월 27일 '한국 군사 정전에 관한 협정'을 체결하기에 이르렀다. 협정서는 유엔군 측 대표로 마크 웨인 클라크(Mark Wayne Clark) 총사령관이, 공산군 측은 북한 김일성 조선인민군 최고사령관과 펑더화이 중국인민지원군 사령관이 서명했다.[31]

한국전쟁의 피해는 쌍방 모두에게 컸으나, 전쟁을 일으킨 북한의 피해가 더

---

31) 대한민국은 휴전협정 당사자가 아니었으며, 당시 이승만 대통령은 '휴전 반대 운동'을 펼치며 서명을 거부했다.

심했다. 북한군은 52만 명이 사망하고 40여만 명이 부상했다.[32] 북한 주민도
약 200만 명이 희생되었다. 미군의 폭격으로 북한 전역의 산업 시설과 농토가
폐허가 되었다. 북한 내 8,700여 개 공장, 70만 호의 가옥, 5천 개 이상의 학교
건물이 파괴되었다. 시설과 인력 손실로 1953년 전쟁이 끝난 후 북한의 공업
총생산량은 전쟁 전에 비해 40퍼센트 이상이 줄었다. 김일성은 전쟁 중 남한
에서 남노당의 봉기가 기대했던 것과 다르게 크게 일어나지 않았고, 유엔군과
한국군이 압록강까지 올라온 데 대해 전쟁 책임을 물어 숙청 작업에 들어갔다.

» '8월 종파사건', 단일지도 체제

북한은 남침으로 3일 내 서울 점령, 1주일 안에 한반도 통일이 가능할 것으
로 믿었던 예상이 빗나간 결과로 큰 내홍을 겪었다. 전후 황폐해진 국가의 재
건과 정치노선의 재설정이었다. 나아가 내부 책임론이 뒤따랐다. 먼저, 전후
경제 노선을 놓고 중공업을 우선할 것인가, 아니면 피폐해진 인민의 삶을 위하
여 경공업과 농업에 중점을 둬야 하는가에 대한 논쟁이 있었다. 소련파 박창옥
국가계획위원장과 연안파 최창익 재정상 등은 경공업 우선 정책을 주장하였
다. 그러나 1953년 8월 5일 조선로동당 중앙위원회 6차 전원회의에서 〈모든
것을 전후 인민 경제 복구 발전을 위하여〉를 발표하면서, 전후 복구 계획의 기
본 방향이 중공업 우선, 경공업과 농업의 동시 발전으로 집약되었다. 기본적으
로 중공업 정책을 중점적으로 추진하되, 전후 민심 수습을 위해 경공업과 농업
부문을 부가시킨 것이다.

---

32) 이종석, 앞의 책, p.73.

북한이 6·25 전쟁 이전까지는 전체 인구의 약 60%가 농업 부문과 개인 상공업에 종사하고 있었다. 전쟁 이후 이들을 사회주의 국가로 만들어 가기 위해 농업 분야는 '농업협동화' 사업을 전개했다. 1954년 4월부터 시작된 이 사업은 1956년 말 농가의 81%가 협동조합에 가입했다. 그리고 1956년부터는 자본주의적 기업 경영을 하는 상공업자들을 대상으로 상공업 협동화 과정이 시작되었다. 1958년에 이르러서는 북한 사회를 거의 사회주의 국가로 개조했다. 전쟁 이전보다 더 철저한 사회주의로 전환하기 위해 전 인민 동원 체제를 가동하기 시작했다. 전후 복구에 인민들을 고무시키기 위해 '로력영웅'[33] 칭호를 이때 적극 활용했다.

한편, 소련의 스탈린은 한국전쟁 중인 1953년 3월 5일 사망했다. 그의 뒤를 이은 흐루쇼프(Nikita Khrushchyov, 1894~1971)는 1956년 3월에 개최된 소련공산당 제20차 전당대회에서 스탈린의 개인숭배 사상과 억압적인 통치를 비판하는 소위 '스탈린 격하 운동'을 전개했다. 그 일이 김일성의 위상에도 영향을 미쳤다. 김일성이 정부대표단을 이끌고 1956년 6월 1일부터 7월 19일까지 소련과 동구 사회주의 국가 순방을 나간 사이 소련파 박창옥과 중극 연안파 최창익을 중심으로 김일성 당위원장 해임 음모를 꾸몄다. 그 이유는 '개인숭배 반대'였다.

김일성 일행의 동유럽 순방 결과를 보고하기 위해 개최된 1956년 8월 30일 조선로동당 중앙위원회에서 연안파 윤공흠이 김일성을 비판하고 나섰다. 이어 격한 토론이 이어졌지만, 많은 중앙위원이 오히려 김일성을 옹호하며 반대파의 행위를 반당적 행위로 규정하기에 이르렀다. 결국 거사를 모의했던 박창옥,

---

33) '로력영웅' 제도는 1951.7.17.에 공식 제정되었다. 이는 탁월한 느동 실적과 공로를 세운 민간인에게 수여되는 최고의 영예로서, 사회주의 국가에서 노동과 산업 발전을 위해 칭송하고 격려하는 데 목적이 있다. 소련의 '사회주의 노동 영웅'(Hero of Socialist Labour) 제도를 모방한 것이다.

최창익, 윤공흠 등이 당직을 박탈당하고 정부 직위에서도 물러났다. 이를 '8월 종파사건'이라고 한다. 이를 계기로 노동당 내에서 김일성의 입지가 공고하게 자리 잡아 갔다. 이런 상황을 소련과 중국이 가만히 지켜보고 있지 않았다. 소련은 미코얀 부수상과 중국은 펑더화이를 평양으로 급파하여 상황을 반전시켰다. 그해 9월 23일 당 중앙위원회를 열어 8월 회의의 결정을 번복하고 최창익, 박창옥 등이 당 중앙위원으로 복귀하고, 윤공흠 등도 당적을 회복하게 되었다. 이런 권력 투쟁을 거치면서 김일성은 점차 북한 공산주의 혁명 노선에서 주도권을 잡아갔고, 단일지도 체제를 형성해 나갔다.

» 국가 지도 원리 주체사상

북한은 1960년대 경제 건설의 기본 노선을 '자립적 민족 경제 건설'로 설정했다. 당시 소련은 사회주의적 국제분업을 채택하고 있었으나 김일성은 "경제적 독립 없이는 정치적 자유도 없다."라는 구호를 내세웠다. 그리고 북한의 동맹국인 소련과 중국이 큰 갈등을 빚고 있었고,[34] 한국은 5 · 16 군사 정변으로 박정희 정권이 들어서는 등 주변국에 상당한 변화가 일어나고 있었다. 이러한 위기 상황에서 김일성은 북한의 이념을 다잡고 정체성 확립을 위해 '주체사상'을 들고 나왔다.

전체주의 통치에는 이데올로기(Ideology)가 꼭 필요하다.[35] 이데올로기는 지

---

34) 중 · 소 분쟁의 대표적인 사건은 1969년 3월 중국과 소련 국경인 우수리(Ussuri)강 중간 섬 진보도(珍寶島)에서 무력 충돌이 일어나 전쟁 직전까지 갔다. 그러나 양국 총리 회담을 거쳐 1990년 국경 협정을 체결하여 외교적으로 해결됐다.

35) 이데올로기는 프랑스혁명 기간인 1796년 트레시(Antonie de Tracy)가 처음 사용하였다. 그 후 마르크스는 이데올로기를 지배계급의 사상을 사회가 자연스럽게 받아들이도록 하는 '허위의

금의 상태를 부정하고 이상사회를 꿈꾸게 만드는 관념을 심어주기 때문이다. 전체주의 정치학자 한나 아렌트는 이데올로기는 사회나 역사의 발전을 총체적으로 설명하는 '관념의 집합체'(Set of Ideas)로써, 인간이 한 이데올로기의 추종자가 되면 그의 사고 능력과 자유를 이데올로기에 쉽게 넘겨주게 된다고 했다. 즉, 이데올로기에 빠져들게 되면 개인은 자아의식에 의존하기보다는 '획일성과 동질성'의 유혹에 빠져들게 된다. 그 속에 정치적 담론(Political Discourse)들이 잠복해 있어 이데올로기는 전체주의 씨앗이라고까지 했다.[36]

'주체'라는 용어가 처음 등장한 것은 1955년 12월 28일 김일성이 당 선전·선동 일꾼들 앞에서 〈사상사업에서 교조주의와 형식주의를 퇴치하고 주체를 확립할 데 대하여〉라는 연설에서였다.[37] 이는 사상에서 소련이나 중국식을 기계적으로 모방하는 데 대한 비판이었다. 즉, 김일성이 당시 제시한 주체의 개념은 마르크스-레닌주의를 북한 실정에 맞게 창조적으로 적용하겠다는 것이었다. 그 후 김일성은 1956년 12월 당 중앙위원회 전원회의에서 '경제 자립'을, 1957년 12월 '정치에서 자주'를, 1962년 12월 '국방에서 자위'를 점차 천명하였다. 경제 자립, 정치 자주, 국방 자위가 주체사상의 오체였다.

주체사상을 인민에게 처음으로 공개한 것은 1962년 12월 19일 〈로동신문〉 논설이다. 신문은 "조선 혁명 수행에서 주체를 확립한다는 것은 조선 혁명의 주

식'으로 인식하여 저평가하였다. 그에 반해 2세대 마르크스주의자인 이탈리아 그람시(Antonio Gramsci)는 이데올로기의 정치 사회적 역할과 실천적 기능을 적극적으로 평가하여 중요시했다.

36) Hannah Arendt, 『The Origins of Totalitarianism』, (NY: Houghtcn Mifflin Harcourt Publishing Co., 1976), pp. 40-45.

37) 김일성은 이 연설에서 "우리 당 사상사업에서 주체는 무엇입니까? 우리는 어떤 다른 나라의 혁명도 아닌 바로 조선 혁명을 하고 있는 것입니다. 이 조선 혁명이야말로 우리 당 사상사업의 주체입니다."라고 했다(『김일성 저작선집』 제1권, 1967, pp. 560-58ᶜ).

인인 조선로동당과 조선 인민이라는 주견을 가지는 것이며, 마르크스-레닌주의의 일반적 원칙을 우리나라의 구체적 현실에 창조적으로 적용하는 것을 의미한다"라고 보도했다. 그리고 외부 세계에는 1965년 4월 14일 김일성이 인도네시아를 방문하여 '알리 아르함 사회과학원' 연설에서 처음 언급했다. "주체를 세운다는 것은 혁명과 건설의 모든 문제를 독자적으로, 자기 나라의 실정에 맞게 그리고 주로 자체의 힘으로 풀어나가는 원칙을 견지한다는 것을 의미한다. 이것은 교조주의를 반대하고 마르크스-레닌주의의 일반적 진리와 경험을 자기 나라 력사적 조건과 민족적 특성에 맞게 적용하여 나가는 현실적이고 창조적인 립장이다."라고 하였다.

1960년대 초 주체사상의 공식화는 '8월 종파사건' 등 권력 투쟁을 어느 정도 마무리한 김일성이 그다음 단계로 마르크스-레닌주의 해석권을 장악하고, 이를 자의적으로 해석하면서 주체사상을 새로운 국가 지도 원리로 만들기 위해서였다. 즉 주체사상을 비판이나 평가를 할 수 없는 유일사상으로 만드는 것이다. 1970년 11월 제5차 당 대회를 통해 당의 유일사상은 '마르크스-레닌주의적 주체사상'이라고 밝혀, 주체사상을 마르크스-레닌주의와 동등한 반열에 올려놓고 노동당의 공식 이념으로 채택하였다. 또한, 1972년 헌법을 개정하여 주체사상을 지도 사상으로 규범화했다. 이후부터 주체사상은 대내외 정책을 수립하고 혁명과 건설을 영도하는 총괄적 지도 사상으로 자리 잡았다.

그 후 주체사상은 김정일에 의해 이론적 체계화와 고도화되었다. 김정일은 당 중앙위원회 비서로 선출된 후 1974년 2월 19일 〈온 사회를 김일성주의화하기 위한 당 사업의 당면한 몇 가지 과업에 대하여〉에서 주체사상에서 '김일성주의'를 들고 나왔다. 또한, 그는 1974년 4월 14일 〈전당과 온 사회에 유일사상 체계를 더욱 튼튼히 세우자〉라는 연설에서 주체사상 바탕 위에 김씨 가

문의 통치를 인민들의 생활 속에 체화시키기 위해 〈당의 유일사상 체계 확립의 10대 원칙〉을 제정해 인민들이 숙지하도록 했다. 그리고 1980년 제6차 당대회에서 당 규약에 주체사상이 조선로동당의 '지도 사상'으로 명기됨으로써 마침내 주체사상이 마르크스-레닌주의를 대체하고 북한의 독자적인 통치 이념이 되었다.

1982년 3월 31일 김일성 70회 생일을 앞두고 발표한 김정일의 〈주체에 대하여〉 논문에서 주체사상에 '사람 중심의 철학적 원리'를 가미하여 주체사상의 논리 구조를 '수령론'으로 발전시켰다. 이는 혁명과 건설을 추진하는 주체는 인민대중이지만 그 정점에는 수령이 존재하며, 수령은 인민대중을 인도하는 정신적 영도자의 역할을 한다는 논리이다. 한발 더 나아가, 김정일은 수령론을 '사회정치적 생명체론'으로 변형시켰다. 이는 인간은 육체적 생명과 사회정치적 생명을 갖는데 부모에게 받는 육체적 생명은 유한(有限)하지만, 수령-당-대중의 유기체의 중심인 수령으로부터 부여받는 사회적 생명은 무한(無限)하다고 주장했다. 정치적 이념을 인간 생명의 영역으로 확대하여 세속종교의 교리 수준으로 변질시켰다.

1955년 김일성이 주체에 대해 처음 언급한 이후 김정일 통치 기간을 거치면서 주체사상은 '사상'에서 '주의'로까지 격상되었다. 북한 조선로동당 규약과 헌법 전문에 '지도적 지침'으로 명기해 오고 있는 것은 주체사상이 북한에서 포괄적인 지배 이데올로기로서 작동하고 있다는 것을 의미한다. 또한, 주체사상은 북한의 정치적 요구와 시대적 상황에 따라 적절히 변용(變容)되어 왔다. 대외적 자주에서 출발하였으나 북한 내부 권력 투쟁 과정에서 권력 공고화, 대중 동원을 통한 사회주의 건설, 1인 독재체제와 후계체계 확립을 위한 이데올로기로서 적극 활용되어 왔다. 즉 대를 이어 주체사상은 북한 사회의 모든 영역에서 확고부동한 지배적 이데올로기로서 그 역할을 다해 오고 있다.

다만, 세대를 거쳐오면서 주체사상이 중심 이데올로기로서 위력을 잃어 가는 것도 부정할 수 없다. 그 예로써 〈로동신문〉 등 선전 매체에서 주체사상을 주제로 한 보도의 빈도가 김정일 시기인 1975년~1980년대 최고조를 이룬 후 점차 퇴조하는 양상을 보인다.[38] 이데올로기도 시대 상황에 맞게 변화하고, 또한 유효기간이 있기 마련이다. 그러나 주체사상이 전면에 자주 등장하지 않는다고 해서 그 영향이 없어진 것은 아니다. 이미 북한 사회에 체제의 규범으로, 인민들에게 선전과 세뇌로 체화되어 있기 때문이다. 최근 김정은 통치 시기에도 북한 노동당 규약이나 헌법에서 주체사상을 지도 이념으로 규정하고 있을 뿐 아니라, 김정은 집권 이후 개정된 〈당의 유일적 령도체계 확립의 10대 원칙〉의 서문에도 '주체'라는 용어가 10번 이상 등장하고 있다.

우리식 사회주의

김일성 집권 초기에는 계획경제에 따른 중공업 중심의 산업 부문에 자원 집중과 동원 체제가 작동하여 높은 성장세를 보였다. 또한 해방 이전 일제 강점기 시절 중화학 공업의 80%가 북한 지역에 집중되어 있어 경제발전 속도에서 남한을 앞섰다. UN 자료에 따르면 북한의 1970년도 1인당 명목 GDP가 384달러인 데 반해 한국은 275달러였다. 그러던 북한이 1970년대를 고비로 발전이 지체되기 시작했다. 정권 초기에는 혁명 분위기, 지도자의 카리스마, 당·정·군·민 일체로 체제가 원활하게 돌아갔다. 그러나 시간이 지날수록 사회

---

38) 주체사상이 통치 이념으로서 위상 변화에 대한 분석은 이기우 책 『북한의 선전·선동과 로동신문』, (서울: 패러다임, 2015), 제7장(230쪽) 참고 바람

주의 경제의 비효율성, 조직의 관료주의화, 특권층 등장 등으로 사회 전반에 '혁명성'은 점차 이완되었다. 그러다 1974년경부터 북한이 남한과 경쟁에서 밀리기 시작하자 김일성은 평화를 앞세운 유화 전략으로 남한과 대화를 시도하기도 했다.[39]

1980년 10월 제6차 당 대회를 통해 김정일은 당의 3대 권력 기구인 당 중앙위원회 정치국 상무위원, 비서국 비서, 군사위원회 위원으로 선출되면서 최고통치자 자리를 굳혀갔다. 그러나 이때부터 북한의 경제는 점점 더 어려워지기 시작했다. 한국전쟁 이후 구소련과 중국을 비롯한 동유럽 사회주의 국가들로부터 막대한 자본과 기술 원조를 받았던 북한은 1989년 베를린 장벽의 붕괴, 1991년 소련의 해체로 더 이상의 지원은 기대하기 어려워졌다. 그리고 이들 국가가 모두 사회주의 경제체제를 포기하면서 냉전 시기 소련과 동유럽 국가 간 경제상호원조기구(Council for Mutual Economic Assistance, CMEA)를 통한 구상무역도 힘들게 되었다. 즉, 이들 진영이 시장경제 체제로 전환하면서 북한 경제는 고립되어 새로운 타격을 맞게 되었다.

이때 북한 지도자 김정일은 이러한 상황을 북한 체제의 심각한 위협으로 받아들이고 새로운 통치 담론을 내놓았다. 그것이 '우리식 사회주의'와 '조선 민족 제일주의'였다. 이는 국내외적인 여건 악화를 오히려 북한의 사회주의 정체성을 강화하고 권력 기반 공고화를 위한 방편으로 이용하기 위해서였다. 북한 지도자의 주장은 동구권 붕괴는 주체사상과 같은 위대한 사상이 없고, 김일성·김정일과 같은 위대한 지도자가 없었기 때문이라고 했다. 북한 지도자와 주체적 사회주의의 우월성을 강조하였다. 김정일은 1991년 5월 5일 조선로동

---

39) 1974년 7월 4일 박정희 대통령과 김일성 주석이 처음으로 데탕트 분위기 속에서 〈남북 공동성명〉(7·4 공동성명)을 발표하여 자주, 평화, 민족 대단결의 '평화통일 3대 원칙'을 제시했다.

당 중앙위원회 책임일꾼들과 한 담화에서 "오늘 제국주의자들과 반동들이 사회주의를 말살하기 위하여 악랄하게 책동하고 있지만 우리의 사회주의는 그들의 비열한 공격과 비방 앞에서 조금도 흔들리지 않고 자기의 길을 따라 계속 힘차게 전진하고 있습니다. 우리나라 사회주의는 수령, 당, 대중이 일심 단결된 불패의 사회주의입니다."라고 하였다.[40]

마르크스-레닌주의는 민족주의와 양립할 수 없다. 그런데도 북한은 다른 공산주의와 차별화를 통한 내부 결속과 주민 동요를 차단하기 위해 민족주의를 들고나왔다. 김정일은 2002년 2월 26일 노동당 중앙위원회 책임일꾼들에게 〈민족주의에 대한 올바른 리해를 가질 데 대하여〉를 설명하면서 "민족주의는 민족이 형성되고 발전하는 데 따라 민족의 리익을 옹호하는 사상으로 발생하였습니다… 민족은 여러 계급, 계층들로 이루어져 있습니다."라고 했다.[41] 북한이 정통 공산주의 이론에서 벗어난 민족주의를 내세웠다.

'우리식 사회주의'에 대한 첫 보도는 1993년 3월 23일 〈로동신문〉 1면 「사설」에서 "우리식 사회주의는 주체사상을 기초로 하고 있고 주체사상을 구현하고 있는 주체의 사회주의다."라고 했다. 90년대 초반 동구권 붕괴와 그 후유증으로 인한 경제난으로 수백만 명이 사망한 '고난의 행군' 시기를 거치는 동안 북한은 내부 결속과 민심 이반을 막기 위해 '우리식 사회주의'를 변용 이데올로기로 당원과 인민을 세뇌하였다. 한참 후 2007년 12월 27일 신문에서도 〈인민을 위하여 복무하는 우리식 사회주의제도 제일〉 제하로 사회주의헌법 제정 35주년을 맞이하여 인민들을 모두 요람에서 살도록 만든 북한의 우리식 사회

---

40) 『김정일 선집』 제11권, (평양: 조선로동당출판사, 1997), pp. 40-41.

41) 앞 선집, 제21권, 2013, p.158.

주의가 지구상에서 가장 우수한 사회주의 제도로 선전하였다.

선군정치와 강성대국론

1994년 7월 8일 김일성이 사망하고 김정일이 권력을 승계받은 시기는 북한이 그동안 주장해 온 이상사회는 점점 멀어지고 공산주의의 한계가 현실에서 나타나고 있었다. 20년 이상 김일성 밑에서 후계자 수업을 받아 상황을 충분히 파악하고 있었던 김정일은 김일성 때와는 다른 통치 형태를 보일 필요가 있었다. 그것이 주체사상을 등에 업고 나온 '선군사상'이었다. 북한은 그때나 지금이나 병영국가로서 군부의 힘이 세다. 공산주의 국가의 사상 유례없는 부자 세습을 통해 집권한 김정일로서는 최대 권력 집단인 군부의 눈치를 보지 않을 수 없었다.

김일성 사망 후 1994년 10월 20일 김정일은 당 중앙위원회 책임일꾼들과 담화에서 "당의 혁명적 경제 전략을 관철하여 인민 생활군제를 푸는 데서 지방의 창발성을 발양시키고 지방의 원천과 잠재력을 동원하는 것이 매우 중요합니다. 특히 군의 역할을 높여 모든 군인이 자력갱생의 원칙에서 자체로 인민 생활문제를 풀어나가기 위하여 적극 투쟁하도록 하여야 합니다."라고 하면서 군의 역할을 강조하기 시작했다.[42] 군을 인민 생활문제와 연계시킨 것은 북한 군대는 자체적으로 다양한 경제활동을 하기 때문이다.

1995년 1월 1일 〈로동신문〉, 〈조선인민군〉, 〈로동청년〉의 「신년 공동 사설」에서 "군은 지방 경제발전의 종합적 단위이며 지역적 거점이다… 친애하는 지도자 김정일 동지께서는 군의 역할을 높여 인민 생활에서 전환을 일으킬 데

---

42) 앞 선집, 제13권, 1997, pp. 442-452.

대한 강령적 과업들을 제시하시였다.”라고 보도했다. 1997년 3월 17일 김정일은 한발 더 나아가 군인정신을 배워야 한다고 주장했다. 당 중앙위원회 책임일꾼들과 한 담화에서 “혁명적인 군인정신은 당원들과 근로자들이 다 따라 배워야 할 투쟁 정신이며 오늘의 난관을 뚫고 승리적으로 전진하기 위한 사상 정신적 량식입니다.”라고 하였다.

그러다 1999년 1월 1일 〈올해를 강성대국 건설의 위대한 전환의 해로 빛내자〉 제목으로 당 중앙위원회 책임일꾼들과 한 담화에서 강성대국을 공개적으로 언급했다. “지금 우리의 정치 사상적 위력과 군사적 위력은 이미 강성대국의 지위에 올라섰다고 볼 수 있습니다. 이제 우리가 경제 건설에 힘을 집중하여 모든 공장, 기업소들이 제 궤도에 올라서서 생산을 꽝꽝하게 만들면 얼마든지 경제강국의 지위에 올라설 수 있습니다.”라고 하고,[43] 한편으로는 “군사를 중시하고 국방공업에 계속 큰 힘을 넣어야 합니다. 군사는 국사 중의 제일 국사이며 국방공업은 부강 조국 건설의 생명선입니다.”라고 하면서, 경제 강국을 이룩하기 위해 군의 역할과 군수산업의 중요성을 강조하였다.

그런데 김정일의 선군사상 등장으로 주체사상과의 이데올로기 상충에 대해 혼란을 가져오기도 했다. 그러자 2003년 3월 12일 〈로동신문〉은 〈주체사상은 선군정치의 뿌리〉라는 제목으로 논설을 게재하여 “선군정치는 주체사상에 뿌리를 두고 있습니다.”라는 김정일의 언급을 인용하여 “선군정치에 의하여 밝혀진 모든 지침은 그 어느 것이나 다 주체사상을 바탕으로 하고 있으며 주체사상의 요구를 전면적으로 구현하고 있다.”라고 하여, 이념적 근원으로서 주체사상과 실천적 통치 방식으로서의 선군사상 개념을 분명히 했다.

---

43) 북한이 주장하는 〈4대 강국론〉은 ‘정치강국’, ‘사상강국’, ‘군사강국’, ‘경제강국’이다. 이 중에서 ‘경제강국’은 달성하지 못했음을 인정한 것이다.

고난의 행군

1980년대 말부터 시작된 동구 사회주의 국가들의 개혁이 시작되면서 그간 이들 국가끼리 물물교환, 저리 차관, 우대 가격 등 시장 원리가 적용되지 않는 특혜 교역 체제가 붕괴하였다. 그리고 소련이 매년 150만 톤 이상을 공급 해오던 원유 공급이 끊기면서 전체 공업 생산이 급락했다. 결국 북한의 사회주의 계획경제와 주체사상을 기반으로 하는 '자립경제'의 한계가 나타났다. 북한은 이에 대비해 합영·합작·경제특구 지정 등 시장 경제적 요소를 일부 도입했으나 성과는 거의 없었다.

1990년대 들어 북한 경제는 계속해서 마이너스 성장을 거듭하여 국민총생산(GDP)이 10년 전에 비해 절반 수준으로 떨어졌다. 생필품 공급 부족이 누적되어 주민 생활은 궁핍했고, 특히 식량 부족 현상이 극명하게 나타났다. 북한의 이러한 위기 원인은 북한 자체적인 문제와 사회주의 체제에서 나타나는 일반적인 한계가 복합적으로 나타난 결과이다. 초기 김일성 때부터 공산당의 무오류와 수령의 전지전능에 크게 의존해 왔다. 즉 다른 사회주의 국가들보다 더 철저한 인간의 사유와 창의성 억제에 따른 경제적 합리성 실종, 개인에게 인센티브를 제공하지 않는 비자발적 노동으로 생산성 저하를 가져오게 된 것이다.

그나마 초기 북한의 경제발전은 '속도전'에 의존하고 있었다. 속도전은 사상과 동원이라는 두 바퀴로 굴러간다. 동원에는 항상 한계가 있고, 사상 또한 최소한의 물질적인 욕구가 충족되었을 때 굳건해지는 것이다. 물질적 기초 없이 사상론만 주장하는 것은 마르크스주의 유물론과 배치되는 것이다. 중국 덩샤오핑이 "혁명은 물질적 기초 위에서 생기는 것이다. 만약 희생정신만 강조하고 물질적 이익을 중시하지 않는다면 그것은 관념론이다."라고 했다. 그 외 북한의 경제난은 중공업 우선 정책으로 인한 자원 배분의 왜곡, 자력갱생의 경제 운영 방식이 외부 세계 경제와의 유기적 결합과 상호 보완에 문제가 있었다. 그리고 북한의 모든 생산 현장에는 노동당 '당세포'가 장악하고 있어, 경제적 요인보다 정치적 판단을 항상 우선으로 고려하게 되어 있다.

북한 경제난의 끝은 인민들의 식량난으로 다가왔다. 배급 사정은 1980년대 이후부터 이미 나빠지기 시작했다. 그 원인 중에는 핵무기 개발 등 군수 경제에 자원 배분이 집중되었기 때문이기도 하다. 북한은 민간 부문이 거의 없어 국가 경제의 구성은 민수경제(民需經濟), 군수 경제(軍需經濟), 궁정 경제(宮政經濟)에 모두 포함된다. 민수경제는 내각이 운영하며 주민 생활 유지를 위한 경제 부문으로 만성적인 부족 현상이 나타난다. 군수 경제는 당 군수부와 국방성이 운영하며 군사력 강화를 위해 집중적으로 배분되는 영역으로, 군사력 증강과 유지에 상당한 국가 재원을 투입하는 북한 경제의 중추이다. 일부 군수공장은 민수 물자까지 생산하고 있어 민간경제에도 영향을 미치고 있다. 궁정 경제는 당 39호실 소관으로 최고지도자의 권력 유지와 외화 획득을 위해 비공개적으로 운영된다. 북한이 최고인민회의를 통과한 예산을 매년 발표하기는 하나, 실제 군사 예산이 전부 반영되어 있는지는 미지수다. 그러한 고려를 배제해도 공개되는 국방비가 전체 예산의 15~16%에 달한다. 이에 비해 민수경제는 전체 예산의 45% 내외로 발표된다.

1994년부터 본격적으로 시작된 식량난으로 2백만 명 이상이 굶어 죽은 것으로 알려져 있다. 그동안 이상사회를 꿈꾸며 '이밥에 고깃국'을 기다려 왔던 북한 주민들은 체제에 대한 회의감과 북한 지도부에 대한 신뢰를 잃었다. 북한 주민들은 각자도생(各自圖生)의 길을 갈 수밖에 없게 되었다. 그러자 1930년대 김일성이 항일 무장투쟁 시기에 사용한 '고난의 행군'을 또다시 김정일이 1997년부터 선전 매체들을 동원하여 대대적인 캠페인을 시작했다. 설상가상 김정은 정권 들어 2006년도 1차 핵실험과 연이은 탄도미사일 발사로 유엔, 미국, 한국 등의 경제제재 조치로 힘든 상황은 지속되었다. 2012년 4월 김일성 탄생 100주년 기념사에서 김정은이 "우리 인민이 다시는 허리띠를 조이지 않게 하며 사회주의 부귀영화를 마음껏 누리게 하자는 것이 우리 당의 확고한 결심"이라고 했다. '고난의 행군' 시기를 거쳐 최근까지도 북한 지도자는 인민들의 최소한 생계를 걱정하고 있음을 드러냈다.

» 핵 개발과 고립

북한의 핵무기 보유의 꿈은 김일성 때부터 시작되었다. 김일성은 2차 대전 당시 막강한 군사력을 가진 일본이 미국의 원자탄 2발로 항복하는 것을 보고 북한도 핵무기를 가져야겠다고 결심한 것으로 전해진다. 김일성은 1950년대 중반에 이미 김일성종합대학과 김책공대에 핵물질 관련 학과를 설치하였다. 그 이후 대를 이어 가며 인민들의 허리띠를 졸라매는 경제난에도 불구하고 핵무기를 개발해 왔다. 그리고 북한의 대외정책 기조에는 '포위 의식'(Besieged Consciousness)이 바탕에 깔려있다. 즉 북한은 지정학적으로 중국, 러시아, 일본, 그리고 한미동맹인 한국과 미국의 군사력에 포위되어 있다는 불안 의식이 있어 왔다. 거기다 남북한 경제 격차가 심해지면서 북한의 경제력으로는 남한 군사력과 경쟁할 재래식 무기개발과 기존 장비의 유지비를 지탱할 여력이 없게 되었다. 이러한 여건에서 북한의 핵무기 개발은 남한에는 비대칭전력인 핵무기로 맞서고, 미국 등 군사 대국들과는 협상 지렛대로 사용할 목적을 두고 있다. 그런데도 북한은 대외적으로는 비핵화가 선대(先代)의 유훈이라고 주장한다. 이는 눈가림에 불과하고, 김씨 왕조가 유지되는 한 핵무기 포기는 없을 것이다.

북한은 김정일 시대에 이르자 핵 개발 성과를 대외적으로 과시하기 시작했다. 2006년 10월 9일 함경북도 풍계리에서 폭발력 1kt 안팎의 핵실험을 감행했다. 국제사회는 유엔 안보리 결의안 1718호로 제재를 가했다. 무기 금수, 사치품 수출 금지 및 북한 선박 검색 권고 등이었다. 국제사회의 제재에도 불구하고 북한은 2009년 제2차 핵실험과 김정은 시대인 2013년 제3차 핵실험을 통해 소형화와 경량화를 진행했다. 2016년에는 2번의 핵실험을 강행했다. 제4차 핵실험(1월 6일)에서 북한은 수소탄 실험에 성공했다고 주장했고, 제5차 핵실험(9월 9일)에서는 10~20kt 위력의 사상 최대 규모의 실험과 탄도미사일에 탑재가 가능한 핵탄두의 소형화에 성공했다고 주장했다. 유엔은 결의안 2270호와 2321호를 결의하여 광물, 선박, 외화 등 포괄적인 경제제재로 역대 가장 강력한 제재를 가했다.

2017년 9월 3일 제6차 핵실험은 핵무기 고도화 단계를 만방에 알리는 도발이었다. 함경북도 풍계리 핵실험장에서 실시된 실험에서 북한은 대륙간 탄도미사일에 장착할 수 있는 수소폭탄 시험에 성공했다고 주장했다. 국제사회는 폭발력이 100~250kt 수준으로 추정하고 5차 때보다 10배 이상 강력한 실험이라고 평가했다. 유엔 안보리 결의 2375호로 북한의 섬유 수출 전면 금지, 해외노동자 신규 파견 금지, 원유 공급량 제한, 정제유 수출량 제한 등이 추가되었다. 이때가 트럼프 행정부 1기로서 "화염과 분노"를 언급하면서 군사적 대응도 시사했다. 6차 핵실험 이후 북한은 핵무기를 실전 배치가 가능한 수준으로 발전시켰으며, 특히 미 본토를 겨냥할 수 있는 ICBM에 핵탄두를 장착할 역량을 갖춘 것으로 평가된다. 북한의 핵 개발은 김일성 때부터 시작해서 김정일 시대를 거쳐 김정은 시대에 이르기까지 3대에 걸쳐 거의 완성 단계에 이르렀다.

북한의 연이은 핵실험과 장거리 미사일 발사가 반복되면서 중국과 러시아도 유엔 제재에 동참하였으나 이행에는 미온적인 데다 북한의 불법 거래, 해외노동자 파견, 제3국 경유 무역 등의 제재로는 북한의 핵 개발 의지는 꺾지 못했다. 그러는 동안 북한 주민의 삶은 피폐해졌다. 북한은 경제통계가 거의 발표되지 않아 IMF나 한국은행의 추정치로 2017년 6차 핵실험 할 당시 1인당 GDP는 약 $1,000 전후로 나타났다. 결론적으로 북한의 핵 개발은 군사적으로는 안보의 핵심 축이 되었고, 김씨 세습 정권의 생존력을 확보한 것으로 볼 수 있다. 그러나 북한은 점점 고립을 자초해 왔고, 강드 높은 경제제재로 인민들은 고통을 받고 있다.

제4부

중남미 공산주의 첫발

제9장

카스트로 쿠바혁명

» 스페인 식민지 쿠바

쿠바는 콜럼버스가 1492년 처음 상륙하여 "내 눈으로 본 곳 중 세계에서 가장 아름다운 곳이다"라고 말했을 정도로 매력적인 섬이다. 그 후 1514년부터 스페인 식민지가 되었다. 노벨 문학상을 받은 헤밍웨이가 청새치 낚시를 즐기고, 소설 『노인과 바다』를 썼던 곳이다. 유럽인이 처음으로 쿠바섬에서 원주민으로부터 담배를 얻었다는 이야기가 있다. 스페인 정복자는 담배가 막대한 이윤을 남긴다는 것을 알게 되자 원주민들이 경작해 오던 옥수수, 아보카도, 고구마, 토마토 등의 경작지를 담배밭으로 만들었다. 이때 원주민은 약 6만 명이었다. 1517년과 1528년 쿠바를 엄습한 전염병과 대기근으로 원주민이 수천 명으로 줄어들자, 스페인 지도자들은 부족한 노동력을 메우기 위해 아프리카 세네갈 등으로부터 수많은 흑인 노예를 수입했다. 19세기에 이르러 흑인 노예는 1백만 명을 상회했다. 그래서 현재의 주민이 스페인과 흑인 혼혈인 '물레토', 스페인과 인디언 혼혈인 '메스티소'가 대부분이다.

스페인은 중남미로부터 대서양으로 향하는 보선선단(寶船船團)의 기항지인 쿠바에 4천 명의 병력을 주둔시켰다. 많은 병력을 주둔시킨 이유는 중남미에 있는 스페인과 포르투갈의 식민지들이 프랑스혁명과 미국 혁명 이후 대부분 독립했으나, 쿠바는 최후까지 식민지로 두기 위해서였다. 쿠바가 사탕수수로 세계에서 가장 질 좋은 화이트 골드인 설탕 생산을 독점하고 있었기 때문이다. 쿠바의 담배와 설탕 수출 시장은 주로 미국이었다. 스페인이 이들 상품 수출에 특별세를 부과하는 등 통제를 가하자, 쿠바 경제의 침체를 가져오게 되었다. 그러자 쿠바인들은 스페인으로부터 독립투쟁을 하기 시작했다. 그즈음에 아바나 항에 정박 중이던 미국 전함 메인호(U.S. Maine)의 폭발 사고로 1898년 4월 미국과 스페인 간 전쟁이 발발했다.

그 전쟁을 끝내면서 맺은 '파리 평화조약'으로 쿠바는 스페인으로부터 독립하게 되었다. 1899년 1월 1일 쿠바는 무려 4백 년 동안이나 지속해 온 스페인 지배에 종지부를 찍고 미군이 대신 점령하게 되었다. 그 후 잠시 미군정을 거쳐 1902년 5월 완전한 독립 공화국이 되었다. 이 시기에 쿠바섬 동남단에 있는 관타나모를 미국 정부가 99년간 매년 2천 달러를 주고 임차했다. 20세기 들어 쿠바가 국제적으로 관심을 끌기 시작한 것은 1959년 피델 카스트로(Fidel Castro, 1926~2016)가 아르헨티나 출신 체 게바라(Che Guevara)와 함께 아메리카에서 처음으로 게릴라 혁명에 성공하면서부터다. 특히 이 혁명은 미국 플로리다주에서 불과 145km 떨어진 뒷마당에서 공산주의 국가 출현을 예고하고 있었기 때문이다.

호세 마르티

카스트로는 19세기 쿠바 민족주의자 호세 마르티(Jose Marti, 1853~1895)를 스승으로 여겼다. '쿠바의 아버지'로 존경받는 호세 마르티의 초상화는 농촌 어느 집이나 어김없이 걸려 있을 정도였다. 마르티는 스페인에서 태어났지만 군인이었던 아버지와 함께 쿠바로 왔다. 그는 낭만파 시인이었던 학교 선생님의 영향을 많이 받았다고 한다. 흑인 폭동으로 시작된 쿠바의 1차 독립전쟁이 일어났을 때(1868~1878) 마르티는 15세였지만, 가슴 속에는 적개심이 타오르고 있었다. 1869년 그의 나이 16세에 〈빠토리아 리브레〉(조국 해방) 신문을 만들었고, 이 신문에 혁명을 지지하는 정열적이고 애국적인 시와 기사들을 실었다. 그런 연유로 선동 혐의로 체포되어 6년 형의 선고를 받고, 1871년 18세 때 쿠바로 돌아오지 않는다는 조건으로 스페인으로 추방되었다. 그 후 마드리드대학에서 법학을 공부하고 1875년 22세 때 멕시코로 건너갔다. 거기서 대문호 빅토르 위고의 작품을 번역하기도 하고, 쿠바의 독립을 소재로 한 시와 산문을 쓰기도 했다.

호세 마르티의 대표적인 시(詩) 한 구절에서 자유와 민족정신을 읽을 수 있다.[1] 쿠바의 민요 '관따나메라'(Guantanamera)의 1절 가사로도 널리 알려져 있다.

나는 진실한 사람이다.

야자수가 자라는 내 땅에서 온.

죽기 전에 나는 남기고 싶다.

내 영혼 깊은 곳에서 나온 시를.

Yo soy un hombre sincero.

De donde crece la palma.

Y antes de morirme quiero.

Echar mis versos del alma.

---

1) 1891년에 발표된 시집 〈단순한 시〉(Versos Sencillos)에 수록된 것이다.

25세 때 특별사면을 받고 쿠바로 귀국하여 법률사무소에 근무하면서 그는 재차 쿠바 독립운동에 뛰어들었다가 다시 체포되어 스페인으로 추방되었다. 이어서 미국 뉴욕으로 옮겨가 언론 활동을 활발히 했다. 10년간 뉴욕에 체류하면서 쿠바 독립위원회의 회장을 역임하기도 했다. 그가 쓴 시와 기사들은 중남미와 스페인에 배포되기도 했다. 이때는 낭만적인 시정은 사라지고 과격하고 혁명적인 시가 대부분이었다. 플로리다에서는 쿠바로부터 도망 온 흑인 노예들과 활동하며 1892년 쿠바혁명당을 창당하고, 1895년에 쿠바의 해안 상륙 작전을 펼치다 치명상을 입고 사망했다.

» 바티스타 정권 타도 혁명

중남미 국가 중 가장 오랜 기간 스페인 식민 통치를 받았던 쿠바는 1902년 5월 20일 독립을 하였으나 미국의 영향력 아래 있었다. 지정학적으로 미국 플로리다에 근접해 있기 때문이기도 하지만, 20세기 초 쿠바 경제가 설탕 중심의 단일 산업구조로 되어 있는 데다, 토지와 자본 대부분 미국 기업이 장악하고 있었다. 카스트로 혁명 이전 미 상무부가 발표한 보고서에는 "쿠바에 투자한 중요한 외국자본은 미국 계열이다. 전화, 전기 등에 차지하고 있는 미국 자본은 90%를 상회하고 있다. 철도는 50%, 설탕에 관계되는 산업은 40%가 넘는다."라고 되어 있었다.

쿠바는 겉보기엔 풍요로워 보였지만 미국 경제에 과도하게 의존하고 있었고, 정치는 부패와 정실주의로 얼룩져 있었다. 이에 군 하사관 출신인 풀헨시오 바티스타(Fulgencio Batista)가 1933년 '9·4 혁명'을 일으켜 군 최고사령관으로 실권을 장악했다. 그 후 1940년 합법적인 선거에서 대통령으로 당선되어 4

년의 임기를 마쳤지만 그다음 선거에서 패배하여 미국으로 떠났다. 1952년 복귀하여 선거를 치르려 했으나 실패할 가능성이 있어 다시 군사 쿠데타를 일으켜 권력을 잡았다. 이후 1959년까지 독재정권을 유지하였다.

이런 바티스타는 일관되게 친미 정책을 폈다. 미국의 자본과 기업에 유리한 정책을 시행하여 사탕수수 플랜테이션, 광산, 통신, 전력 등의 분야에서 미국 기업에 특혜를 줬다. 미국은 공산주의를 막고 미국 자본을 보호할 수 있는 인물로 바티스타를 지지하면서 군사원조와 경제원조를 제공했다. 쿠바로서는 군대 현대화를 할 수 있고, 확실한 설탕 수출 시장을 확보했다. 당시 쿠바 설탕 수출의 80%가 미국 시장으로 들어갔다. 미국을 등에 업은 바티스타는 독재정치로 일관했고, 부정부패가 만연했다. 그러자 카스트로가 등장해 1959년 바티스타 정권을 전복하는 혁명을 일으켰다.

카스트로 & 체 게바라

피델 카스트로(Fidel Castro, 1926~2016)는 스페인 이민 2세다. 아버지 앙헬 카스트로는 1898년 쿠바 독립전쟁 때 쿠바에 파병된 후 이민자 신분으로 미국의 유나이티드 프루트사(United Fruit Company)[2] 사탕수수밭에서 일한 육체노동자였지만 후에 사탕수수 농장주가 되었다. 비교적 유복하게 자란 카스트로는 고등학교 시절에 뛰어난 운동선수였고, 아바나대학에서 법학을 전공했다. 대학생 때 이미 반정부운동에 가담하여 바티스타 정권에 저항하는 학생 지도자 중 한

---

2) 유나이티드 프루트사(United Fruit Company)는 1899년 미국에서 설립된 다국적 과일 기업이다. 그러나 활동 무대는 중앙아메리카와 카리브해 여러 섬나라에서 바나나와 열대과일을 생산하고 수출하였다. 쿠바에서는 바나나와 사탕수수를 재배하는 대규모 농장을 운영해 쿠바 농업 구조를 수출 중심 체제로 바꾸는 데 기여했으나, 노동 착취 문제 등을 일으키기도 했다. 그래서 쿠바혁명 이후 카스트로 정부는 토지개혁을 하면서 이 회사 자산을 대부분 몰수했다.

명이었다.

　바티스타가 두 번째 쿠데타로 정권을 잡았을 때 카스트로는 청년 동지들을 이끌고 1953년 7월 26일 산티아고 몬카다(Moncada) 병영을 습격했다. 습격 사건은 실패로 끝났지만, 이는 '7월 26일 운동'이라 불리며 혁명의 상징이 되었다. 이 사건으로 카스트로는 15년 금고형을 받았다. 이 재판정에서 그는 최후 진술 "역사가 나의 유죄 판결을 내릴 것이다."라는 말을 남겼다. 복역 중 1954년 11월 바티스타 대통령의 대사면으로 석방되었다. 이때 그는 이미 청년들의 우상이 되었다. 그러자 카스트로는 국내에 머물 수가 없어 1954년 쿠바를 떠나 뉴욕과 마이애미에서 시간을 보냈다. 그리고 1955년 멕시코로 건너가 쿠바 청년들 훈련을 위한 조직을 만들었다.

　쿠바가 남미 최초로 공산화되는 과정에는 또 다른 혁명가 체 게바라(Che Guevara, 1928~1967)가 있었다. 체 게바라도 아르헨티나에서 유복한 가정에서 태어났다. 여행을 좋아했던 그는 의과 대학 졸업 1년 전에 친구와 함께 오토바이로 8개월간 칠레, 볼리비아, 페루, 콜롬비아, 베네수엘라 등 남미 여러 국가를 둘러보며 남미 현실에 눈을 뜨기 시작했다. 그는 의사라는 직업을 자유주의 부르주아로 인식하고, 의술로는 중남미의 농민, 노동자 등 서민들의 빈곤을 해결할 수 없다고 믿고 사회 전반의 개혁을 꿈꾸며 사회즈의 혁명에 투신하였다. 마치 중국 청나라 말기의 루쉰(魯迅)처럼 '인간의 질병을 치료하는 것보다 먼저 인민의 의식을 변화시켜 세상을 바꾸기'를 원했던 정신과 비슷했다. 그는 1954년 반제국주의 개혁에 참여하기 위해 과테말라에 갔으나 CIA 개입 쿠데타로 실패하자, 무장 혁명을 결단하고 라틴아메리카 혁명가들의 집결지인 멕시코로 건너갔다. 1955년 7월 7일 멕시코로 온 피델 카스트로를 동생 라울 카스트로의 소개로 만났다.

그 후 체 게바라는 쿠바 반정부 혁명 조직에 가담하고, 혁명 성공 이후 쿠바 정부의 요직을 맡기도 했다. 그러나 혁명정부에서 카스트로와 의견 충돌도 있었다. 카스트로는 활달하고 개방적인 데 반해 2살 아래인 체 게바라는 폐쇄적이고 지략형이었다. 사회주의 노선에서 체 게바라는 스탈린의 소련이 세계 공산화를 포기하고 일국사회주의를 채택한 데 대해 반대하고, 소련의 '평화공존' 노선을 비판했다. 그러나 카스트로는 소련과의 관계 유지를 통한 경제적, 군사적 지원을 중요하게 여겼다. 경제정책에서도 체 게바라는 쿠바를 급속히 공업화해 자립경제 구축을 주장했으나, 카스트로는 여전히 사탕수수 산업 중심의 외화 획득을 강조하는 등 차이를 보였다.

1964년 3월 제네바에서 개최된 UN무역개발회의(UNCTAD)에 참석 후 쿠바로 돌아온 체 게바라는 1965년 공업 장관직을 사직하고, 대신 총을 잡았다. 남미 전체와 아시아·아프리카 급진주의자들을 규합하여 무장 혁명의 길에 나섰다. 아프리카 콩고, 남미의 볼리비아 등에서 무장 게릴라 투쟁을 지원하였으나 혁명에는 실패했다. 그는 사회주의 혁명가로서 항상 군복과 모자를 착용하였고, 쿠바 정부의 요직에 있을 때도 군 장교 수준의 봉급을 받았다고 전해진다. 1967년 볼리비아에서 체포되어 살해되었다. 그는 지금까지도 남미에서 자유와 평등을 갈망하는 좌파 젊은이들의 우상으로 되어 있다.

카스트로의 혁명 시동

1956년 12월 2일 카스트로는 멕시코에서 만난 체 게바라와 동생 라울 카스트로와 함께 쿠바의 오리엔테주(州) 해안에 기습상륙을 감행했다. 카스트로가 1만 5천 달러를 들여 미국인에게 구입한 낡고 작은 요트인 '그란마호'에 승선한 인원은 카스트로를 비롯해 총 82명이었다. 처음부터 무모한 계획이었다. 그런데 카스트로는 침공 계획을 미리 성명으로 발표하여 바티스타 정권에 알려지게 되었다. 이에 대해 카스트로는 "군사적으로는 어리석은 일이지만, 전략적으로는 민중봉기의 선전에 필요했기 때문"이라고 설명했다.

멕시코에서 쿠바 오리엔테주 해안으로 가는 항로는 긴 항로였고, 설상가상 기상이 좋지 않았다. 일정이 늦추어지긴 했으나 그란마호는 겨우 해안 가까이 갔으나 침몰하고 말았다. 승선자들은 모두 헤엄쳐서 상륙을 시도했다. 그러자 바티스타 정부군은 군대와 전투기를 동원하여 이들을 사살하였다. 처음에는 카스트로, 체 게바라, 라울 카스트로 등 전원이 사망한 것으로 알려졌으나, 77일이 지나서 〈뉴욕 타임스〉의 허버트 매튜(Herbert Mathews)[3] 기자가 카스트로가 살아 있다는 보도를 하면서 그의 생존 사실이 세상에 알려졌다.

살아남은 카스트로 일행은 시에라 마에스트라 산속으로 숨어들어 게릴라전을 펼쳤다. 그들의 총은 모두 구식 미제였고, 식량은 산속의 농민들이 조달해 주었다. 카스트로는 농민들로부터 조달된 식량에 대한 대가를 반드시 현금으로 지불했다. 농민들은 이러한 거래 행위가 정부군에 발각되면 처형될 위험을 감수하고 반란군을 지원했다. 이런 카스트로를 최초로 현장 인터뷰한 매튜 기자는 그를 교양과 용기, 리더십을 두루 갖춘 사나이다운 남성이라고 묘사하면서, 그는 분명히 민주주의와 사회 정의에 대한 강렬한 이상을 가지고 있는 것처럼 보였고, 바티스타 정권이 유린한 쿠바 헌법을 회복하고 선거를 치러야 한다는 신념에 차 있는 젊은이로 보였다고 보도했다.

그리고 혁명 직전 쿠바 상황을 이렇게 보도했다. "바티스타 대통령이 육군의 고급 장교단과 경찰력의 도움으로 2년의 잔여 임기에 매달려 있지만 쿠바

---

3) 허버트 매튜(Herbert Matthews)는 쿠바 시에라 마에스트라(Sierra Maestra)산맥에서 활동한 카스트로의 게릴라 무장 활동 소식을 시리즈로 보도한 〈뉴욕 타임스〉 기자다.

의 경제는 파국에 달했다. 이러한 시기에 카스트로와 그의 '7월 26일 운동'은 바티스타 정권을 반대하며 타오르는 쿠바의 상징적인 불꽃이 되고 있다. 아바나대 학생들, 농민, 최하층 노동자들을 포함한 쿠바의 모든 청년층이 동조하고 있다. 카스트로 조직은 민족주의를 제창하고 있고, 민주주의를 표방하고 있으므로 반공주의자라고도 할 수 있다."[4]

쿠바에는 카스트로 세력이 등장하기 이전인 1925년에 창당된 사회주의 정당인 인민사회당(PSP)이 있었다. 쿠바 공산당의 전신인 이 당의 노선은 무장투쟁이 아니라 제도권 내에서의 점진적인 개혁이었다. 그래서 카스트로의 1953년 몬카다 공격, 1956년 그란마호 상륙작전 등 초기 무장봉기는 이 당과 무관하게 진행되었다. 그리고 1956년 모스크바에서 열린 제20차 소련공산당 전당대회에서 흐루쇼프 서기장이 스탈린을 공개적으로 비판하자 인민사회당은 모스크바 수정주의를 따랐다.

이러한 인민사회당이 카스트로 지지로 기울어진 것은 1958년 2월경이었다. 카스트로 세력이 커지자 이에 맞서 바티스타 정부는 전력 국유화 조치를 단행했고, 그 과정에 파업을 주도한 노조 간부들을 체포했다. 그중에는 인민사회당원도 있었다. 그간 온건 노선을 걸어 오던 인민사회당을 카스트로 쪽으로 기울게 만든 계기였다. 그러자 미국도 바티스타가 사임하도록 유도하기 위해 무기 금수령을 내렸다. 카스트로의 혁명 여건이 좋아지고 있었다.

1958년 7월 말 100여 명의 체 게바라 부대가 산에서 내려와 바티스타 정부군 수천 명을 격파하고 산타클라라를 장악했다. 카스트로는 350명의 주력부대를 이끌고 산토도밍고에서 1천여 명의 바티스타 군을 대파하고 항복하게 만

---

4) 木森實(오오모리 미노루), 『CASTRO-카리브海의 패자』, (예맥 편집실 번역, 1983), 참고

들었다. 이때 쿠바 인민사회당도 카스트로와 공동 행동에 나서 게릴라전과 도시 지하 조직에 합류했다. 카스트로와 체 게바라 군대는 다음 해 1959년 1월 2일 아바나를 접수하고 혁명에 성공했다.

1959년 1월 1일 오전 2시 바티스타 대통령과 그의 측근들은 5대의 수송기에 분승하여 도미니카로 망명했다. 카스트로는 1월 8일 아바나에 입성했다. 그날 밤 8시에 카스트로는 드디어 단상에 올랐다. 그 당시의 모습을 1959년 1월 19일 〈뉴스위크〉지는 이렇게 보도하였다. "바로 아래 있던 지지자 한 명이 세 마리의 흰 비둘기를 하늘로 날렸다. 두 마리는 연단의 단상에 앉았고, 한 마리는 카스트로 어깨 위에 앉아 연설하는 동안 내내 그대로 있었다." 이 보도 내용의 사실 여부를 떠나 비둘기가 보여준 이미지는 카스트로를 쿠바의 살아있는 신화(Myth)적 존재로 회자되었다.

카스트로는 원래 자유주의적 성향 때문에 학생운동 과정에서 때로는 공산주의자들과 충돌했다. 앞에서 보았듯이 카스트로는 19세기 쿠바 민족주의자 호세 마르티를 스승으로 여겼지, 마르크스나 레닌에 대해서는 거의 언급하지 않았다. 동생인 라울 카스트로와 일부 주변 인들들이 공산주의였지만, 그는 계급투쟁과 독재에 반대한다고 말하곤 했다. 그런 카스트로는 소련 또는 중국의 공산화 모델을 따르기보다 오직 독재자 바티스타 정권을 무너뜨리는 혁명에 주력했고, 그런 다음 쿠바를 국제 정세에 따라 점차 공산주의 국가로 만들어 갔다. 1961년 12월에 있었던 한 연설에서 카스트로는 자신이 마르크스주의자로서의 이념 전개는 권력을 쥐게 된 이후에야 비로소 시작되었다고 토로한 바 있다.

» 혁명정부의 좌향좌

1959년 1월 대통령궁에 입성하여 혁명정부를 수립한 카스트로는 마누엘 우루띠아 예오(Mannuel Urrutia Lleo)를 대통령으로 추대하고 자신은 수상, 동생 라울 카스트로는 부수상, 체 게바라에게는 경제고문을 맡겼다. 카스트로 혁명정부는 1963년까지 전 정권의 정치인 등을 소탕하여 483명을 총살하고 수천 명을 투옥했다. 이어 농지개혁을 단행하여 대농장주들에게 소규모 토지만 인정하고 나머지 토지는 4.25%의 이자율에 국가 채권으로 인수한 후 농민들에게 배분했다. 그 외 담배 및 설탕 등 국가 주요 산업, 대기업 및 은행, 미국인 등 외국인 소유 재산을 모두 국유화했다.

쿠바와 미국의 갈등이 심해지고, 1960년 소련과 무역 및 군사협정이 체결되면서 인민사회당 지도부가 카스트로 혁명정부 내 요직에 들어가게 되었다. 카스트로 자신도 1961년 4월 미국의 피그스만 침공 직후 자신을 마르크스-레닌주의자라고 공식 선언했다. 혁명을 성공적으로 끝내자, 쿠바 사회주의 정당·단체들의 정치적 결합이 시작되었다. 1961년 7월 카스트로 혁명 세력과 인민사회당은 물론, 혁명학생연합 등이 합쳐져 통합혁명조직(ORI)으로 결성되고, 그 후속으로 1962년 3월 쿠바통일당(PURSC)을 거쳐, 1965년 쿠바공산당(PCC)이 되어 오늘에 이른다. 카스트로가 1965년 쿠바공산당 총서기가 되면서부터 명실상부한 국가 지도자가 되었다.

카스트로 혁명정부는 1964년 11월 아바나에서 중남미 공산당대회를 개최하고, 아프리카와 남미 국가 등 제3 세계[5] 지도자 역할을 자임하고 나섰다.

---

5) '제3 세계'(Third World)는 1950년대부터 서방 언론과 학계에서 남반구와 저개발국을 지칭하는 담론적 개념으로 사용하기 시작했다. 서방(제1 세계), 동구권(제2 세계)과 구별되는 국가, 민족,

1975년 제1차 쿠바 공산당 전당대회에서 카스트로는 공식적으로 대통령과 수상직을 겸직하게 되었다. 한편, 1980년대 접어들어 국제시장에서 설탕 가격의 하락, 외채 증가, 외국의 단기 차관 중단, 미국의 경제봉쇄 조치 등으로 경제위기에 직면하기에 이르렀다. 그럼에도 쿠바는 소련 고르바초프의 개혁 · 개방 압력을 거부하고 원론적 공산주의 노선을 고집했다.

소련 고르바초프는 부시 미국 대통령으로부터 세계 공산주의 운동이 왜 미국의 '뒷마당'에서 일어나고 있느냐고 불평을 듣기도 했다. 1991년 말 소련이 몰락하자 옐친은 쿠바 설탕에 지급하던 보조금을 끊고 값싼 석유 수출도 중단시켰다. 쿠바는 군사적으로나 경제적으로 소련의 도움 없이 홀로 서야 했다. 즉 미국의 경제봉쇄에다 소련의 지원 단절로 인한 경제난으로부터 살아남기 위해 공산주의 경제정책을 일부 수정해야 했다. 국영 농장을 농업 협동조합으로 대체하고, 농민의 농작물 판매 및 소규모 기업활동을 허용하는 등 중국식 개혁 모델을 따르는 흉내를 냈다. 그러나 정치 개혁에는 일체 양보가 없었다. 대규모 보안 기관들이 계속해서 정치범과 반체제 인사들을 감시하고 체포했다.

» 미국과 단절, 소련과 밀월

CIA 반(反)카스트로 공작

1959년 4월 15일 카스트로는 캐나다 몬트리올 방문 후 미국을 방문했다. 10일간의 미국 조야에서 카스트로가 행한 연설의 내용은 "우리는 공산주의자가 아니다. 그렇다고 자본주의자도 아니다. 다만 우리는 쿠바 사람들이고, 미국과

지역, 운동까지 포괄하는 개념으로서 정치 · 외교적 용어다.

공정한 통상을 바랄 뿐이다."였다. 미국 대통령 아이젠하워는 만나주지 않았고, 닉슨 당시 부통령이 대신 만났다. 닉슨이 3시간 가까이 그를 만난 후 비밀 메모를 CIA, 국무성, 백악관 등에 배포했다. 그 내용은 "카스트로는 이상주의자지만 매우 위험할 수 있다." 즉 그를 공산주의 성향으로 발전할 가능성이 크다고 판단했다.

1960년 5월 16일 쿠바와 소련 간의 외교관계가 회복되었다. 반면, 초기에는 우호적이었던 미국과의 관계는 점점 멀어지기 시작했다. 쿠바는 파나마 운하 문제를 제기하는가 하면, 베네수엘라와 볼리비아에서의 반미 선전 활동과 게릴라 운동을 지원하기도 했다. 미국이 자기들의 뒷마당이라고 생각하는 남미에서 미운 짓을 했다. 그러자 1960년대 중반부터 미국의 대쿠바 정책은 적대적 관계로 전환됐다. 미국은 쿠바로부터 설탕 매입 할당량을 70만 톤이나 줄인다고 발표했다. 이에 맞서 소련 흐루쇼프는 그 양을 소련이 수입하겠다고 발표했다. 모스크바를 방문한 동생 라울 카스트로에게 흐루쇼프는 "우리는 쿠바에 대한 무력 침공을 저지하기 위해서 어떠한 원조도 주저하지 않겠다."라고 약속했다. 카스트로가 소련의 품에 안긴 결정적인 이유는 미국 정부가 카스트로 암살 또는 정권 전복을 기도할 것을 우려했기 때문이다. 그러자 카스트로는 쿠바에 있는 미국의 모든 자산을 동결하고 국유화하였다.

1961년 4월 17일 케네디(John F. Kennedy, 1917~1963) 미국 대통령은 CIA를 동원하여 반공주의자들로 구성된 '반혁명 용병군'을 투입하여 카스트로 정권을 전복할 목적으로 '피그스만'(Bay of Pigs)[6]을 공격했다. 그러나 쿠바계 망명자들로 구성된 용병들은 소련식 훈련을 받고 무장한 쿠바군에게 격퇴되었다. 상륙

---

6) 피그스만(Bay of Pigs)은 스페인어로 '바이아 데 코치노스'(Bahia de Cochinos)로 표기하기도 한다.

지점의 농민들도 자발적 봉기는커녕 이들을 도와주지 않았다. 불과 3일 만에 100여 명이 사망하고 1천여 명이 생포되는 참패를 당했다. 카스트로는 이 사건을 언론에 선전까지 했다. 미국 역사상 처음으로 남미에서 수모를 당했다. 케네디는 피그스만 상륙 작전에 실패한 뒤 쿠바를 고립시키기 위해 중남미 다른 나라에 선린정책을 펼치기로 하고, 그에 앞서 카스트로 게릴라 작전을 보도한 〈뉴욕 타임스〉 매튜 기자를 불러 자문을 구했다. 그 자리에서 기자는 이렇게 답했다. "그 구상은 곤란합니다. 오히려 카스트로를 소련 쪽에 붙게 할 것입니다. 피그스만 공격 이전에 카스트로가 공산주의자였던가를 대통령께서는 생각하실 필요가 있습니다." 그 기자는 카스트로를 코너로 몰지 말라는 답을 한 것으로 보인다.

소련에 의존

카스트로가 혁명에 성공하여 토지개혁과 미국 기업 자산 국유화를 단행하자 미국은 강력히 반발하면서 1960년대부터 쿠바에 경제제재를 가했고, 1962년부터는 전면적인 경제봉쇄(Embargo)에 들어갔다. 쿠바는 설탕 수출처, 원유 수입처 등 경제적 후원자를 찾아야 했다. 자연스럽게 소련에 기대게 되었고, 소련 입장은 미국 턱밑에 공산주의 국가를 세우는 것은 냉전체제에서 큰 성과로 여겼다. 그래서 소련은 쿠바의 설탕을 연간 500만~800만 톤씩을 고가에 매입하고 석유와 식량을 저가로 공급했다. 쿠바는 자연스럽게 소련에 의존하게 되었다. 또한, 소련은 쿠바 군대를 훈련하고 현대화를 시켰으며, 1962년에는 쿠바에 핵미사일 기지를 건설하기까지 이르게 되었다. 쿠바는 공식적으로는 '비동맹'을 표방했지만 사실상 소련의 우방이자 전초기지가 되었다.

카스트로는 1960년 유엔 총회에 참석하여 미국이 과거 푸에르토리코, 파나마, 온두라스에서 저지른 만행을 비난했고, 쿠바 관타나모에 있는 미군 기지 유지를 맹렬히 비난했다. 그러면서 소련이 식민지를 가지고 있지 않다는 점에서 미국보다 낫다는 주장까지 했다. 그리고 미국에 대항하기 위해 소련의 도움이 절실했던 카스트로는 소련 당국의 방문자들에게 자신이 확실한 마르크스-레닌주의자라는 것을 보여주려고 애를 썼다. "알다시피, 쿠바혁명은 2년 전에 시작된 게 아니다. 1917년에 시작되었다. 당신들의 혁명이 없었다면 우리의 혁명은 일어나지 않았을 것이다. 그러므로 쿠바혁명은 43년 되었다"라고 말했다. 미국의 적대적 태도를 버티고 살아남으려는 쿠바는 확실히 마르크스-레닌주의와 소련의 방식을 따르려 했다.[7]

미사일 위기

1961년 12월 카스트로는 쿠바가 사회주의 국가이고, 쿠바의 국가 발전은 마르크스-레닌주의를 따를 것임을 선포하였다. 세계적으로 공산주의 확산에 민감해 있던 미국은 바로 지근거리에 있는 쿠바의 공산화를 방관할 수 없었다. 1961년 미국 케네디 대통령은 쿠바와 외교관계를 단절했다. 1962년 말 쿠바 혁명 정부의 공업성 장관 신분으로 체 게바라가 소련을 방문했다. 그리고 흐루쇼프와 체 게바라는 다음과 같이 공동성명을 발표했다. "침략적인 제국주의자의 위험에 대처하기 위해서 소련은 쿠바에 무기를 공급하고 쿠바군 훈련을 위해서 기술자를 중심으로 하는 군사고문단을 파견한다."이다. 이때까지 미 국무성, 국방성, CIA의 전문가들은 흐루쇼프가 핵탄두와 미사일을 해외로 반출할 것이라고까지는 생각하지 못했다.

---

7) 로버트 스미스(김남섭 역), 앞의 책, pp. 539-541.

1962년 5월 소련 흐루쇼프 서기장은 미국이 터키와 이탈리아에 중거리 핵미사일을 배치하는 데 응수해 쿠바에 소련 핵미사일 배치를 결정했다. 그리고 그해 7~8월 사이 '아나디르' 작전명으로 비밀리에 42개의 미사일 발사대와 40여 기의 중거리탄도미사일과 핵탄두, 4만여 명의 병력을 쿠바로 이송하여 쿠바 내 미사일 기지를 건설하기 시작했다. 그해 10월 14일 미국 U-2 정찰기가 쿠바 상공에서 소련의 미사일 기지 건설 현장을 촬영하여 결정적 증거를 확보했다.

1962년 10월 22일 케네디 대통령은 TV 연설을 통해 이 사실을 공개했다. 그리고 이를 '서반구의 안보에 대한 직접적 위협'으로 규정하고 쿠바에 해상 봉쇄령을 내렸다. 그리고 케네디 대통령은 쿠바를 무력으로 공격할 계획까지 세웠다. 미 · 소 간 핵전쟁 발발 직전 상태까지 가는 긴박한 상황에다 제3차 세계대전으로 확대될 위기까지 갔다. 그러자 10월 28일 흐루쇼프가 케네디 대통령이 제안한 소련 미사일 철거와 미국의 터키 내 자국 미사일 철수 안을 받아들여 위기 상황을 간신히 넘겼다.

이 사건 이후 흐루쇼프는 실각의 길을 걸었으나, 카스트로는 한층 도약하게 되었다. 1963년 4월 처음으로 모스크바를 방문한 카스트로는 역사상 유례없는 환영을 받았다. 1963년 5월 23일 흐루쇼프-카스트로 간의 공동성명은 이랬다. "어떠한 나라도 사회주의 도정에 있어서 평화적인 수단을 택하는가, 비평화적 길을 택하는가 하는 문제는 인민 자신들이 결정해야 한다." 사회주의 혁명 노선을 재확인한 것이다. 그 후 1964년 11월 아바나에서 전 라틴아메리카 공산당 회의가 소집되었고, 1965년 2월 17일 쿠바-소련 간의 통상 3개년 협정이 체결되어 소련으로부터 석유와 밀을 원조받았다. 그리고 그해 3월 모스크바에서 개최된 세계 공산당대회에는 동생 라울 카스트로가 참석했다. 이때가 중 · 소 간 대립의 시기여서 소련과의 밀착은 중국을 자극할 우려가 있었다.

» 혁명정부의 공과(功過)

교육·보건 분야

1959년 쿠바혁명 이후 카스트로가 도입한 사회주의 제도가 쿠바 사회에 많은 변화를 불러왔다. 그중에서도 교육과 의료 분야의 성공은 국제적으로도 인정받아 UN, WHO, UNESCO에서 '쿠바 모델'로 개발도상국에 전파할 정도였다. 첫째, 교육 분야에서 문맹 퇴치의 기적을 이뤘다. 혁명 이전 도시와 농촌의 격차가 심했고, 농촌의 문맹률이 40% 이상이었다. 사립학교 위주로 교육이 이뤄져 가난한 사람들은 학교에 가지도 못했고, 도시 농촌 간, 흑백인 간의 교육 격차가 극심했다. 1961년을 '교육의 해'로 선포하고 약 30만 명의 청년과 교사를 전국에 파견하여 문맹률을 낮췄다. 유치원부터 대학까지 무상교육에다 급식과 교재, 교복까지 무상으로 지원했다. 그리고 대학 육성과 전문 교육을 강화해 의학, 농업, 과학기술, 예술 등 다방 면에서 전문 인력을 양성했다. 혁명 직후 3개였던 대학이 50개 이상으로 증가했다. 전국적인 문맹률이 혁명 이전 23%에서 1% 이하로 낮아지는 놀라운 성과를 거두었다. 현재도 라틴아메리카에서 높은 교육 수준을 유지하고 있다.

두 번째는 의료의 무상화와 세계 수준의 보건 체계다. 혁명 이전인 1950년대 쿠바는 의사와 병원이 아예 없는 농촌 지역이 많았고, 전체 인구의 60% 이상이 의료 혜택을 받지 못했다. 의사들은 주로 도시의 부유층만을 대상으로 진료했다. 1961년 보건부를 신설하여 모든 병원과 약국을 국유화해서 국가 의료 제도로 바꾸었다. 의료를 완전히 무료화하고 모든 국민이 의료 서비스에 접근하도록 법제를 개정했다. 1960~70년대부터 예방의학 중심의 시스템을 구축했다. 질병 발생 후 치료보다 예방을 중시하는 지역 기반 1차 의료 체계를 확립했다. 가족 담당 의사가 주민의 건강을 주기적으로 점검하게 했다. 혁명 직후부터 의대를 크게 확충하여 인구 대비 의사 수를 서계 최고 수준까지 끌어올렸다. 결과적으로 유아 사망률과 평균 수명이 선진국 못지않게 향상되었다. 유아 사망률이 혁명 전 60%에서 현재는 5% 수준으로 내려갔고, 기대 수명은 79세 전후까지 되었다. 또한, 다수의 의사를 해외로 파견하여 개발도상국을 지원해 오고 있다.

정치·외교·경제 분야

정치적으로는 공산당 일당 체제로 정치적 다원주의가 후퇴했으며, 반체제 인사 탄압, 언론의 자유 제한, 정치범 수감 등 인권 문제가 계속 제기되었다. 그래서 두뇌의 해외 유출 등 해외 망명자가 급증했다. 경제적으로는 사회주의 체제의 본질적인 한계인 비효율성에서 오는 경제적 낙후와 생활 수준의 정체가 지속되었다. 현재도 소비재 부족, 주택 사정 악화, 전력과 식량 공급의 불안정이 민생을 힘들게 하고 있다. 그런가 하면, 흑인과 혼혈인에 대한 법적 차별을 철폐했다. 특히 유색인 노동자의 생활 수준이 향상되었고 최근에는 성소수자 인권도 부분적으로 향상되었다.

혁명 이전 쿠바는 미국 관광객의 놀이터였을 정도로 많은 미국 관광객이 몰려왔다. 카지노, 술집, 클럽, 성매매 등 유흥 중심의 관광업이 성행했다. 관광 수입은 대부분 일부 부유층과 미국 자본에 돌아갔으며, 마피아 등 범죄 조직으로 들어갔다. 혁명 이후 미국의 경제제재 조치와 함께 관광 수입이 급감했고, 쿠바 당국도 관광업을 '자본주의 타락'으로 여겨, 비판적이었다. 1960~70년대 관광은 주로 소련과 동유럽 사회주의 국가의 사람들만 극소수 방문했다. 그러나 1991년 소련과 동구권 몰락으로 외화가 절실해지자 다시 관광산업을 경제 회복의 핵심 분야로 삼았다. 캐나다, 스페인 등의 자본을 유치하여 호텔과 리조트를 건설해 쿠바 GDP의 10~15%를 관광산업이 차지하게 됐다. 오바마 행정부의 관계 정상화로 미국 관광객이 다시 증가하기 시작해 2016년에는 4백만 명 이상이 방문했다. 그러나 트럼프 행정부 출범과 코로나 영향으로 위축되었다.

외교적으로는 미국과는 대립하고 제3 세계와 적극적인 관계를 유지했다. 그 배경은 혁명의 이념인 반제국주의와 민족해방에 있었다. 카스트로는 혁명 직후부터 단순한 소련의 위성국이 아닌 자주적이고 혁명적인 외교 노선을 지향하면서 "쿠바는 모든 민족해방운동과 함께한다."라고 하면서 아프리카, 라틴 아메리카, 아시아의 민족해방운동을 적극 지원했다. 그리고 비동맹운동(Non-Aligned Movement)을 적극적으로 전개했다.[8] 1979년에는 제6차 비동맹 정상회의를 쿠바 수도 아바나에서 개최했다.

1966년 체 게바라가 주도한 볼리비아 혁명 게릴라전을 위시하여 1960~70년대 중남미 여러 나라의 게릴라 운동에 군사적 · 재정적 지원을 했다. 그리고 아프리카 무장 해방 운동을 지원했다. 앙골라 내전, 모잠비크와 나미비아의 독립운동 등에 병력과 의료를 지원했다. 그래서 카스트로는 제3 세계 운동을 통해 냉전 시기 미국의 패권에 맞서는 상징적인 존재로 부상했다. 그러나 소련의 배후 지원에 의존한 측면이 있어, 소련 패망 이후는 활동이 급격히 줄어들었다. 또한, 대부분의 군사적 개입이 실패로 돌아가 많은 희생을 초래하기도 했다.

---

8) '비동맹운동'(Non-Aligned Movement, NAM)은 1961년 유고슬라비아 베오그라드에서 창설된 국제기구로서 제2차 세계대전 이후 미국과 소련으로 양극화된 국제질서에서 어느 진영에도 속하지 않고 독립적인 외교 노선을 추구하는 신생 독립국들의 조직이다.

마르크스와 엥겔스(오른쪽). 1848년 영국 런던에서 〈공산당 선언〉을 함께 발표하면서 공산주의 이념의 토대를 마련했다. 이 사진은 노년의 사진들을 1875~1877년경 합성한 것읃. (사진: Wikimedia Commons, Public Domain(PD))

1917년 러시아 2월 혁명 소식을 접한 레닌이 스위스 망명 생활을 마치고 귀국길에 스웨덴 스톡홀름 중앙역에 도착한 모습(앞줄 맨 왼쪽). 이때 레닌의 모습이 신문 지상에 처음으로 공개되었다. 1917.4.13. 촬영 (사진: Wikimedia Commons, PD, Axel Malmstrom)

러시아 10월 혁명 이후 레닌이 1920.5.5. 모스크바 광장에서 폴란드와 전쟁을 독려하는 장면. 1차 대전 종전 이후 독립한 폴란드는 인접국과 영토를 획정하기 위해 우크라이나를 공격하자 트로츠키가 지휘하는 소련 붉은 군대가 반격하면서 전쟁이 발발함. 이 전쟁에서 폴란드가 승리하면서 소련은 서유럽 공산화 계획을 접고 '일국사회주의'로 선회하기 시작했다. 레닌은 오른손에 러시아 노동자들이 즐겨 쓰는 모자 켑카(Kepka)를 들고 있다. (사진: Wikimedia Commons, PD, Grigory P. Goldstein)

레닌(왼쪽)이 건강이 악화되자 모스크바 근교 고르키(Gorky) 지역에서 요양할 당시 모습. 스탈린(오른쪽)은 이 사진으로 자신이 레닌의 후계자라는 이미지를 부각하려 했다. 1922.9.1. 촬영. (사진: Wikimedia Commons, PD, Maria Ulyanova)

'전 러시아 전람관' 앞 레닌 동상, 러시아에는 아직
도 레닌 동상기 곳곳에 남아 있다. 2020.10.11.
촬영 (사진: Pexels, PD, Azamat Hatypov)

1931.7.21 붉은 광장에서 스탈린과 막심 고리키
(Maxim Gorky). 스탈린은 작가 고리키를 사회주
의 리얼리즘과 소련 체제의 해외 선전 얼굴로 이
용했다. (사진: Wikimedia Commons, PD)

1933년 소련 스탈린 시대 공산주의 이념을 선전하고 공산당의 정통성을 강화할 목적으로 제작된 깃발. 하단 문구: '마르크스, 엥겔스, 레닌, 스탈린의 깃발을 높이 들자!' (사진: Wikimedia Commons, PD, Steve Knight, UK)

1945.2.4. ~ 2.11. '얄타회담'에 참석한 루스벨트 미국 대통령(중간), 처칠 영국 수상(왼쪽), 스탈린 소련공산당 서기장(오른쪽). 이 회담에서 미·소 공동 신탁통치 구상이 합의되어 한반도 분단의 구조적 토대가 마련되었다. (사진: Wikimedia Commons, PD, US National Archives)

1945.7.17. ~ 8.2. '포츠담회담'에 참석한 스탈린 서기장(오른쪽), 미국 트루먼 부통령(중간), 영국 애틀리 수상(왼쪽). (사진: Wikimedia Commons, PD, US Army Signal Corps.)

1945.6.24. 모스크바 '붉은 광장'에서 개최된 제2차 세계대전 전승 축하 군사 퍼레이드 행사장 단상의 스탈린(중앙). (사진: Wikimedia Commons, PD, 러시아 국방부)

모스크바 러시아 전쟁 기념 공원 (사진: Pexels, PD, Cristian Salinas Cisternas)

제2차 세계대전 독일과 치열했던 전쟁 '스탈린그라드 전투'를 기리는 조형물. 뒤에 서 있는 동상이 '조국의 어머니 상'이다. 러시아 볼고그라드 소재. (사진: Pexels. PD, Сергей Нестеров)

모스크바 '굼(GUM) 백화점'에서 바라본 붉은 광장과 크렘린궁. 광장 건너편 중앙에 레닌의 묘가 있다. (사진: Pexels, PD, Yogesh YK)

여자 시위자를 끌고 가는 러시아 경찰. 시위는 러시아 야당 정치인 고(故) 알렉세이 나발니(Alexey Navalny) 지지 시위로 전국에서 일어났다. 여자가 든 피켓에는 "알렉세이 나발니에게 자유를"이라고 쓰여 있다. 2021.8.15. 촬영. (사진: Pexels, PD, Vladimir Chake)

마오쩌둥(毛澤東). 1935년 중국 대장정(大長征, 1934~1935) 시기의 모습. (사진: Wikimedia Commons, PD)

중국 대장정 당시 홍군(紅軍)의 모습. (사진: Wikimedia Commons, PD, 샹그릴라 대장정 박물관)

문화대혁명(1966~1976) 때 천안문 광장에서 시위 모습. 모두 오른손에 마오쩌둥 어록집인 소홍서(小紅書)를 들고 있다. (사진: Wikimedia Commons, 人民畫報, 1967)

미·중 수교 교섭을 위해 방중한 닉슨(Richard Nixon) 대통령과 악수하는 마오쩌둥(毛澤東) 주석. 비밀리에 추진된 교섭 노출을 피해 닉슨 대통령은 중국 측의 경호만 받으며 마오쩌둥 집무실을 방문했다. TV 방영도 하지 않았고, 〈인민일보〉에 이 사진 1장이 게재되어 수교를 암시했다. 1972.2.21. 촬영(사진: Wikimedia Commons, PD, 백악관)

미·중 수교를 위해 방중한 닉슨 대통령과 주은래(周恩來) 총리의 건배 장면. 당시 주은래와 키신저(Henry Kissinger) 백악관 국가안보보좌관이 교섭 실무 총책임자였다. 1972.2.25. 촬영. (사진: Wikimedia Commons, PD, 백악관)

미·중 수교를 위해 중국을 방문한 닉슨 대통령(중간)과 수행 기자단. 1972.2.26. 촬영. (사진: Wikimedia Commons, PD, 백악관)

모스크바 크렘린궁 난간에 나란히 서 있는 스탈린과 마오쩌둥 모습이 들어간 중국 우표. "위대한 혁명 25주년 기념"이라고 쓰여 있다. 1953. 촬영. (사진: Public Domain Pictures, Popova Olga)

1979.1.28. 덩샤오핑(鄧小平) 부주석의 미국 국빈 방문 환영식 때의 모습. 미·중 수교(1979.1.1.) 직후 이루어진 역사적인 방문. 약 1주일간 일정으로 애틀랜타 코카콜라 본사, 포드자동차 공장, 휴스턴 NASA 존슨우주센터, 시애틀 보잉사 등 방문. 중국의 개혁 거방 정책을 대외적으로 알리는 신호탄이었다. (사진: Wikimedia Commons, PD, NARA)

북경 천안문에 걸려있는 마오쩌둥 초상화. 2011.8.29. 촬영. (사진: Wikimedia Commons, PD, Michael Day)

마오쩌둥 고향 호남성(湖南省) 소산(韶山) '마오쩌둥 광장'에서 개최된 탄신 130주년 기념행사 장면. 2023.12.26. 촬영. (사진: Wikimedia Commons, PD, 〈中国新闻社〉)

호찌민(당시: 응우옌 아이 꾸옥)이 1920.12.25. ~ 30. 프랑스 투르에서 개최된 사회당 전당대회에서 발언하는 장면. 당시 30세인 그는 식민지 해방을 강조하고 코민테른 가입을 지지. 이후 그는 민족해방과 사회주의를 연계해서 활동하기 시작했고, 프랑스공산당 멤버로서 공산주의자가 되었다. (사진: National Archives, PD)

1946년 촬영된 호찌민 모습. 2차 대전 종전 직후 1945.9.2. 그는 '베트남민주공화국' 독립을 선언하였으나 프랑스가 다시 식민 지배를 복원하려고 하자 1946.12. 프랑스-북베트남 전면전에 돌입했다. (사진: Wikimedia Commons, PD)

베트남 '디엔비엔푸 전투'에서 프랑스가 참패하고 체결된 '제네바협정'(54.7.)에 따라 북위 17도선을 기준으로 남북이 분단됨. 그러자 북베트남인 약 90만 명이 남베트남으로 자유를 찾아 떠났다. 그중 가톨릭 신자가 약 70%였다. 이를 수송하는 미군 함정 모습. 1954.10 촬영. (사진: National Archives, PD, U.S. Navy)

1967.2.20. 베트남전 미 해병 작전 장면 (사진: Wikimedia Commons, PD, 미 국방성)

베트남전 미군 헬기 전투 장면 (사진: Public Domain Pictures, getwallpapers.com)

1975년 미-베트남전에서 사이공이 함락되자 미국 외교관이 남베트남 ㅍ 난민을 헬기에 태우려 데려가고 있다.
(사진: NARA, PD)

1946.8.28. 북한노동당 회의 장면. 오른쪽 2번째 김두봉, 3번째 김일성. (사진: Wikimedia Commons, PD)

북한 공산정권 수립 과정에 큰 역할을 한 소련 제25군 군사위원 레베데프 대좌에게 훈장을 달아주는 김일성. 레베데프는 1945.10.14. '김일성 장군 평양 시민 환영대회'를 개최한 인물이다. 1948.9.9. 촬영. (사진: Wikimedia Commons, PD)

1949년 김일성과 박헌영(왼쪽에서 3번째 안경). 1946년 북한으로 넘어간 박헌영은 북한 정권 수립에 참여했고, 1948.9. 조선민주주의인민공화국 초대 부수상 겸 외무상에 임용. 한국전쟁 이후 숙청 대상에 포함되어 1955.12. 사형 선고를 받았다. (사진: Wikimedia Commons, PD)

한국전쟁에 참전한 중공군. 1950.10.19. 압록강을 건너 '중국인민지원근'이라는 이름으로 한국전쟁에 참여하기 시작했다. (사진: PD, ar.inspiredpencil.com)

1950.11. 미 해병 1사단 장진호 전투 장면. (사진: Wikimedia Commons, PD, Corporal Peter McDonald, USMC)

1950.11. 미 해병 1사단 장진호 전투에서 철수하는 장면. (사진: Britannica, PD)

한국 행주(Haengju)에서 동생을 등에 업고 미군 M-26 탱크 옆을 지나는 피난민 소녀. 1951.6.9. 촬영. (사진: National Archives, PD, Department of the Navy)

1953.7.27. 한국전 휴전협정 서명식장. (사진: Wikimedia Commons, PD, F.Kazukaitis. US Navy)

미국 워싱턴 DC 한국전 조형물. 남북한 병사들이 부둥켜안고 있다. 2018.10.30. 촬영. (사진: Pexels, PD, William Warby)

1950년대 혁명 전후 피델 카스트로 모습. (사진: Wikimedia Commons, PD)

1956.12.2. 카스트로(중간 서 있는 자)와 추종자들이 시에라 마에스트라 산악 지역에서 게릴라전 활동 당시 모습. (사진: Wikimedia Commons, PD)

1960년 카스트로와 체 게바라가 쿠바 인근 바다에서 낚시하는 모습. 당시는 사이가 좋았으나 그 후 정치 노선과 혁명 수출에 의견 차이로 갈등을 빚다 1965.4. 체 게바라는 쿠바를 떠났다 (사진: Wikimedia Commons, PD)

쿠바를 떠난 후 1967년 남미 사회주의혁명을 위해 볼리비아에서 활동한 체 게바라 모습. 1967.10.9. 볼리비아 군에 의해 사살되었다. (사진: Wikimedia Commons, PD)

1979.10.12. 당시 카스트로 총리의 유엔 연설 모습. 여기서 카스트로는 개발도상국의 경제적 불평등 해소와 제3 세계의 주권 확대를 강력히 주장. 1961년 미국과의 국교 단절 이후 계속된 긴장 관계는 이 연설 후 더욱 악화하였다. (사진: Wikimedia Commons, PD, Bernard Gotfryd)

제5부

이념과 체제 선택의 기준

제10장

중심 가치

» 자유 vs 평등

자유와 평등사상은 고대 그리스에서부터 등장했다. 그리스 시대의 자유란 개인의 절대적 권리가 아니라 시민으로서 공동체에서 스스로 다스리는 자격을 의미했다. 이는 정치적 자율성을 뜻하는 것으로, 오늘날 보편적 자유의 개념과는 다소 거리가 있다. 근대 초기 홉스, 로크, 루소 등 사상가들이 자유를 자연권으로 정의한 후, 이에 영향을 받은 1776년 미국 독립선언과 1789년 프랑스혁명에서 자유의 이념이 규범화됐다. 평등도 그리스 시대에는 정치적 평등에 가까웠다. 모든 시민이 법 앞에 평등하고 정치 참여의 권리를 가진다는 의미였다. 근대 계몽주의 시대에서도 법적·정치적 개념으로 '법 앞의 평등'으로 한정되었지, 사회·경제적 평등은 크게 부각되지 않았다. 즉 자유와 평등사상은 고대로부터 내려왔지만 한정된 개념이었다. 근대 들어 여러 혁명을 거치면서 인간의 보편적 권리로 인정되었다.

자유의 이념을 규범화한 자유권은 국가로부터 자유로울 소극적 권리이다.

정신적 자유로는 종교의 자유, 양심의 자유, 학문과 예술의 자유, 언론·출판·집회·결사의 자유(표현의 자유) 등이 있고, 사회경제적 자유로는 거주·이전의 자유, 직업 선택의 자유, 주거의 자유, 통신의 자유, 재산권의 보장 등이 있다. 그리고 신체의 자유로는 생명권, 신체 안전의 자유(죄형법정주의, 영장주의, 체포·구속적부심사) 등이다. 평등의 이념이 규범화된 평등권은 모든 국민이 국가에 대해 차별받지 않고 평등한 대우를 요구할 수 있는 권리이다. 법 앞의 평등, 평등 선거의 원칙, 교육 기회의 평등, 남녀평등 등으로 국민이 모든 생활에서 불합리한 차별을 받지 않을 권리이다.

이러한 자유와 평등의 이념이라는 핵심 가치가 경제적 영역에 적용될 때 상호 긴장 관계가 발생한다. 자유를 강조하고 극대화할 경우는 불평등을 초래할 수 있다. 모든 사람이 자유롭게 경쟁하면 능력에 따라 결과가 달라질 수 있기 때문이다. 경제적 자유가 확대되면 빈부의 격차가 현실에서 나타난다. 한편, 평등을 강조하면 자유가 제약받는다. 결과의 평등을 만들기 위해 국가가 관여하게 되면 개인의 자유는 침해된다. 현실적으로 부유층의 재산을 국가가 징수하여 재분배하면 개인의 재산권은 침해받게 된다. 자유를 강조한 존 스튜어트 밀(John Stuart Mill)은 "개인이 최대한 자유로울 때 사회 전체가 발전한다."라고 했고, 평등을 강조한 장 자크 루소(Jean-Jacques Rousseau)는 '누군가 너무 부유하거나 너무 가난하면 진정한 자유가 사라진다."라고 했다. 자유와 평등 이념의 비중에 따라 사회가 달라진다는 의미이다.

자유와 평등 이념은 19세기 이후 정치 현실에서 국가의 속성을 가름하는 중요한 변수로 떠올랐다. 어느 이념에 무게를 두느냐에 따라 자유주의와 사회주의로 크게 양분되었다. 모두 표면적으로는 자유와 평등을 강조하지만, 그들의 개념과 해석에서 차이가 있다. 특히 경제적인 측면에서 자유주의(자본주의)에서는 경제활동의 자유를 최우선으로 하는 체제이고, 사회주의(공산주의)는 결과로써 나타나는 평등을 중시해 자유를 제한하는 체제이다.

자유주의 주장은 인간은 자유롭게 행동할 권리가 있고, 그 결과는 각자의 몫이다. 보이지 않는 손에 의해 움직이는 시장경제가 자원을 효율적으로 배분하고, 자유스러운 경쟁 속에서 발전한다고 주장한다. 평등은 법 앞의 평등과 기회의 평등이 보장되면 된다. 반면, 사회주의 주장은 법적 평등만으로는 현실의 불평등을 해결할 수가 없다. 실질적 평등을 보장해야 다수의 자유가 보장된다. 시장경제의 무제한 경쟁은 불평등과 소수의 지배를 낳는다. 따라서 국가가 개입하여 부와 권력을 재분배해야 한다는 것이다. 그러나 현대로 올수록 자유와 평등의 극단적인 선택보다는 조화를 추구하고 있다. 자본주의는 사회주의적 요소로 보완해 복지국가를 지향하고 있고, 사회주의는 시장 요소와 결합하여 중앙 계획경제를 수정해 나가고 있다.

프랑스 정치철학자 토크빌(Alexis de Tocqueville, 1805~1859)은 자유와 평등의 이념을 정치 제도적 관점에서 접근했다. 인간은 자유보다 평등을 더 강하게 갈망한다고 전제하면서, 평등이 지나치면 중앙집권화로 전체주의가 등장할 가능성이 있다고 경고했다. 한편, 자유가 약하면 시민사회가 약화되어 개인의 참여가 줄어들어 권위주의적 통치가 강화된다고 지적했다. 그는 두 이념의 우열을 가리지는 않았다. 다만, 평등은 민주주의 추진력이기는 하나, 지나치면 자유를 잠식할 가능성이 커 평등의 열정이 자유를 압도하지 않도록 민주주의 제도적 장치를 강화해야 한다고 주장했다. 그러면서 지방자치, 시민 결사, 참여민주주의를 해법으로 제시했다.

» 개인 vs 집단

경제질서는 크게 나누면 하나는 개인 또는 소수의 의지에 따라 조종되지 않는 시장에 의해 지배되는 질서이고, 다른 하나는 소수 또는 집단의 계획과 명령에 의존하는 질서이다. 인류 문명사를 돌이켜 보면 지속적인 성장 발전을 가능케 한 것은 시장의 비인적(非人的) 메커니즘에 대한 인간의 순응이었다. 그러나 그 과정에서 강력한 사회개조의 필요성을 주장하는 것은 시장의 역할에만 의존해서 나타나는 부족한 부분에 대한 수정을 요구하는 것이다. 앞에서도 살펴본 인간의 기본적인 자유와 평등의 이념도 본질적으로는 경제적·물질적 요소로 인한 질서의 문제이기도 하다.

개인주의(Individualism)는 개인들의 목적이 최고로 존중되는 독립적 영역을 인정하는 것이다. 즉 개인의 행복과 자유를 중요한 가치로 여기고, 개인의 독자성과 자율성을 존중한다. 이러한 개인의 정치, 경계, 사회 전반에 걸친 가치들을 실현하는 이념이 자유주의다. 자유주의는 개인이 국가나 다른 집단의 간섭없이 자신의 삶을 결정할 수 있는 권리를 보장하는 데 있다. 경제 영역에서 개인의 자유는 경제적 의지, 즉 생산, 소비, 투자는 개인의 결정 영역이고, 그 의지가 '시장'에서 실현되는 것이 시장경제이다. 다시 말해, 개인주의를 바탕으로, 개인의 자유와 권리를 최대한 보장하려는 자유주의가 발전해 왔고, 그 자유주의의 경제적 원리가 작동하는 공간이 시장경제이다.

이에 반해, 집단주의(Collectivism)는 개인의 권리나 이익보다 계급이나 국가 등 집단의 목표와 이익을 우선시하는 이념이다. 집단주의 위험성을 지적한 대표적인 학자는 하이에크(Friedrich A. Hayek, 1899~1992)다. 오스트리아 출생의 영국 경제학자이자 정치철학자로서 고전적 자유주의에 속한다. 그는 제2차 세계대전 중 영국에서 출간된 『노예의 길』(The Road to Serfdom, 1944)에서 독일의 집단주의적 경제체제가 2차 대전의 전쟁 수행 과정에서 무기와 군수물자의 생산과 동원 면에서 더 효율적이라는 인식이 영국의 지식인과 젊은이들에게 매력으로 느끼는 데 대한 우려를 나타냈다.

당시 영국이 독일을 우려한 것은 전쟁이라는 현실에서만 나타난 것이 아니었다. 2차 대전 이전 이미 헤겔, 마르크스, 만하임 등 사회주의 사상이 독일에서 태동하여 동서양을 막론하고 전파되고 있었다. 집단적 사회주의 이론과 실행에서 독일의 영향력이 점차 커지고 있었던 상황이었다. 그런데 하이에크의 주장에 따르면, 집단주의는 점차 전체주의 독재체제로 가기 쉽다고 주장한다. 즉 개인의 강한 확신 없이 열정과 감정에만 의존하면 순종적인 사람이 많이 생길 가능성이 있고, 그런 자들을 일관되게 동질적으로 밀착시키려는 선전·선동가의 능숙한 솜씨는 적대적인 이데올로기 형성이 쉽게 일어난다. 원대한 목표를 설정하고 이를 이데올로기로 표현하면 대중들은 무조건 따라간다. 또한, 집단주의는 유사한 사람들끼리의 집단이라는 속성을 가지고 있어서 민족주의, 종족주의, 계급주의 등 배타주의가 작동하게 된다고 했다.

또한, 그는 집단주의가 단기적으로는 성과를 낼 수도 있지만, 장기적으로는 개인주의와 자유주의에 바탕을 둔 시장경제를 지켜나가야 한다고 주장했다. 계획과 경쟁은 혼재하기가 어려운 속성을 지니고 있어, 계획이 작동하면 경쟁은 들어설 자리를 잃게 된다. 시장이라는 자생적인 메커니즘에 의존한 경제체제가 집단적인 명령으로 사회의 모든 힘을 의도적으로 선택된 목표를 향하게 하는 체제보다 우월하다고 지적했다. 그럼, 집단주의는 왜 '이상사회'를 꿈꾸게 하는가. 집단주의적 계획은 특정한 목적들에 대해서는 더 높은 가치를 부여하고 강력하게 추진하면 달성이 가능한 부분이 있다. 계획 사회 덕택에 공급되는 좋은 것들이 분명 존재한다. 전체주의였던 독일과 이탈리아의 고급 자동차들이 그 예이다. 그러나 그것은 극단적인 기술 우위를 보이는 사례로서, 자원의 잘못된 배분의 예일 뿐이다. 만일 계획으로 다른 많은 것들을 동시에 달성 가능하다는 환상에 빠지면 이상사회에 대한 열광자들이 생기게 된다는 것이다.

집단주의 사회에서는 경제적 자유를 개인이 '경제적 문제에 신경 쓸 필요가 없게 되는 자유'를 말하지만, 진정한 경제적 자유는 개인이 필요한 선택을 시장에서 하게 하는 '경제활동의 자유'를 의미한다. 만약 경제적 평등을 위해 시장 대신 중앙에서 통제하는 경제를 택하면 결국 정치적 자유도 없어진다. 토크빌이 말했듯이 평등이 자유를 압도하는 형국이 된다. 그리고 민주주의는 하나의 수단이고 방법일 뿐이다. 그래서 집단적인 다수의 지배를 앞세운 민주주의는 오히려 독재에 가깝다. 독일의 나치 히틀러 정권과 공산주의 프롤레타리아 독재의 집단주의가 대표적인 예이다.

제11장

제도의 질과 균형 문제

» 착취 vs 포용

역사의 발전 요소에 가장 중요한 것은 인간이 만든 제도이다. 한 나라의 정치제도란 사회 구성원 간의 이해관계를 조정하고, 권력의 획득과 사용을 통해 사회적 자원을 배분하는 규범을 정한 것이다. 즉 정치의 본질은 권력과 자원의 분배에 있어서 누가, 무엇을, 언제, 어떻게, 왜 가지는가를 결정하고 조정하는 것이다. 이를 이분법적으로 말하면, 국가나 특정 집단이 권력과 부(富)를 대부분 장악하느냐, 아니면 이를 개인들에게 나눠주느냐의 문제로 귀결된다. 전체주의 공산주의는 당을 중심으로 특정 계급이 중앙집권적으로 국가를 운영하는 제도이고, 자유민주주의 시장경제는 국가의 개입을 가능하면 최소한으로 제한하면서 개인의 자유를 존중하는 제도이다.

2024년 노벨경제학상을 수상한 미국 경제학자 대런 애쓰모글루(Daron Acemoglu)와 제임스 A. 로빈슨(James A. Robinson)은 『국가는 왜 실패하는가』(Why Nations Fail, 2012)에서 국가의 성장 발전은 그 국가의 '제도', 특히 경제 제도의 질에 의해 결정된다고 설명하고 있다. '착취적 경제 제도'(Extractive Economic Institution)는 모든 계층의 소득과 부를 착취해 특수 계층의 배를 불리기 위해 고안된 제도를 말한다. 자원 몰수, 진입 장벽 설치, 시장 기능 억압 등의 방법으로 통제한다. 착취적 경제 제도는 착취적 정치제도에서 나온다. 소수 엘리트층이 권력을 휘두르고 경제 제도의 틀을 마음대로 짜고, 나머지 사회 구성원의 자원을 착취하도록 만든다. 반면, '포용적 경제 제도'(Inclusive Economic Institution)는 포용적 정치제도에서 가능하다. 권력을 사회 전반에 골고루 분배하고 서로 견제하는 다원적 정치제도는 포용적 경제 제도를 수반한다. 즉 사유재산이 보장되고, 법체계가 공평무사하게 시행되며, 새로운 기업의 자유로운 참여가 허용되고, 개인에게 직업 선택의 자유를 허용하며, 국가는 누구나 교환 및 계약이 가능한 공평한 환경을 보장하는 공공서비스를 제공하는 공권력을 갖춘 사회를 말한다.

그들은 착취적 경제 제도로 몰락을 가져온 역사적 사례로 소련의 붕괴를 예로 들고 있다. 소련이 한때 제국으로서 중공업 부문에 성장 가능했던 것은 노동과 자본을 한 부문에 집중했기 때문이다. 그리고 농업에서 공업으로 노동력을 강제적으로 재분배하는 의도적인 동원이 있었기에 가능했다. 그러나 점차 당료와 관료들이 지배적인 엘리트층으로 자리 잡아 갔고, 거기에다 공산당은 노멘클라투라(Nomenklatura)라는 특권층을 형성했다. 이들은 착취적 제도를 장악하고 있어 창조적 파괴를 두려워해 지속적인 성장은 원천적으로 불가능했다. 또, 착취적 제도 하에서는 권력 간의 다툼이 불가피하여 정치적 불안이 발전을 저해했다. 그리고 인민들은 불평등이 심해지면서 '혁명성'은 떨어지고, 따라서 동원력도 약해졌다. 그래서 1970년대로 접어들어 소련의 경제성장 엔진은 거의 멈춰 섰다.[1]

---

1) 대런 애쓰모글루, 제임스 A. 로빈슨(최완규 역), 『국가는 왜 실패하는가』, (서울: 시공사, 2012), p.193.

착취적 경제 제도에서 포용적 제도로 전환한 대표적 사례에는 중국이 있다. 중국 마오쩌둥의 사회주의 혁명은 성공했다. 그러나 이념의 틀에 갇혀 인민들의 사유재산을 인정해 주지 않자 경제적 효율성은 점점 떨어졌다. 그러자 대약진운동과 인민공사 설립을 시도했으나 실패했다. 이를 만회하기 위해 문화대혁명을 일으켰으나 이념이 현실의 벽을 넘을 수 없었다. 이는 공산주의 교조주의가 변화의 분기점에 다다랐다는 징조였다. 사상해방과 시장경제 요소 도입으로 포용적 경제 제도로 방향을 바꾼 덩샤오핑(鄧小平, 1904~1997)이 등장한 것이다. 덩샤오핑은 농민에게 경제적 인센티브를 제공하는 '농가책임제'를 시행했고, 국영기업에 자율성을 확대해 해외 투자를 유치할 수 있게 했다. 농민과 기업에 부분적인 자유를 부여한 것은 그동안 극도로 착취적인 제도에서 포용적 제도로 다가선 것이다. 덩샤오핑의 포용적 경제 제도는 점차 확대되어 오늘의 경제 대국인 중국을 있게 했다. 제도가 바뀌면 역사도 바뀐다. 그러나 공산당이 여전히 정치·경제 제도를 전반적으로 통제하고 있는 상황에서 한계는 있다. 즉 중국의 정치체제가 포용적이지 못한데 경제 제도만 포용적으로 바꾸어서는 한계가 있을 수 있다는 것이다.

북한은 노동당의 권력 독점으로 정치제도와 경제 제도가 지도층과 특정 계급을 위해 철저히 착취적으로 운영되고 있다. 거기다 북한 경제 대부분이 국유 또는 공유경제로 운영되고 있어 혁신과 창조적인 파괴가 일어나지 않는다. 그래서 발전이 어렵다. 그리고 북한 주민에게는 개인의 사유재산권이 인정되지 않고 경제활동이 자유롭지 못해 창의적이고 생산적이지 못하다. 최근 들어, 생존을 위해 '장마당'을 용인하고 있지만, 거주 이전의 자유마저도 없는 상황에 이를 포용적 경제라고 보기 어렵다. 북한의 정치제도와 그에 따른 경제 제도가 바뀌지 않고서는 구조적 경제난은 극복하기 어렵게 되어 있다.

» 리바이어던 vs 시민사회

국가 권력과 견제 세력의 존재와 균형이 체제 결정의 또 다른 변수가 된다. 토마스 홉스(Thomas Hobbes, 1588~1679)는 인간 세상을 '만인에 대한 만인의 투쟁'으로 상정하고, 인간은 사회계약을 통해 강력한 국가를 만들 필요가 있다고 했다. 그리고 그 국가 권력을 '리바이어던'(Leviathan)[2]이라고 했다. 즉 인간은 필연적인 비참한 전쟁 상태에서 스스로 벗어나기 위해서는 리바이어던을 두려워하게 해야 한다는 것이다. 그러나 국가는 야누스(Janus)의 얼굴을 하고 있다. 한쪽 얼굴은 홉스가 이야기하는 전쟁을 예방하고 국민을 보호하지만, 다른 쪽은 무서운 얼굴을 하고 시민들을 지배한다. 그리고 국가는 정치인, 관료, 경제 엘리트 등이 힘을 점차 확대하는 속성을 지니고 있고, 시간이 갈수록 강해지는 독재의 유전자를 지니고 있다. 그래서 이를 견제할 장치가 필요하다.

토크빌은 『미국의 민주주의』(Democracy in America, 1835, 1840)에서 시민사회의 적극적인 역할을 강조했다. 민주주의가 발전하면 모든 사람이 법적으로 평등해지면서 자기 사적인 이익에만 치중하여 개인주의에 빠지기 쉽게 되어 공동체 문제에는 무관심하게 된다고 주장하면서, 시민들이 자발적으로 결성한 시민사회가 민주주의의 건강을 지키는 핵심적 역할을 해야 한다고 주장했다. 시민사회는 국가의 권력을 견제하고 토론과 타협, 공공선을 배워가는 정치적 시민성 양성학교의 역할을 한다고 했다. 그는 미국 사회에 대해 이렇게 말한 바 있다. "세계에서 미국만큼 결사의 원칙(Principle of Association)을 서로 다른 여러 목적에 성공적으로 이용하거나 아낌없이 적용한 나라는 없다". 즉 미국의 결집된

---

2) 리바이어던(Leviathan)은 바다 괴물로서 성경 욥기 · 시편 · 이사야 등에 등장한다. 욥기 41장 24절에 "지상에 더 힘센 자가 없으니, 누가 그와 겨루랴"로 되어 있다.

사회가 국가 권력을 견제하면서 민주주의 국가를 만들어 간다는 평가이다.

시민사회는 시민들의 자발적인 참여로 감시와 토론을 통해 민주주의가 건전하게 작동하게 하는 필수적인 기반적 인프라다. 자율적으로 개인, 지식인, 종교인, 시민단체, 언론 등으로 구성된 '결집된 사회'(Organized Society)가 존재하고, 사회가 국가 권력과 균형을 이루어나갈 때 오히려 국가는 발전해 나간다고 했다.[3] 그렇지 않고 국가 권력이 사회의 힘에 비해 과도하면 전체주의 국가가 되고, 국가 권력이 약하고 사회의 힘이 과도하면 무정부 상태의 국가가 된다. 또한, 시민사회는 자유로운 토론, 결사, 자원봉사 등을 통해 책임감과 숙의의 능력을 길러 '시민적 덕성'(Civic Virtue)을 쌓게 하고, 이를 바탕으로 형성된 신뢰와 사회 규범이 민주주의의 지속성과 협력의 기반인 사회자본(Social Capital)이 된다. 나아가 시민사회는 다양한 언론 활동과 토론회 등을 제공해 사회문제를 해결하게 하는 '공론의 장'이기도 하다.

중국과 러시아는 전통적으로 국가라는 리바이어던만 있었지, 견제 세력인 결집된 사회가 존재하지 않았다. 그리고 지금도 없다. 중국은 기원전 8세기 춘추 시대에 공자와 순자와 같은 유교 사상가들이 나타나 덕(德)이 있는 자가 통치를 해야 한다고 했다. 이들의 사상은 군주가 덕으로 통치하면 국가와 사회에 별다른 문제가 일어나지 않는다고 믿었다. 그러나 기원전 5세기 전국 시대에 들어서면서 법가(法家)라는 정치 철학이 부상하면서 국가의 존재감이 나타나기 시작했다. 당시 대표적인 법가로서 상앙(商鞅)은 국가의 허약함으로 인한

---

3) 애쓰모글루와 로빈슨은 『좁은 회랑』(The Narrow Corridor, 2019)에서 국가 권력을 견제하는 세력을 '사회'라고 하고, 국가가 지속적으로 발전해 나가기 위해서는 권력을 견제할 사회가 균형을 잡아나가야 한다. 그 균형을 이루는 공간을 '회랑'(Corridor)이라고 하고, 회랑이 넓을수록 그 국가는 발전 여지는 크다고 했다.

혼란을 뼈저리게 느끼고 "백성들에게 가장 큰 혜택은 질서"라고 주장했다. 서양의 홉스보다 2천 년 전에 질서의 개념으로 국가의 필요성을 주장했다. 그 후 진시황의 재상이었던 이사(李斯)도 대표적인 법가로서 국가 조직을 정교한 계급 구조로 만들어 국가가 장악력을 발휘하도록 했다. 법제를 정비하고 도량형과 화폐를 통일하는 등 국가의 효율적인 통치를 위한 표준화를 기했다. 이들 법가의 사상은 결국 국가의 질서를 내세워 사회를 억압하는 형태로 나타났으며, 그 후 중국 사회를 지배하는 국가의 중요한 한 이념이 되어 왔다.

공산화된 중국은 유가와 법가의 사상을 공산주의 이데올로기로 대체해 오고 있다. 진나라 이후 중국 정치의 특색은 사회에 대한 국가의 압도적인 지배 체제였다. 공산주의 중국에서도 그 점에서는 바뀌지 않았다. 1949년 혁명에 성공한 마오쩌둥은 법가의 이론에 충실했다. 중앙집중적인 통치와 국가의 명령에 절대적으로 복종하게 하고, 엄격한 처벌과 감시를 통치의 기제(機制)로 삼았다. 다만, 실용주의와 사회적 안정과 조화를 중시하고, 지도자의 권력 자제와 개혁·개방으로 경제발전을 이룬 덩샤오핑 시대는 조금 다르긴 했지만, 국가는 여전히 리바이어던으로서 위상을 유지하고, 견제할 만한 사회는 존재하지 않는다.

러시아는 전통적으로 정치에 무관심하고 국가 권력에 대한 저항 의식이 별로 없다. 그것은 러시아의 사회 환경이 미친 영향이 크다. 혹독한 추운 겨울을 살아남아야 하는 생존 본능, 먹고사는 문제, 그리고 잦은 전장(戰場)에 끌려갈 불안감이 잠재해 왔다. 그래서 국가의 통치에 신경 쓸 겨를이 별로 없다. 1917년 러시아혁명으로 절대 왕조를 무너뜨려 혁명에 성공하는 과정에 일부 노동조합 등이 기여했으나, 이를 결집된 사회로 보기는 어렵다. 그 후 소련은 강력한 힘을 가진 리바이어던으로 존재했다. 그러다 1935년 고르바초프 집권 시기에 사회가 결집할 기회는 있었다. 그러나 공산당 내 강경파들의 반대와 언론과 시민사회가 미력하여 결집하지 못했다. 그 후 계속되는 러시아의 권위주의적인 통치하에서도 결집된 사회가 나타나기 쉽지 않은 풍토다.

제12장

사고와 인성 형성의 문제

» 이중적 사고

자유민주주의는 정보와 진실이 권력에 의해 통제되거나 왜곡되지 않고 개인 사고의 자유를 통해 진실에 이르는 체제다. 또한, 다양한 의견과 정보에 접근할 자유가 보장되어 개인이 사실을 검증하고 판단할 수 있고, 자기 생각과 가치를 자유롭게 표현할 수 있다. 그리고 언어는 의사소통과 토론의 수단으로 존재하며, 다양한 언어적 표현으로 풍자와 비판을 자유롭게 할 수 있다. 즉 사고와 표현의 자유가 보장되는 사회다. 나아가 언론, 시민단체, 학술, SNS 등 다양한 플랫폼으로 구성된 공론장이 형성되어 있어 여러 담론이 존재한다.

이에 반해 전체주의는 복종적 사고와 통제된 언어로 거인의 사고를 국가 목적에 맞게 동질화하려고 한다. 전체주의 사회에서 사고와 언어를 어떻게 통제하고 조작하는지에 대해 영국 작가 조지 오웰(George Orwell, 1903~1950)은 20세기 초 전체주의 독일 나치즘과 소련 공산주의를 비판한 우화 소설 『동물농장』(1945년)과 디스토피아 소설 『1984』(1949년)에서 묘사하고 있다. 먼저, 『동물농장』에서는 혁명과 유토피아는 결국은 권력의 탐욕과 자기기만으로 변질된다는 것을 풍자적으로 보여준다. 농장에서 지도자가 된 돼지들은 처음에는 "모든 동물은 평등하다"를 내세우지만, 시간이 지나 권력의 맛을 알아가면서 "하지만 어떤 동물들은 다른 동물보다 더 평등하다."라고 하면서 처음 주장을 번복한다. 이는 인간이 이상적인 상태를 추구하려고 하지만, 결국 현실은 이기심과 권력욕을 버릴 수 없는 인간의 이중성을 지적한다. 다른 동물들은 삶이 힘들어도 "그래도 전보다는 낫다."라고 믿으며, 현실을 합리화하고 체제에 순응하게 된다는 얘기다.

다른 소설 『1984』에서 오웰은 가상적인 지도자 '빅 브라더'(Big Brother)가 통치하는 국가에서 거짓과 진실이 구분하기 힘들고, 때로는 자신의 이성적 판단과 현실을 구분하기 힘든 혼란스러운 세상을 그려낸다. 이는 당과 정치 지도자에 의해 '이중사고'(Doublethink)를 강요받고 훈련되기 때문이다. 이중사고는 인간의 내면에 존재하는 모순되는 두 가지 생각을 동시에 진실로 받아들이고, 그것을 잊지 않는 능력을 말한다. 이는 단순한 거짓말이나 자기기만이 아니라, 스스로 모순을 인정하면서 동시에 그것이 옳다고 믿는 정신 상태다. 사람은 상반된 두 가지 신념을 동시에 간직할 수 있고, 그리고 그것들을 동시에 수용할 수 있는 능력이 있기 때문이다.

사고의 이중구조가 진실을 파괴하는 과정은 이렇다. 먼저 현실을 왜곡하여 객관적인 진실을 부정하게 만든다. 과거의 진실을 계속 수정하여 개인은 실제로 무슨 일이 진짜 있었는지 모르게 된다. 다음으로 자기기만을 강화하게 만든다. 이는 내적 정직성과 자기 인식의 붕괴를 초래하게 된다. 당국은 이중사고를 활용함으로써 현실 조작에 대한 인식이 지워지게 되는 과정을 끝없이 반복한다. 결국 사고의 이중구조는 인간의 진실성을 근본적으로 파괴한다. 이런 세상에서는 거짓이 진실보다 항상 한 걸음 앞서게 된다. 일반적으로 지식수준이나 이해도가 높을수록 망상의 수준이 높아 이중사고에 빠지기 쉽다.

소설에서 "전쟁은 평화다.", "자유는 예속이다.", "무지는 힘이다."와 같은 상반된 개념을 계속 주입한다. 이중사고를 강요당하게 되면 자기 감각, 이성, 양심을 의심하게 되고, 결국 자기 자신에게도 거짓말을 하게 된다. 도덕적 양심과 정직함이 사라지고 거짓에 익숙해진다. 진정으로 느끼는 감정인 분노, 사랑, 연대 의식을 억누르고 체제가 요구하는 감정을 연기(演技)하게 되는 무감각한 인간으로 된다. 마지막으로 옳고 그름을 분별하는 기준이 무너져 폭력과 불의도 당연하게 여긴다. 독립적인 자아가 사라지고 권력의 논리에 동조하게 된다.

그리고 이중사고가 습관화되면 허위의식이 만연하게 되어 불신 사회가 조성된다. 거짓을 일상화한다. 만약 모든 기록이 거짓말로 일관된다면, 그 거짓말은 진실로 자리 잡게 되는 것이다. 그래서 모든 역사는 필요하다면 얼마든지 깨끗이 지워지고 다시 쓸 수 있는 양피지와 같다고 했다. "과거를 지배하는 자는 미래를 지배하며 현재를 지배하는 자는 과거를 지배한다."라는 소설 속에 등장하는 슬로건은 과거는 언제든지 필요에 따라 변조될 수 있다는 것이다. 빅 브라더에 의해 잘못된 예언이나 통계수치가 모두 수정의 대상이다. 이러한 현상은 현재의 전체주의 국가들에서도 흔히 일어나고 있다. 나아가 이중사고는 단순히 개인의 사고만 왜곡하는 것이 아니라 인간관계도 부정적인 영향을 미치게 된다. 이중사고는 결국 진실성과 신뢰를 파괴하고 공감과 연대를 불가능하게 만들기 때문이다. 서로를 믿지 못하고 불신과 고립이 만연하는 사회가 된다. 집단적 저항과 연대가 불가능한 '개별화된 군중'(Atomized Masses)이 그 모습이다. 사람들은 서로를 감시하고 경계하면서 고립되면, 국가에 점점 더 의존하게 된다.

오웰이 이중사고로 인간 내면을 변형시켜 전체주의가 진실을 왜곡하고 조작한다는 데 대해 한나 아렌트는 공포와 선전을 통해 객관적인 현실을 무의미하게 만든다고 주장한다. 아렌트는 『전체주의의 기원』(The Origins of Totalitarianism, 1951)에서 현실이라는 외부 세계 자체를 변형하고 파괴하면 현실과 허구의 경계가 무너지고, 진실도 믿지 못하고 모든 것을 의심하거나 받아들이는 '도덕적 무관심' 상태가 된다고 한다. 결국은 비판하지 않고 복종하는 군중, 현실 감각을 잃은 인간 집단이 만들어진다. 오웰이나 아렌트 모두 인간의 사고는 '개조'될 수 있다고 보았지만, 오웰은 인간 내부의 심리적 갈등과 파괴에서 그 원인을 찾았고, 아렌트는 현실 왜곡과 무관심에서 찾았다.

그리고 오웰은 『1984』에서 전체주의는 이중사고에 더하여 이념에 근거한 신조어를 만들어 용어의 혼란을 초래하고, 이단적인 생각을 차단하면서 화자의 머릿속에 연상을 불러일으키는 '신어'(新語)를 사용하게 한다고 했다. 신어의 목적은 사고의 폭을 줄이는 데 있다. 이단적인 생각을 표현하는 방법을 원천적으로 차단해 버리기 때문이다. 진실을 왜곡하고, 거짓을 진실처럼 보이게 하고, 특정 단어를 없애거나 의미를 모호하게 만드는 등 언어를 통제하면서 사고를 통제한다. 용어 혼란 전술이기도 하다. 오웰은 『1984』 부록 〈신어의 원리〉에서 이렇게 설명한다. "생각할 수 없는 것은 말할 수 없으며, 말할 수 없는 것은 생각되지 않는다." 언어는 단순한 소통의 수단이 아니라, 사고의 틀로서 권력이 언어를 조작하면 인간의 내면도 지배할 수 있다는 것을 말한다.[4]

현존하는 전체주의 중국, 러시아, 북한과 같은 국가에서는 사고의 이중구조,

---

4) '언어가 사고를 지배한다'라는 언어결정론의 대표적인 언어학자는 에드워드 사피어(Edward Sapir)와 벤저민 리 워프(Benjamin Lee Whorf)이다. 인간은 자신이 사용하는 언어의 구조와 범주에 따라 세계를 인식하고 사고한다고 주장한다.

선전·선동에 의한 현실 왜곡, 그리고 용어 혼란 전술이 동시에 구사된다. 그런 상황이 지속되면 인민들은 표면적으로는 정부의 정책과 선전을 지지하지만, 속으로는 불신하거나 냉소를 보이게 된다. 사회주의 핵심 가치를 외우면서 실제로는 경제적 실리를 추구하거나 개인주의로 행동한다. 선전·선동은 사실과 허위를 뒤섞어 객관적 진실에 대한 감각을 흐리게 한다. 정부 정책이 왜곡되거나 과장되어 홍보되고, 불리한 정보는 철저히 은폐하기 때문에 사람들은 무엇이 진실인지 따지는 것을 포기하고 냉소와 무관심 상태로 빠진다. 그리고 민주, 자유, 평화, 인민 등 체제와 관련된 중요한 용어의 사용에서 기존의 의미를 변형시켜 체제의 정당성을 확보하려고 한다.

» 종속적 인성

인간이 정치·사회적으로 개인(Individual)이라는 인격체로 등장한 시기는 근대국가 들어서이다. 그 후부터 개인은 사유재산권이 인정되어 부르주아 시민계층인 중산층을 형성하면서 자유민주주의와 자본주의 이념이 본격적으로 발전해 왔다. 앞에서 살펴보았듯이 자유주의와 시장경제에서는 자유의 이념이 중요하고 개인의 존재에 큰 의미가 있다. 개인이 국가나 사회 공동체의 구성원이 되면 인정 욕구가 생긴다. 왜냐하면 인간은 사회적 동물로서 인간관계 속에서 살아가기 때문이다. 그리고 어느 공동체에서나 눈에 보이지 않는 평가가 피드백으로 돌아온다. 즉 자유주의 체제하의 개인은 이러한 욕구와 평가 과정에서 자기를 인식하게 되고, 사회가 요구하는 보편적인 덕목과 기준에 맞게 처신하려고 부단히 노력하게 된다. 이를 독일 철학자 헤겔은 '인정을 위한 투쟁'이라고 했다. 인간은 단순히 생물학적 존재를 넘어 '자기 인식'(Self-Consciousness)

을 얻기 위해 타인에게 인정받으려는 욕구가 있고, 타인으로부터의 '인정'을 통해 자기 자신을 '인식'하게 된다는 것이다.

마르크스는 헤겔의 이론을 발전시켜 인간 사회를 계급 사회로 인식하고, 노동자인 프롤레타리아 계급은 소외된 상태로 인간으로서 인정받지 못한다고 주장했다. 그래서 인정을 받는 상태로 회복하기 위해서는 투쟁을 벌여야 한다고 했다. 혁명에 성공한 공산주의는 더 이상 계급 간 불평등이 존재하지 않기 때문에 서로를 대등하게 인정하게 된다는 것이다. 즉 마르크스는 자본가와 노동자의 '계급 간의 인정과 인식'에 집착했다. 그러나 혁명으로 집권한 공산주의 정권은 모두 일당독재의 전체주의 속성을 보이게 되어 있다. 개인은 조직의 일부분에 지나지 않아 독립된 인격체가 못 될 뿐 아니라, 인간의 존엄성마저 짓밟는 사회이기 때문에 개인의 '자기 인정이나 인식' 과정이 없어진다. 마르크스는 계급 내의 구성원인 '개인의 인정과 인식'은 간과했다.

이런 공산주의 사회에서는 개인의 가치와 판단은 완전히 매몰되고 집단 이성만 존재하기 때문에, 개인 자신의 인격 또는 정체성을 중요하게 생각하지 않게 된다. 인간으로서 갖추어야 할 보편적인 인격 형성이 이뤄지지 않는다. 이는 전체주의 사회가 개인이 인정받기 위한 환경을 조성하지 않을 뿐 아니라, 개인도 그런 노력을 하지 않는 결과이다. 개인의 정체성 형성에서 종속성이 나타난다. 그리고 사회가 요구하는 최소한의 준법정신도 희박해진다. 전체주의에서는 법보다 당의 명령이나 권력에 복종하는 문화가 형성되어 있기 때문이다. 다시 말해, 인간의 심성은 체제 즉, 사회적 환경에 따라 다르게 형성된다.

체제가 인간의 '사회적 환경'으로서 심성에 영향을 미친다는 주장은 18세기 영국의 정치사상가 에드먼드 버크(Edmund Burke, 1729~1797)가 "보편적인 인간성은 원래 없고, 만들어지는 것이다."라고 원론적으로 말했다. 그리고 더 구체적으로 적시한 학자는 영국의 툴민 스미스(Tulmin Smith, 1816~1869)다. 그는 정치제도가 인간의 심성과 행동에 직접 영향을 미친다고 주장했다. 그에 의하면 중앙집권적인 정치체제는 인간의 정신적 부분을 퇴화시켜 개인을 이기적으로 만들어 시민으로서의 공적인 책임을 회피하게 만든다. 즉 정치체제가 인간의 심성에 영향을 미친다는 것이다.

현실에서 전체주의가 인간의 심성에 미치는 영향은 다양하게 나타난다. 첫째, 사상 · 종교 · 양심 등 인간의 영적인 자유가 없다. 그 자리에는 '이념'으로 채워진다. 당의 이념에 충성하도록 강요하고 세뇌하여 이념이 영혼을 대체하게 만든다. 영혼 없는 인간상이 나타난다. 둘째, 일상적인 공포 분위기와 감시 체계는 인간을 스스로 자기 검열하게 만들고, 타인을 배신하고 고발하게 하는 문화를 조장한다. 결과적으로 가족, 친구, 이웃 간의 신뢰를 파괴한다. '진실한 인간'으로 살기보다는 '살기 위해 잔인해져야 하는 인간'으로 변해간다. 인간의 기본적인 도덕 감각이 마비되는 현상이 일어난다. 중국 문화대혁명 때 홍위병들이 스승과 부모를 비판하고, 전통문화와 인간적 연민을 봉건의 잔재로 몰아 파괴했다. 셋째, 배급제로 인한 식량 통제와 강제 노동은 인간의 존엄성을 훼손한다. 공산주의 비효율성으로 인한 이상사회에 대한 꿈이 현실과의 거리를 크게 느낄수록 물질적 욕구에 더 집착하게 된다. 1970~80년대 소련에서 기본적인 식품인 빵과 우유를 사기 위해 몇 시간씩 줄을 서는 것이 일상이었다. 한 소련 주부는 일기장에 이렇게 썼다. "아침 5시에 내가 세 번씩 줄을 섰지만, 가게 문을 열고 한 시간 만에 '오늘 빵은 다 떨어졌다'라고 했다." 줄지어 서 있는 것을 보면 이유를 묻지 않고 일단 줄을 서야 했다. 넷째, 공산주의는 인간 사회를 양분하여 '계급'에 의한 투쟁과 혁명으로부터 출발하기 때문에 사회 구성원 간의 불신과 증오를 불러일으키고, 타인에 대한 기본적인 존중심

이 없어지게 만든다. 그리고 숙청과 강제수용소는 인간의 생명을 경시하는 풍
조까지 생기게 만든다. 결국, 인간으로서 갖추어야 할 영혼, 상호 신뢰, 도덕성,
존엄성, 상대에 대한 존경심, 인명 중시 등의 인성들이 희박하게 된다.

제13장

이념과 체제의 내구성 담론

» 이념 종언 논쟁

이념의 종언(終焉)에 대해 최초로 언급한 학자는 미국의 다니엘 벨(Daniel Bell)이다. 그는 『이데올로기의 종언』(The End of Ideology, 1960)에서 20세기 초반 마르크스주의와 파시즘 등 거대 이념은 제2차 세계대전과 냉전을 거치면서 현실적 설득력을 잃었다고 지적했다. 그래서 전후 서방 사회는 이념 대결보다 실용주의, 기술 관료주의, 정책 조정 중심의 사회로 변해간다고 예측했다. 이에 영향을 받은 프랜시스 후쿠야마(Francis Fukuyama, 1952~)는 20세기 말 냉전 종식이 가까워지고 동구권에서 시작한 공산주의의 몰락을 목도(目睹)하면서 1989년 여름 미국 외교 전문지 〈내셔널 인터레스트〉(The National Interest)에 발표한 논문 「역사의 종언?」(The End of History?)이 시대적 상황과 맞물려 큰 반향을 일으켰다. 그는 자유민주주의가 군주제나 파시즘, 그리고 공산주의와 같은 이데올로기를 종식하였다고 주장했다. 냉전 종식 이후의 세계질서를 예측하는 데 중요한 정치사적 담론을 던졌다. 그는 자유민주주의는 지난 수년 사이 세계적으로 정통성에 대한 공감대가 형성되어 왔고, 이를 대체할 대안적 이념이 더 이상 없어 자유민주주의가 종착역이 될 것이라고 했다.

그는 3년 후 『역사의 종말과 마지막 인간』(The End of History and the Last Man, 1992)에서 역사는 단순한 사건의 연속이 아니라 헤겔의 철학을 빌려 가장 이상적인 정치 · 사회 체제를 찾아가는 인류의 이념적 투쟁과 진화 과정이라고 설명했다. 그러면서 자유민주주의가 인간의 근본적인 욕구인 '인정'(Recognition)을 가장 잘 충족시키는 체제로서 이보다 더 진보된 이념적 대안이 없을 것이라고 주장했다. 한편, 그는 자유민주주의 사회에서 인간의 모든 기본적인 요구가 충족되면 인간은 정말 행복해진 것일까? 라는 질문을 던졌다. 이념적 종말을 맞아 안정을 되찾고 거기에 안주하는 '마지막 인간'은 안락함에 이상을 잃는다고 경고하면서, 인간의 도전과 의미 추구는 계속되어야 한다고 주장했다.[5]

일부 비평가들은 후쿠야마의 주장이 서구 중심적이며, 낙관주의적 역사 종결론이라고 비판했다. 사무엘 헌팅턴(Samuel Huntington, 1927~2008)은 『문명의 충돌과 세계질서의 재편』(Clash of Civilizations and the Remaking of World Order, 1996)에서 냉전 종식 이후에도 문화, 인종, 종교 간의 갈등과 테러리즘이 지속해서 발생하는 것은 자유민주주의가 궁극적인 체제가 아님을 보여주는 것이라고 주장했다. 그리고 중앙집권적인 중국의 놀라운 성장, 러시아의 권위주의적 통치의 부활은 후쿠야마 주장의 한계성을 보여준다고 했다. 민주주의 국가임을 자처하는 미국의 부시 대통령의 이라크 공격은 후쿠야마 이론에 비판을 가하는 빌미를 주었다. 그 후 후쿠야마는 다른 저작물에서 자유민주주의의 한계 등을 다루기도 하고, '역사의 종언' 주장이 과도하고 단정적인 전망을 했음을 인정했

---

5) 프랜시스 후쿠야마(이상훈 역), 『The End of History and the Last Man』(역사의 종말과 마지막 인간), (서울: 한마음사), 참고

다. 종언(終焉)의 개념은 역사가 끝난다는 뜻이 아니라, 더 이상 자유민주주의보다 우월하거나 설득력 있는 이념이 없으므로 '경쟁의 역사'가 끝났다는 의미라고 했다.

한편, 마르크스의 역사 발전관에서 자본주의는 결국 소멸하고 공산주의로 나아간다는 주장은 설득력이 있는가? 즉 "역사는 계급투쟁을 통해 필연적으로 공산주의가 된다."라는 결정론이 현실적인가? 그리고 그의 이론을 따른 레닌, 스탈린, 마오쩌둥이 현실 통치에서 종교적 확신에 가까운 신념으로 이상적인 공산주의에 도달할 수 있었는가? 역사는 비결정론적 요소가 있어 공산주의로 이행은 저절로 일어나지 않았다. 다니엘 벨의 '이념의 종언'이나 후쿠야마의 '역사의 종언'에서 한발 물러나듯, 자본주의가 사라지고 공산주의가 '최종 단계'라는 주장도 더 이상 설득력이 없게 되었다. 역사에는 '필연적 법칙'이 적용되지 않기 때문이다.

그렇다고 해서 공산주의 이념이 역사에서 완전히 사라진 것은 아니다. 중국, 베트남, 북한, 쿠바 등에서 보는 바와 같이 여전히 공산당 체제를 유지하면서 경제적 실용주의가 결합한 '혼합형 체제'가 계속되고 있다. 이는 공산주의 이념이 더 이상 현실적이지 못해 결국 변형이 일어나는 것이다. 그 변화의 형태에는 기존 국가가 급격히 무너져 정치 공백과 혼란이 동반되는 체제 붕괴(System Collapse)와 기존 국가의 형태와 권력 구조를 유지하면서 운영 체제를 바꾸는 체제 전환(System Transition)이 일어난다.

» 체제 붕괴

이념과 체제가 한 국가의 통치에 적합지 않으면 변화가 일어나는 것은 사필

귀정이다. 그런데 그 전환의 시기를 놓치면 체제의 붕괴가 일어난다. 과거 소련이 그랬다. 뒤에서 자세히 살펴보겠지만, 브레즈네프 집권 후반기인 1970년대 중반부터 1980년대 초반까지 소련은 계획경제의 비효율성과 독재정치로 침체기를 맞기 시작했다. 1985년 고르바초프 집권 이후 개혁·개방으로 돌파를 시도하였으나 공산당 내부와 사회의 비협조적인 분위기로 실패했다. 오히려 민족주의와 분리주의를 자극하여 혼란만 초래했다. 그러는 사이 체제 전환의 시기와 추동력을 잃었다. 1991년 8월 고르바초프 대통령을 감금하는 군부 쿠데타까지 일어났다. 그 사태로 인해 옐친 대통령이 등장하여 소련은 국가 해체의 길을 걸었다. 즉 소련이 러시아로 재탄생된 것은 체제의 전환이 아니라 체제 붕괴에 가깝다. 그 후 새롭게 수립된 러시아연방에서 정치와 경제 등 사회 모든 분야에서 체제 전환이 이뤄졌다. 다시 말해, 소련은 중국보다 10여 년 늦게 체제 전환의 상황을 맞았는데도 불구하고, 실기(失期)하여 결국 제국의 붕괴라는 큰 위기를 맞았다.

소련이 순조롭게 체제 전환을 하지 못하고 갑자기 몰락한 탓에 그 후 러시아의 체제 전환 과정에도 우여곡절이 있었다. 공산주의이면서 체제 전환을 비교적 적기에 한 중국의 체제 전환과 차이가 나타났다. 새롭게 출범한 러시아는 더 이상 공산당 일당독재가 아닌 다당제 의회민주주의 형태로 바뀌었고, 경제도 계획경제에서 시장경제로 전환했다. 정치와 경제의 '이중 전환'(Dual Transition)에서 오는 저항과 부작용이 컸다. 반면, 중국의 경우 정치체제에서는 공산주의 일당독재의 요소를 그대로 유지하면서 경제에서 자본주의 시장경제를 받아들였다. 즉 의도된 체제 전환을 이뤘다. 정치 개혁은 미뤄두고 경제개혁에 주력했다. 결과적으로 러시아와 중국이 체제 전환 이후 정치의 안정과 경제발전의 속도에서 차이가 나타나게 된다. 그러나 체제의 전환 과정에서 정치

개혁과 경제개혁의 우선순위와 완급을 달리한 것이, 장기적인 관점에서는 어떤 결과를 가져올지 현재로서는 판단하기 어렵다.

러시아가 소련 붕괴 이후 체제를 전환한 지 35년 가까이 되고 있지만 아직도 러시아의 경제개혁이 지지부진한 요인은 급진적인 체제 전환으로 인한 사유화 정책은 오히려 혼란을 가져왔고, 그 틈에 새로운 경제적 특권층인 올리가르흐(Oligarch)들이 형성되어 시장경제의 자율성을 저해하고 있다. 국가의 통제력이 약한 상태에서 체제 전환을 기하면 오히려 혼란과 어려움을 겪게 된다. 당시 러시아는 준비가 안 된 상태에서 정치적 민주주의를 위해 다원주의를 받아들여 경제개혁에 필요한 추동력을 잃게 된 셈이다. 공산주의 체제에서 체제 전환 과정에 초기에는 반드시 민주적일 필요가 없다는 지적이 일리가 있다.[6] 그리고 서구의 경제 제도를 도입하면 시간이 지나면서 개혁이 이뤄질 것이라고 믿었다. 그러나 공식적인 제도가 바뀌어도 70년 이상 장기간의 중앙 계획 경제와 배급제 등 사회주의에서 체득한 관습이나 관행이 쉽게 바뀌지 않는다. 제도는 단기간에 바꿀 수 있지만 사람은 쉽게 바뀌지 않는다. 모두 소련 붕괴와 러시아 체제 전환 역사의 시사점들이다.[7]

» 체제 전환

전체주의 체제가 온전히 작동할 때는 이념적인 정당성을 확보하고 완전히

---

6) Peter Nolan, 『China's Rise, Russia's Fall』, (London: Macmillar Press Ltd. 1995), 참고

7) 러시아는 공산주의 혁명(1917년)이 중국(1949년)보다 약 30년 전에 일어났다. 그리고 체제 전환 시기도 약 15년 늦었다. 즉 교조적 공산주의 체제의 기간이 중국보다 길었다. 그래서 시장경제로의 전환에 시간이 더 필요한 요인이 될 수 있다.

헤게모니를 장악하고 있어서 저항 세력이 없어 전환의 필요성을 느끼지 못한다. 그러나 체제가 정당성을 잃게 되고, 지도자에 대한 신뢰가 무너지면 이념을 흔드는 체제 전복 세력이 등장하게 된다. 극단적으로 군부의 동요와 민란이 일어나는 단계에 이르게 되면 체제 붕괴로 갈 수 있지만, 그 정도의 상황을 맞기 전에 정치·경제 질서의 대변화를 주동적으로 추진하는 체제 전환이 일어난다. 여기서 논하는 체제 전환은 공산주의 체제가 그동안의 한계성을 인정하고, 붕괴에 이르기 이전에 정치적 다원주의와 경제적 시장경제 요소를 받아들이는 것을 말한다.

이념은 절대불변이 아니라 국가가 처한 여건에 맞게 변하게 된다. 체제 전환의 역사를 뒤돌아보면 그중 가장 중요한 요인은 인민들의 삶을 지탱하게 하는 경제적인 문제였다. 즉 인간의 기본적인 욕구인 먹고사는 문제가 결정적인 요인이다. "배고픈 배는 귀가 없다."(An empty stomach has no ears)라는 속담이 말하듯, 기본적인 생존이 보장되지 않으면 이념이나 선전이 다 공허하게 들린다. 중앙계획경제의 비효율성과 폐쇄적 경제 운용, 제한된 자원으로 인한 만성적 공급 부족이 국민의 삶을 궁핍하게 만들고, 설상가상 글로벌시대 외부 세계 자유시장경제의 풍족함과 비교에서 오는 열등감이 체제 전환을 요구한다.

중국은 공산혁명 이후 마오쩌둥이 교조적 이념에 집착한 결과, 정치·경제적으로 한계성을 인정하고 위기 직전에 체제 전환을 꾀했다. 마오쩌둥의 대약진운동과 인민공사의 실패가 공산주의 노선과 계획경제의 한계를 명확한 현실로 나타내 보였다. 그러자 1970년대 중반부터 덩샤오핑의 용기와 지도력으로 경제 부문에서 획기적인 체제 전환이 이뤄졌다. 그러나 정치적으로는 여전히 일당 독재 체제가 유지되었다는 점에서 온전한 체제 전환이 이뤄졌다고 평가하기는 미흡하다. 그럼에도, 중국이 오늘날 경제 대국으로 성장할 수 있었던 것은 체제 전환

의 시기를 놓치지 않고 적기에 대처한 덕분이다. 베트남도 전쟁 이후 공산주의
로 통일을 이루었으나 중국의 선례를 답습하여 체제 전환을 해오고 있고, 쿠바
도 카스트로 이후 소극적이긴 하지만 체제에 변화를 기하고 있다.

제6부

탈이념의 체제 전환

제14장

소련 제국의 침체와 붕괴

» 브레즈네프의 아프칸 침공

소련이 스탈린 시대를 거치면서 제국으로서의 위력을 갖추었다. 스탈린 사후 흐루쇼프는 경제개혁과 농업 혁신 정책을 시도했으나 성과가 미미했고, 불안한 정치적 실험으로 인해 결국 실각하였다. 그러면서 1960년대 중반 이후 체제의 구조적 병폐가 누적되면서 점차 침체기에 접어들었다. 이후 브레즈네프(Leonid Brezhnev, 1906~1982)가 중심이 된 집단지도체제가 들어서면서 안정은 되찾았지만, 보수적이고 관료주의적인 체제로 굳어져 갔다. 즉 혁신과 개혁 의지가 사라지고 현상 유지를 우선하는 분위기가 지배적이었다. 이 시기 소련 경제는 공식적인 성장률은 높았지만, 실질적인 생산성과 효율성은 오히려 악화하였다. 겉보기는 석유와 가스의 수출에 의존하여 경제가 호전되는 것 같았으나, 계획경제의 경직성과 비효율성은 여전했다. 1960~70년대 식량 자급이 어려워져 1972년에는 미국으로부터 대규모 곡물을 수입하기도 했다. 1973년 1차 석유 파동으로 고유가 덕에 외환이 늘어났으나, 오히려 개혁을 늦추고 기존 체제를 고수하려는 경향이 나타났다. 이 브레즈네프 말기(1975년~1982년)를 가리켜 '소련의 침체기'라 부른다.

이 시기인 1979년 소련의 아프가니스탄 침공은 막대한 군사적, 경제적인 부담을 가져왔다. 그리고 외교적으로는 국제적 고립을 초래했다. 그래서 소련의 아프가니스탄 침공은 소련 체제의 몰락을 재촉한 중요한 원인으로 평가된다. 1978년 8월 이후 아프가니스탄에 공산주의 정권이 들어섰지만, 강압적인 토지개혁과 여성해방 운동 등에 대해 보수적 이슬람 인민들의 저항이 컸다. 정권 내부에서도 권력 투쟁이 일고 전국 각지에서는 반정부 무장봉기가 일어났다. 이에 소련공산당 브레즈네프 지도부는 아프가니스탄이 친(親) 서방화 되거나 이슬람 근본주의가 확산하는 것을 우려해 군사개입을 결정했다. 1979년 12월 소련군 약 8만 명이 아프가니스탄에 진입하여 당시 대통령 하피줄라 아민을 암살하고 친소련 성향의 바브라크 카르말을 새 국가주석으로 세웠다.

그러자 아프가니스탄 전역에서 이슬람 전사 무자헤딘 반군의 게릴라전이 격화되었다. 당시 무자헤딘 반군은 미국, 영국, 파키스탄, 사우디, 중국 등 서방과 이슬람권의 지원을 받고 있어서 소련은 예상외로 고전을 면치 못하였다. 10년간 긴 전투에서 소련군은 막대한 피해와 전비의 부담을 안게 되었다. 소련군 사망자가 1만 5천 명, 부상자 약 5만 명, 민간인 피해자 100만 명으로 추정되었다. 그러자 소련 내부에서도 전쟁에 대한 불만과 회의가 커져 고르바초프 집권 후 1986년부터 철군을 준비해 1989년 2월에 마지막 병력이 철수했다. 이 전쟁으로 이미 정체된 경제는 더욱 악화의 길로 들어서게 됐고, 과도한 군사비 지출로 미국과 기술 경쟁에서 뒤처지기 시작했다. 그리고 국제사회로부터는 '사회주의 제국주의'라는 비난을 받았다. 결국 아프가니스탄 전쟁은 '소련판 베트남전'이었으며, 냉전 종식의 결정적 사건으로써 1991년 소련 해체의 한 원인이었다.

» 고르바초프의 개혁·개방 정책

소련의 마지막 지도자 고르바초프(Mikhail Gorbachev, 1931~2022)는 허물어져 가는 소련 사회주의 체제를 레닌이 혁명 당시 의도했던 사회로 되돌려 보려고 노력했다. 그는 더 이상 소련을 '발달한 사회주의'로 규정하지 않았다.[1] 그런 고르바초프는 1985년 당 서기장이 되자마자 개혁(페레스트로이카)과 개방(글라스노스트) 정책을 선언했다. 페레스트로이카는 '구조조정'의 의미이며, 그 내용은 경제개혁이다. 침체한 계획경제의 생산성을 높이고 사회주의 경제를 효율적으로 만들기 위해 제한적인 시장 원리를 도입하는 것이 주된 내용이었다. 국영기업에 자율권을 확대하고 생산과 가격 결정에 더 많은 결정권을 갖게 했다. 소규모 민간사업과 자영업을 허용하였다. 합작 투자법을 제정해 외자 유치를 활성화하고 계획의 강제성을 완화하고 농업 분야의 개혁도 시도했다. 그러나 기존 관료 조직의 저항과 공급망 붕괴로 인한 물가 상승으로 경제는 더 악화하는 결과를 초래했다.

글라스노스트는 '공개성'의 의미이며, 그 주된 내용은 정치 개혁이다. 고르바초프는 민주적인 소련을 원했다. 사회주의 체제를 민주화하고 국민과 정부 간의 신뢰 회복을 기대했다. 금기시했던 서구 문화와 정보의 유입을 허용했다. 그리고 언론의 자유를 확대하여 비판적 논조를 허용하고, 과거 스탈린 시대의 범죄나 체제의 모순을 폭로하게 했다. 사상과 종교의 자유를 확대하고, 정치범을 석방했다. 의회 선거 제도를 도입하여 1989년 소련 인민대표자대회에서 사실상의 다원적 선거를 실행하기도 했다. 1990년에는 공산당의 절대적 역할

---

1) 로버트 스미스(김남섭 역), 앞의 책, p.699.

을 규정한 소련 헌법 제6조 "소련공산당만이 사회와 국가를 지도하며, 모든 정치·사회 조직은 당의 지도하에서 활동한다."를 폐기함으로써 공산당 일당독재를 부인하고 경쟁 정당들이 합법적으로 결성될 수 있는 환경을 만들었다.

외교적으로는 '신사고'로 대변될 정도로 외교 노선의 큰 변화가 있었다. 기존의 강경한 냉전적 대립 대신 평화공존과 군축을 추진하며 미국 레이건 대통령과 여러 차례 회담을 거쳐 핵무기 감축 조약인 START, INF를 체결했다. 한국의 노태우 정부의 북방 정책에 조응하여 88서울올림픽 참가와 양국 관계를 수교로 승화시켰다. 그리고 앞에서 살펴본 아프가니스탄에서 소련군의 철수에 이어 동유럽 위성국들에 더 이상 강제로 간섭하지 않겠다고 선언하면서 '브레즈네프 독트린'을 파기했다. 결과적으로는 동유럽 공산정권의 붕괴를 촉진하는 결과를 가져왔다.

고르바초프의 개혁·개방 정책과 신사고는 의도와는 달리 경제 혼란과 민심 이반을 가져왔다. 공산당 내부의 보수파와 급진파의 불만을 동시에 불러와 1991년 소련 체제 붕괴로 이어졌다. 고르바초프가 정치에서 견고한 체제를 유지하면서 시장경제를 지향했더라면 중국의 덩샤오핑과 같은 경제발전을 이루었을지도 모른다. 그러나 그는 경제개혁을 하면서 거의 동시에 정치 개혁을 추진하여 혼란이 가중되어 성공할 수 없었다. 공산주의 종주국 소련의 고르바초프의 자존심이 덩샤오핑 모델의 모방을 허락하지 않았던 것 같다. 사실 나중에 몇몇 소련 정치가들은 고르바초프의 실책을 두고 '중국의 길'을 따라야 했었다는 평가도 있었다. 그는 소련이 글라스노스트와 페레스트로이카로 개혁된 뒤에도 여전히 공산주의로 남을 수 있다고 믿었다. 그러기에는 개혁의 추동력은 없었고 민심은 멀리 떠나 있었다. 창문이 많아지면 벽은 무너지는 법이다. 그 당시 그의 인기는 바닥이었고, 심지어 반역자라는 소리를 듣기도 했다.

» 소련 해체, CIS 출범

　소련은 스탈린, 흐루쇼프, 브레즈네프 시대를 거치면서 서서히 생산수단의 공유화와 사회주의적 평등 이념에 기초한 분배 제도로는 경제적 번영을 가져올 수 없다는 자각이 일기 시작했다. 그 가장 근본적인 원인은 인간의 본성인 이기심을 간과하고 개인에게 동기 부여하는 것을 소홀히 했기 때문이다. 그래서 소련 경제는 시간이 지날수록 서구에 비해 뒤처지기 시작했다. 고르바초프의 역사적인 개혁 · 개방 정책은 앞에서 본 바와 같이 원래의 의도와는 달리 체제 붕괴의 길을 재촉했다. 한때 공산주의 종주국이자 세계 초강대국이었던 소련 제국이 쇠퇴의 길로 들어섰다.

　1990년 5월 보리스 옐친(Boris Yeltsin, 1931~2007)이 러시아 공화국(RSFSR)[2] 최고회의 의장으로 선출되면서 권력의 핵심부로 등장하더니, 1991년 6월 12일 러시아 역사상 최초의 대통령으로 선출되었다. 그러자 그해 8월 19일 부통령 겐나디 야나예프와 국방부 장관 등 보수 강경파로 구성된 '8인 위원회'가 헌정 중단과 고르바초프의 소련 대통령직 중단을 선포하는 쿠데타를 일으켰다. 이들은 '국가비상사태위원회'를 구성하여 고르바초프를 감금하고 권력을 장악하려 했지만, 옐친을 중심으로 하는 개혁 세력과 시민들의 강력한 저항에 부딪혀 3일 만에 실패로 끝났다. 쿠데타군이 국회의사당으로 진입하려고 하자 정부군의 탱크 위에 올라가 쿠데타 세력을 반헌법적 행위로 비난한 옐친의 연설 장면이 전 세계로 방송되기도 했다. 쿠데타 진압에 성공하자 개혁파에 속했던 옐친이 고르바초프를 이어 지도자로 급부상하게 되었다. 1991년 12월 옐친은

---

2) 소련 구성 공화국 중 하나인 '러시아 소비에트연방 사회주의 공화국'(Russian Soviet Federative Socialist Republic)을 말한다. 소련 공화국 중 가장 크고 중심적인 공화국이다.

벨라루스와 우크라이나 지도자와 함께 소련 해체를 선언하였다. 그 후 옐친은 새로운 독립 국가 러시아연방(Russian Federation) 대통령이 되었다.

소련 붕괴의 원인은 어디에 있었을까. 외부적인 요인으로 냉전체제에서 미국 레이건 행정부의 역할이 컸다고 보는 견해가 있다. 미국 측의 군사비 증강과 전략무기 고도화를 따라가기에는 소련의 국력이 감당할 수 없었다. 미 CIA 평가에 의하면 1980년대 소련의 군사비 비중이 GNP 대비 15~17%에 이르렀다. 이는 당시 미국 레이건 행정부의 GNP 대비 6%의 군사비와 비교해 높은 수준이었다. 그보다 근본적인 요인은 소련 공산주의 체제가 극복하지 못한 내부적인 문제들이 더 크게 작용했다는 주장이 설득력이 있다. 즉 계획경제에서 오는 비효율성, 당 간부와 관료들의 부패, 특권층 형성이 초래한 평등 사회에 대한 회의감, 고르바초프의 개혁·개방 정책으로 시민의 정치의식 향상, 그리고 서구사회의 가치와 선진 물질문명이 소련 현실과 비교되면서 문화적 자부심이 높은 러시아인들의 공산당에 대한 실망과 배신감 등이다. 거기에 발트 3국과 우크라이나 등에서 민족주의 부상과 독립 요구가 분출하면서 소련 해체를 가속했다.

소련 해체의 직접적인 책임이 당시 지도자인 고르바초프에게 있느냐, 아니면 옐친에게 있느냐를 떠나서 당시 소련의 국민과 공산당 지도자들은 힘겹게 거대한 소비에트연방을 계속 이끌어 가는 것보다 구성 공화국들을 독립시키고 중추적인 러시아 공화국이라도 온전히 재건시키는 것이 현명한 해결책이라고 생각한 집단지성이 작용한 결과였다. 소련 체제의 갑작스러운 붕괴는 누구도 예상치 못했고, 결과는 자국은 물론 세계질서에 큰 변화를 가져다준 역사적인 사건이었다. 그 후 옐친은 1991년 12월 8일 소비에트연방을 해체하는 대신 CIS(Commonwealth of Independent States, 독립국가연합)를 창설했다.

CIS는 15개 공화국 중 일부가 국가 연합 형태로 구성된 기구이다. CIS의 정회원국은 9개국(러시아, 벨라루스, 아르메니아, 아제르바이잔, 몰도바, 카자흐스탄, 우즈베키스탄, 키르기스스탄, 타지키스탄), 준회원국 1개국(투르크메니스탄)으로 구성되어 있다. 그외 참관국은 2개국(몽골, 아프가니스탄)이고, 처음부터 CIS에 참가하지 않은 국가는 발트 3국(리투아니아, 라트비아, 에스토니아)이다. 참가했다가 탈퇴한 국가는 2개국(조지아, 우크라이나)이다.[3]

CIS의 회원국은 정치적으로는 완전히 독립된 주권 국가로서 회원국의 상호 동등성을 보장하고 있다. 경제적으로는 자유로운 경제교류와 단일 화폐 사용 등 단일 경제권 형성을 장기적인 목표로 하고 있다. CIS의 가장 중요한 의미는 군사적 측면에서 찾을 수 있다. 단일 군 통수권에 의한 집단 안보 체제를 구축하는 것이다. 1992년 2월 14일 러시아 민스크에서 개최된 제3차 정상회담에서 8개국의 통합군 창설에 합의하였고, 1995년 2월 10일 카자흐스탄 알마아타 정상회담에서는 집단 안보 체제 구축에 합의했다. 그러나 CIS의 구성국 간 결속력이 떨어져 2015년 1월 친러시아인 벨라루스, 카자흐스탄, 아르메니아, 키르기스스탄 등 5개국의 정회원국과 몰도바, 우즈베키스탄, 쿠바 등 3개국 참관국으로 구성된 '유라시아경제연합'(EAEU)을 출범시켰다. 그러나 러시아 중심 체제로 구성되어 있고, 회원국의 정치적 불안 요소와 회원국 간 경제 격차가 심해 러시아가 서방 제재를 우회하는 경제적 완충지대의 역할에 머물 것으로 보인다.

---

3) 조지아는 2008년 러시아와 남오세티야 전쟁 이후, 우크라이나는 2014년 러시아의 크림반도 합병 이후 탈퇴했다.

제15장

동유럽의 자유화와 체제 전환

» 동구권의 변화 바람

소련 위성국가의 이탈

1989년부터 동유럽 여러 나라들이 약속이나 한 듯이 짧은 기간에 일제히 체제 변화가 일어났다. 나라마다 다른 이유가 있지만 몇 가지 공통점이 있었다. 첫째, 소련의 쇠퇴와 통제 약화다. 소련 위성국인 동구 공산주의 국가들은 소련의 군사적, 정치적 지원으로 유지되어 왔다. 소련 침체의 영향이 위성국에도 영향을 미쳤다. 그리고 고르바초프가 개혁·개방 정책을 추진하면서 이들 나라에 대한 무력 개입 등 일체 간섭을 거부했다. 실제로 1989년 폴란드, 체코슬로바키아, 헝가리에서 민중운동이 확산될 때 소련이 개입하지 않았다. 둘째, 심각한 경제 침체다. 1970~80년대 동구권도 국가 주도의 경제체제, 그로 인한 기술 혁신 부재로 침체기에 접어들었다. 특히, 폴란드와 헝가리에서는 만성적인 식량 부족과 소비재 결핍으로 국민의 불만이 파업과 저항 운동으로 이어졌다. 사회주의가 더 이상의 미래가 아니라는 인식이 확산하였다. 셋째, 시민사회의 성장이다. 1970년 이후 서서히 성장해 온 지식인, 노동자 중심의 반체제 운동이 일어나기 시작했다. 폴란드의 자유노조와 체코슬로바키아의 시민 운동이 대표적이다. 그들은 사회주의 체제의 정당성을 크게 흔들어 놓았다. 넷째, 정보화시대에 서구 문명의 영향이다. 1980년대 들어 위성방송과 해외 여행자를 통한 인접한 서구의 높은 생활 수준과 자유로운 문화가 알려지면서 사회주의 체제에 대한 불만이 커졌다. 마지막으로 도미노 현상이다. 대부분 체제 내부에서 불만이 임계점에 이르고 있는데, 한 나라가 넘어지면서 그 영향이 이웃 나라에 연쇄적으로 일어났다.

폴란드는 1989년 6월 총선에서 자유노조가 압승하면서 공산당 일당독재가 와해 되었다. 동유럽 최초의 비공산 정권이 출범했다. 헝가리는 1989년 10월 헌법 개정으로 사회주의 체제를 공식적으로 폐지하면서 공산당이 해체되었다. 체코슬로바키아는 1989년 11월 프라하에서 학생 시위로 시작되었으나, '차터 77' 시민 운동이 주도하면서 대규모로 시위가 확산하여 공산당 정권이 무너졌다. 불가리아는 1989년 11월 소피아에서 반정부 시위가 확산하여 공산당 서기장이 물러나고 새 지도부가 개혁을 약속하며 공산당 체제가 점진적으로 해체됐다. 루마니아는 동구권에서 유일하게 폭력적인 방법으로 전환이 일어났다. 1989년 12월 시위가 전국적으로 확산하자 차우세스쿠 정권이 무력 진압을 시도했다. 그러나 군대가 오히려 시민 편에 서서 차우셰스쿠 부부를 체포하여 처형했다. 발트 3국인 라트비아, 리투아니아, 에스토니아는 강한 민족정체성을 내세우며 1989년 시민 2백만 명 이상이 손에 손을 잡고 600㎞ 인간 띠 '발트의 길'(The Baltic Way)을 형성하는 등 자결권을 요구하며 저항하다 1991년 독립을 쟁취했다.

베를린 장벽 붕괴

베를린은 제2차 세계대전 후 미국, 영국, 프랑스, 소련이 1945년부터 분할 점령하였다. 그러다 1948년 소련이 서베를린을 봉쇄하는 등 대립이 격화되면서 동서로 분단되었다. 그리고 독일은 1949년 서독 연방공화국과 동독 인민 공화국으로 갈라졌다. 동독과 동베를린은 공산주의 소련의 통치를 받았다. 정치적 자유가 전혀 없어 선거를 통한 정권 교체나 자유로운 언론과 집회가 보장되지 않았다. 또한, 계획경제로 인해 소비재, 주거 환경, 임금 등에서 서독에 비교가 되지 않을 정도로 열악했다. 당시 동독 국민의 소득 수준은 서독의 1/3 수준이었다. 또한, 동독에서는 교육, 직업 선택의 자유도 없었다. 국가가 배정하는 대로 기약 없는 삶을 살아가야 했다. 동서고금을 막론하고 삶의 질의 차이는 인구 이동의 요인이다. 그러자 1961년 동독 정부는 자국민 20~30만 명이 매년 서독으로의 망명길을 막기 위해 콘크리트로 베를린 장벽을 세우고 이를 '반파시스트 보호 장벽'이라 불렀다. 이 장벽은 냉전의 상징물이 되었고, 동서독의 분단은 고착되었다.

1980년대 접어들면서 장벽의 붕괴 조짐이 나타나기 시작했다. 1985년 소련 고르바초프 등장으로 유럽 공산국가에서도 민주화와 경제개혁을 요구하는 시민 운동이 일기 시작했다. 1989년 10월 라이프치히 등에서는 대규모 민주화 시위가 벌어졌고, 헝가리가 국경을 개방하자 동독인들이 헝가리를 통해 서독으로 탈출하기 시작했다. 동독 정권의 지지 기반이 흔들리기 시작했으나 고르바초프 소련은 개입하지 않았다. 1989년 11월 9일 동독 정부가 여행 제한 완화 방침을 발표하자, 동독 시민들은 이를 국경 개방으로 오해하고 베를린 장벽 검문소마다 시민들이 몰려들어 "문을 열어라"라고 외쳤다. 경비병들은 무력 진압 명령을 받지 못해 장벽의 문을 열어줬다. 그러자 수많은 동베를린 시민이 서베를린으로 넘어가고, 일부 시민들은 장벽을 허물기 시작했다. 이는 동유럽 민주화의 가장 극적인 순간이었고, 이후 동구권 변화는 가속되었다.

이 사건은 냉전체제 종식의 상징이 되었다. '철의 장막'(Iron Curtain)을 사이에 두고 자유민주주의 시장경제와 사회주의 계획경제의 체제 경쟁의 끝이 보였다. 장벽이 무너지고 약 1년 뒤인 1990년 10월 독일이 통일되었다. 독일인들에게는 민족 통합의 역사적인 날이었지만, 그 직후 연쇄적으로 동유럽 공산권이 붕괴하고 1991년 소련도 해체되었다. 이념 대립의 냉전 시대는 끝나갔다. 장벽 붕괴 이후부터 미국을 중심으로 하는 자유주의적 국제질서가 확산하고, 세계화가 급속히 진행되었다. 민주주의와 시장경제, 그리고 자유무역 확대가 본격화했다.

» 폴란드, 체코, 헝가리의 체제 전환

1989년을 기점으로 동구 국가들은 연쇄적으로 체제 전환의 길을 걸었다. 그중 성공한 대표적인 국가로 폴란드, 체코, 헝가리를 들 수 있다. 폴란드는 동구권에서 가장 먼저 변화의 바람이 불었던 나라였다. 1980년 레흐 바웬사(Lech Walesa, 1943~)가 이끄는 그단스크 조선소의 '폴란드 자유노조 연대'가 정당으로 결성되면서 공산당 정권에 대항한 강력한 구심점이 되었다. 처음에는 주로 지하에서 활동하면서 민주화 운동을 이끌었다. 그러자 공산당 정부는 노조, 교회, 지식인 대표들과 '원탁회의'를 개최하여 정치적 다원주의와 복수 노조 허용, 자유선거 등에 합의했다. 1989년 원탁회의 결과에 따라 자유 총선거에서 노조인 '연대'(Solidarity)가 압도적인 승리를 거두어 동유럽 최초의 비공산 정권이 수립되었다. 이듬해 1990년 12월 바웬사가 대통령으로 선출되면서 탈사회주의화가 급속히 진행되었다. 경제개혁에서는 경제 쇼크 요법인 '발체로비치 플랜'을 통해 시장경제로 전환했다. 기업의 민영화, 무역 자유화, 자본 시장 도입, 재정 적자 축소, 통화 가치 안정화 등을 이뤄 나갔다. 초기에는 물가 상승 등 어려움을 겪었지만, 전면적인 경제 개방과 적극적인 해외 투자 유치로 동구권 국가 중 가장 성공적인 체제 전환 사례로 평가받았다.

체코슬로바키아는 소위 '벨벳 혁명'이라는 비폭력적인 방식으로 체제 전환을 이뤘다. 1968년 '프라하의 봄' 민주화 운동이 소련의 개입으로 실패로 돌아간 아픈 역사가 있었지만, 민주화 운동의 밑거름이 되었다. 이후 벨벳 혁명은 1989년 11월 17일 최초의 학생 시위가 경찰에 의해 진압되었지만, 연극인 바츨라프 하벨(Vaclav Havel)의 시민포럼이 이끌면서 대규모 시위로 변했다. 시위는 비폭력적이었고, 민중의 압력이 심해지자 공산당은 권력을 포기했다. 1989년 12월 비공산계가 다수를 차지하는 임시정부가 수립되고, 하벨이 대통령으로 취임했다. 1990년 총선에서도 시민포럼이 승리하여 체제 전환이 본격화 되었다. 그리고 1993년 역사적, 문화적 이유로 체코와 슬로바키아가 각각 독립 국가로 분리되었다. 체코는 초기부터 가격 및 무역 자유화, 국영기업 및 농장의 사유화 등을 통해 경제개혁에 집중하여 성공적인 시장경제로 체제 전환을 이뤘다.

헝가리는 비교적 점진적인 개혁을 통해 체제 전환이 이뤄졌다. 1980년 후반 경제위기가 심화하면서 공산당 내 개혁파가 힘을 얻기 시작했다. 1989년 1월 의회가 자유연대법을 통과시켜 정당 수립과 활동이 허용되었고, 2월에는 공산당 중앙위원회가 다당제를 결의했다. 그해 6월 개혁파가 권력을 장악하고 자유선거를 위한 협상을 통해 체제 전환을 이뤘으며, 1939년 10월 헝가리 인민공화국이 해체되고 헝가리 공화국이 수립되었다. 경제개혁은 1968년부터 제

한적인 시장경제 요소를 도입하고 1989년 국영기업 민영화, 외국인 투자 유
치, 가격 자유화 등 시장개혁을 꾸준히 추진했다. 이들 3개국 이외 동구권 국
가들도 하나둘 현실을 직시하고 개혁으로 공산주의 체제에서 벗어나 민주주
의와 시장경제 체제로 전환했다.

제16장

중국의 제한적 체제 전환

» 사회주의와 시장경제의 동거

덩샤오핑의 용단

세상은 변하게 되어 있다는 평범한 진리를 중국 덩샤오핑을 통해 확인할 수 있다. 중국도 혁명 이후 얼마 동안은 공산주의 체제가 순조롭게 진행되는 것 같았다. 그러나 신중국을 출범시킨 이후 20년 정도 지나면서 공산주의 사회 건설을 위한 집단주의에 한계가 나타나기 시작했다. 공산주의를 채택한 소련, 북한도 '혁명성'의 유효기간은 20~30년 정도였다. 이때가 되면 이념과 현실의 괴리가 나타나기 시작한다. 중국도 공업 부문과 농업 부문 할 것 없이 비효율 성이 나타나기 시작했다.

중국 고사에 "백성은 먹는 것을 하늘처럼 여긴다"(民以食爲天)라는 말이 있 듯이 예나 지금이나 먹고사는 문제가 제일 중요하다. 그렇지 못하면 생존을 위 한 현재의 문제가 미래의 이상사회보다 절실해진다. 중국의 교조적인 공산주 의가 문화대혁명의 실패로 끝나면서 물극필반(物極必反)이 일어났다. 이때 용 감한 지도자 덩샤오핑이 등장하여 마오쩌둥의 공산주의 노선에 과감한 수정을 가했다. 덩샤오핑의 '흑묘백묘'(黑猫白猫)론은 이념의 굴레에서 벗어나자는 실용주의였다.

그는 문화대혁명 때 류사오치와 함께 반혁명분자 주자파(走資派)로 몰려 힘든 시기를 거쳤으나 저우언라이 도움으로 살아남은 것은 중국의 국운(國運)이었다. 중국공산당 혁명 세대인 그가 "가난은 사회주의가 아니다"(Poverty is not Socialism)라는 신념을 갖고 인민들을 사상으로부터 해방시키고, 대신 그 자리에 꿈과 비전을 심었다. '사상해방'을 기치로 한 이념적 유연성과 정치적 모호성은 '실사구시'(實事求是) 정신에 바탕을 둔 개혁개방정책으로 나타났다.

이전까지의 중국의 계획경제는 계획 입안자의 인위적인 판단이 개입하여 적재적소의 배분을 힘들게 하고, 정부의 보조금 지원은 혁신의 결핍과 초과 고용으로 생산성 저하와 경제 침체를 초래했다. 이러한 현상은 계급 없는 사회가 아니라 오히려 계급화를 심화시킬 수 있고, 가격에 의한 배분이 아닌 정부 관리에 의한 인위적 배분으로 인해 결국 부정부패를 초래하게 된다는 문제의식이 과감한 사고의 전환을 하게 한 것이다.

그의 유연한 사고는 1975년 9월 26일 경제발전을 위해 〈우선순위를 과학과 연구개발에 둬야 한다〉라는 발표문에서 과학기술, 노동력의 전문성, 개인 창의력의 중요성을 강조하는 데서 나타났다. 여기서 그는 개인의 창의력을 중요시했고, 전문적 능력이 정치적·이념적 고려를 넘어서야 한다는 과감한 사고의 전환을 의미했다. 또한, 그는 지식인도 노동자 계급에 속한다는 주장과 천안문 사태 이후 해외로 망명한 지식인들에게 과거를 불문하고 국내로 돌아올 것을 독려하는 등 국가 발전을 위해 이념보다 실질을 중시했다.

그의 개혁·개방(Reform and Opening Up) 정책은 1978년 12월 제11기 중앙위

원회 제3차 전체 회의에서 농업 · 공업 · 국방 · 과학기술의 '4대 근대화'[4] 노선으로 공식화되었다. 즉 4대 분야 근대화는 목표이고, 개혁 · 개방 정책은 목표 달성을 위한 접근 방법이다. 사회주의 현대화 계획에 개인의 창의성과 새로운 사고를 추가한 것이다. 정책 노선의 핵심은 인민들에게 인센티브를 부여하여 경제를 활성화하는 시장경제 요소 도입에 있었다. 이를 키신저는 『Henry Kissinger On China, 2011』에서 덩샤오핑의 조치를 '내재적 침체'(Built-in Stagnation) 요인을 극복하는 데 큰 역할을 했다고 평가했다. 계획경제의 한계를 제대로 인식하고 적절히 대처했다는 의미로 해석된다.

작은 거인의 유산

1978년 개혁 · 개방이 시작된 이후 약 30년간 중국 경제는 매년 10%대의 성장률을 보였다. 1980년 IMF, World Bank 가입으로 세계 경제 질서에 뛰어들자, 외국자본이 본격적으로 유입되어 고도의 성장을 이룰 수 있었다. 농업 분야 개혁은 인민공사를 해체하고 '농업생산 책임제'를 도입하여 농민들에게 생산량의 일정 부분을 자율적으로 처분할 수 있게 했다. 1978~1984년 기간 농업 생산성은 비약적으로 발전해 농민들의 소득 수준이 2배로 늘어나 식량문제를 해결하는 데 크게 기여했다. 산업 분야는 시장경제 원리를 과감하게 도입하여 민간경제의 성장을 이끌었다. 1987년에 이미 중국 GDP의 50%가 시장경제에 의존할 정도였다. 점차 인민들은 덩샤오핑의 '중국특색 사회주의'에 자신을 갖게 되었고, 당과 정부에 대한 신뢰가 쌓여갔다.

그리고 경제특구를 설치하여 외국인 투자와 기술 도입을 적극적으로 유치

---

4) '4대 근대화'는 이미 저우언라이(周恩來)가 1964년에 제안했지만, 문화대혁명으로 실행되지 못했다.

했다. 이는 중국이 세계 경제에 편입하고 현대적인 산업 기반을 구축하는 데 결정적인 역할을 했다. 중국의 동쪽 연안 도시인 심천(深圳), 상해(上海), 천진(天津)을 중심으로 신흥 산업 도시가 우후죽순으로 생겨났다. 비록 시장경제 도입으로 폭발적인 경제성장에서 나타나는 빈부 격차의 문제가 있긴 하지만, 오늘날 중국이 세계 두 번째의 경제력과 세계 최대 외환 보유국으로 성장하게 된 것은 덩샤오핑의 통찰력과 용기, 그리고 집념의 결과이다. 오늘 중국의 국력과 경제력은 그의 유산(Legacy)이라고 해도 과언이 아니다.

정치 · 사회적으로도 큰 업적을 남겼다. 앞에서도 언급했듯이 마오쩌둥의 문화대혁명 과오를 소위 '공칠과삼'(功七過三)으로 평가하여, 그의 평생 업적을 인정하면서 시대의 오류를 바로잡아 혼란에 빠졌던 중국 사회를 안정시켰다. 외교적으로는 홍콩과 마카오의 주권 반환 협상에서 '일국양제'(一國兩制)의 원칙을 제시하여 서구 자본주의 체제를 유지하면서 중국의 주권을 확보하였다. 그러나 덩샤오핑에게도 '옥에 티'는 있었다. 1989년 천안문 사태를 무력으로 진압한 사실이다. 그것은 중국의 경제적 자유와 국가 발전에도 불구하고, 정치적으로 서구의 다원주의적 민주주의로 가지는 않겠다는 의지를 보여준 것이다.

88세의 고령인 1992년, 그는 공식직함도 없이 남부 경제특구인 심천(深圳), 주해(珠海), 광주(廣州)를 방문하여 "개혁을 멈추면 길이 없다. 다시 논쟁하지 말고, 발전부터 하자."라고 하면서 '남순강화'(南巡講話)로 중국의 변함없는 사회주의 시장경제 원칙을 재확인했다. 덩샤오핑은 공산혁명의 주도 세력답게 평소 중국의 사회주의적 민주주의는 서구의 다원주의와는 다르고, 중국에서의 서구 정치 원리는 혼란을 양산하여 발전을 좌절시킬 것으로 믿고 있었다. 그 이후 지금까지도 중국은 개인의 자유에 기반한 민주주의 정치 개혁은 뒤로 미루고, 경제발전을 우선하는 전략을 유지해 오고 있다.

제7부

포스트 공산주의 국가의 변신

제17장

러시아연방 출범

» 과도기의 정치 혼란

'검은 10월' 사태와 옐친

소련 시기에는 실권이 사실상 공산당 서기장에게 있고, 당이 입법부와 행정부 등 모든 국가 기구를 통제하는 전형적인 '당-국가체제'이었다. 그러나 소련이 해체되면서 다당제가 도입되자 공산당의 위력이 현저히 약화하였다. 이러한 변화 과정에 새로 출범하는 러시아는 권력 구조 개편에 들어갔다. 1991년 6월 러시아연방의 초대 민선 대통령으로 선출된 옐친은 대통령의 권한을 강화하는 헌법 제정을 원했으나, 의회격인 최고회의가 반대하면서 대통령과 의회 간의 갈등이 시작됐다. 1991년 12월 26일 소련의 공식적 붕괴 시점에 옐친 지지율이 70%를 상회하여 의회를 통제할 수 있었으나, 1992년 경제 자유화 조치로 물가 폭등과 자산 손실, 사회간접자본의 올리가르히로 이전 등으로 경제적 대혼란이 일어 민심은 멀어져갔다. 1917년 10월 혁명 직전 러시아 제정(帝政)이 무너졌을 때 시민들이 빵을 구하기 위해 줄을 서야 했던 고단한 삶이 소련 제국(帝國)이 무너질 이때 재현되었다.

러시아 최고회의는 1992년 8월부터 옐친과 협력 관계를 중단하고 대립하는 관계로 돌아섰다. 그래서 헌법 개정과 정치 개혁을 단행하기로 한 옐친은 당시 헌법상 국가기관 해산 권한이 없는데도 불구하고, 1993년 9월 21일 최고회의를 해산하고 12월에 입법부를 새로 구성하겠다고 발표했다. 사실상 최고회의에 대한 선전포고나 다름없는 선언이 나오자, 최고회의 의장은 9월 21일 밤 긴급회의를 소집해 옐친 대통령 탄핵을 시도했다. 이 정치적 혼란은 단순한 권력 투쟁을 넘어 향후 러시아의 권력 구조에 대한 갈등이었다. 즉 대통령 중심제인가, 아니면 의회 중심제인가에 대한 충돌이었다.

최고회의를 지지하는 시민들이 국회의사당으로 몰려들기 시작했고, 시위가 과격해지자 옐친 대통령은 내무부 군대를 동원해 의사당을 봉쇄하고 전기와 수도 공급을 중단시켰다. 10월 3일 시위대의 규모가 커지면서 시청으로까지 진격하는 시위대를 향해 발포가 시작되었다. 이렇게 되자 더 이상 협상이 불가능한 상황에 이르렀다. 오후 4시 옐친은 비상사태를 선포하고 모스크바 외곽에 주둔하고 있는 전차사단 등 군병력 1,400여 명을 동원, 10월 4일 새벽 4시에 국회의사당을 포위하기 시작했다. 오전 8시에 장갑차와 군병력이 농성 중인 의사당을 향해 소총과 기관총을 사격하기 시작했고, 9시 20분에 T-80 탱크의 포격이 시작됐다. 의회 흰 건물 일부는 검게 불탔다. 오후 1시 정부군이 의사당 안으로 진격하자 시위대는 정부군에 투항하기 시작했다. 최고회의 측도 계속 저항할 경우, 대규모 희생자가 나올 것을 우려해 결국 물러났다. 피해 규모는 사망 147명과 부상자 437명으로 집계되었다. 이를 러시아인들은 '검은 10월'이라 불렀다.[1]

---

1) '검은 10월'은 당시 러시아 젊은이들 사이에 암울한 시대적 아픔을 노래한 유행가의 주제이기도

그러자 옐친은 소련공산당 잔재인 최고회의를 해산하고, 1993년 12월 총선을 통해 새로운 서구 민주주의 형태인 러시아 입법부인 상원 '연방 평의회'(Council of Federation)와 하원 '국가 두마'(State Duma)를 출범시켰다. 또한, 12월 국민투표를 통해 새로운 헌법을 채택하여 종전의 소련식 통치 체제에서 완전히 탈피하여 새로운 국가의 권력 구조를 갖추게 되었다. 소련 붕괴 후 러시아 연방으로 체제 전환에 2년이 걸렸다.

국제사회는 옐친이 최고회의를 제압하고 새로운 정치체제를 수립한 데 대해 지지를 보냈다. 당시 최고회의는 구체제로 회귀를 도모했고, 특히 대외정책에서 크림반도의 할양이 무효라고 선언하고 세바스토폴의 영유권이 러시아에 있다고 주장할 만큼 주변국들에 패권주의적 노선을 견지했기 때문이다. 한편, 옐친도 옛 소련에서 독립한 국가들과는 마찰을 피하고 원만한 관계를 유지하려 했다. 그러나 옐친의 정치 세력도 경제난 등으로 1993년과 1995년 총선에서 패배하면서 쇠퇴하기 시작했다. 특히 1998년 제1차 체첸 전쟁 패배와 계속되는 경제위기로 국가가 혼란 상태에 빠지자, 의회가 또 옐친 탄핵을 추진했으나 간신히 부결되었다.

옐친은 집권 이후 개혁과 변화 못지않게 무리한 권력욕도 품었다. 자신의 재선을 위해 선거자금을 약속한 인맥에게 국영기업들의 민영화 과정을 통해 헐값에 넘겼다. 민영화 과정은 주식 담보대출 방식으로 국유기업의 지분을 은행 대출용 담보로 제공하여 국가의 재정 적자를 메우는 식으로 활용됐다. 만일 대출이 상환되지 않으면 은행들은 그 주식을 팔 권리를 가지게 되어 있었다. 정부는 사실 대출을 갚을 의도도 능력도 없었다. 1995년 들어 석유, 천연가스, 광물

했다. 러시아 Radio Tapok의 '검은 10월'(1993), 데데테의 '정의에는 정의로'(1994), 그라지단스카야 오보로나의 '승리'(1997) 등이 대표적이다.

등 천연자원의 상당 부분이 결국 경매에 넘어가 당시 은행 소우자였던 올리가르흐들 손에 많이 넘어갔다. 민영화 작업의 결과는 거대 신흥재벌을 탄생시켰다.

당시 대표적인 신흥재벌은 베레좁스키(Boris Berezovsky), 구신스키(Vladimir Gusinsky), 포타닌(Vladimir Potanin) 등이 있었다. 이들은 자신들의 힘을 이용하여 국가로부터 온갖 양보를 끌어내고 자원 배분과 가격 조작을 일삼았다. 또 신문과 텔레비전 방송국 등 미디어계를 장악하여 자신의 기업 선전도구로 활용했다. 러시아가 체제 전환 과정에 기득권으로부터 권력을 회수하는 다신 경제적 특혜를 준 부작용이 올리가르흐 탄생으로 나타난 것이다. 옐친이 떠난 후 푸틴도 이러한 신흥재벌들을 없애는 것이 아니라, 세대 교체하는 수준에 머물렀다. 거기에다 앞에서 지적했듯이 러시아는 전통적으로 지도자와 엘리트 계층이 권력을 마음대로 휘두르지 못하게 할 정도의 자유 언론과 시딘사회 등 '결집된 사회'가 존재하지 않는다. 그래서 러시아는 현재도 권력과 재벌들의 공생관계는 유지돼 오고 있다.

체첸 전쟁과 푸틴 등장

체첸은 흑해와 카스피해 사이에 있는 캅카스산맥 일대에 있는 조그마한 러시아 자치공화국이다. 땅의 크기는 17,300km^2(경상북도 크기), 인구는 약 120만 명이다. 인종은 대부분 체첸인으로 체첸어를 사용하고, 종교는 수니파 이슬람교를 믿는다. 위치는 북동쪽으로 다게스탄 공화국과 면하고, 남쪽은 조지아와 접하고 있다. 역사적으로 러시아가 이 일대 지역을 정복하기 위해 전쟁을 벌여오다 1859년에 장악하게 되었다. 1917년 러시아혁명이 일어나자 잠시 체첸인들이 독립하여 공화국을 수립하기도 했으나, 1921년 소련이 다시 점령하고 자치공화국으로 편입시켰다. 그 후 스탈린에 의해 체첸 지식인 10만여 명이 처형되거나, 제2차 세계대전 중 캅카스 지역으로 진입한 독일군을 도왔다는 이유로 인구의 거의 절반인 50여만 명을 중앙아시아로 강제 이주시켰다. 그 후 1957년 소련 흐루쇼프의 개혁 노선에 따라 명예 회복과 귀향할 권리를 되찾게 되었다.

종교적으로 정교회가 아닌 이슬람교를 믿는 체첸인들은 호시탐탐 러시아로부터 독립을 갈망해 왔다. 그러던 차 1991년 소련이 해체되는 기회를 포착하여 그해 10월 압도적 지지를 얻은 두다예프(Dzhokhar M. Dudayev) 대통령이 체첸 독립을 선언했다. 그러나 러시아로서는 이 지역을 통과하는 송유관 문제 등 전략적 중요성, 러시아연방 출범 직후 혼란한 시기를 틈탄 연방 이탈을 막기 위해 독립을 용납할 수가 없었다. 1993년 러시아는 체첸 일부를 떼어내어 잉구세티아 공화국으로 만들어 러시아에 편입시켰다. 나머지 지역으로만 독립한 체첸에서는 비체첸인들에게 극심한 차별 정책을 폈다. 그래서 러시아 지식인들은 체첸을 떠났고, 체첸의 경제는 곤두박질치게 되었다. 그러자 두다예프 지지자들과 반대파 간에 내전 상태로 접어들게 되었다. 내전 기간 러시아는 반군을 지원하면서 두다예프에게 항복하라는 최후통첩을 보냈으나 거부당했다. 러시아는 1994년 12월 항복하지 않는 체첸을 대규모 지상군과 공군을 투입하여 공격했다. 이 전쟁이 '제1차 체첸 전쟁'이다.

소련 붕괴 직후의 러시아 국내 상황은 여의치 않았다. 특히 경제적으로 거의 공황 상태에 이르렀기 때문에 오히려 체첸 군에 밀리는 형국이 되자 평화협정을 맺었다. 협정의 내용은 1997년 7월 1일까지 러시아군 철수, 체첸 정규군 유지, 1999년까지 체첸의 지위에 대한 결정 유보 등으로, 사실상 러시아의 패배로 간주될 만한 내용들이었다. 그 후 복수심 강하기로 유명한 체첸 반군은 1999년 모스크바에 있는 민간아파트 및 극장 테러, 상트페테르부르크에서의 테러 등 수많은 러시아 국민을 사상하게 하였다. 이때 러시아는 체첸 반군의 테러로 공포 분위기에 휩싸이기도 했다. 체첸 지도자 두다예프가 1차 체첸 전쟁 중 러시아의 폭격으로 사망하자, 내재해 있던 체첸 부족민과 이슬람 근본주의자들 간의 내전이 다시 격화되었다.

그해 1999년 8월 이슬람 원리주의자인 체첸 반군 지도자 바사예프(Shamil Basayev)는 인접한 카스피해 연안의 러시아연방 공화국인 다게스탄을 침공했다. 그는 러시아 공화국에 속해있던 다게스탄을 해방하고, 러시아 내에 이슬람 국가를 건설하겠다는 야욕을 가지고 2천여 명의 체첸군을 이끌고 침공을 개시했다. 이 지역이 헌팅턴이 예언한 종교로 인한 '문명 충돌' 즉 이슬람과 정교회 문화권이 접촉하여 충돌이 일어나는 단층선(Fault L.ne)이 되었다. 그러자 러시아는 체첸 반군이 다게스탄 국경을 넘는 것은 러시아연방에 대한 도전으로 간주하고, 1999년 말부터 강력한 군사력으로 체첸을 공격하는 '제2차 체첸 전쟁'을 벌였다.

전쟁은 영웅을 만든다. 2000년 1월부터 대통령 권한 대행으로 있던 푸틴(Vladimir Putin, 1952~)이 진두지휘한 러시아군의 강력한 공세로 체첸군은 대패하고, 수도 그로즈니 지역을 러시아가 점령하게 되었다. 체첸군 총 2만 2천 명 중에서 40%가 사망하고, 생존자들은 산악지대로 밀려났다. 그 후도 전쟁은 계속되었으나 2009년 푸틴이 주도하는 러시아 정부가 체첸에 대한 '반테러 작전' 종결을 선언하면서 15년간 지속된 전쟁은 끝이 났다.[2] 그리고 체첸은 다시 러시아연방에 재복속 되었다. 제1차 체첸 전쟁은 옐친이 주도하였고, 제2차 체

---

2) 제2차 세계대전 중 독일군과 소련군 간의 치열했던 스탈린그라드 전투에서 러시아를 위해 목숨을 바친 돌아오지 않는 체첸 공화국 병사들을 그리워하는 노래 '백학'(Журавли, 쥬라블리)이 러시아와 체첸 간 전쟁이 한창이던 시기에 다시 크게 유행했다.

첸 전쟁은 옐친이 명목상 대통령이었지만 실질적으로는 푸틴이 지휘했다. 제2차 체첸 전쟁 이후 푸틴의 지지율이 20%대에서 74%까지 상승하였고, 그의 정치적 입지는 한층 견고해졌다.

체첸의 분리독립 움직임은 현재로서는 잠잠해졌다. 그러나 완전히 소멸했다기보다는 투쟁을 주도할 구심점이 없어 수면 아래로 잠복해 있는 것이다. 왜냐하면, 구성원 대다수가 이슬람교를 믿는 체첸인들은 러시아에 동화되기 쉽지 않다. 그리고 기나긴 전쟁으로 인한 상흔의 뿌리가 깊어 러시아인들에 대한 적개심이 있기 때문이다. 그럼에도, 지금의 체첸 공화국의 지도자인 람잔 카디로프(Ramzan Kadyrov)는 푸틴의 측근으로 알려져 있으며, 2021년 9월 개최된 선거에서 러시아 여당인 통합러시아당(United Russia) 후보로 출마하여 99.7%의 압도적 지지를 받고 재선에 성공했다.

» '위대한 러시아' 재건

푸틴의 야망과 전쟁

"전쟁은 정치의 연속이다." 프로이센 군 사상가 클라우제비츠(Carl von Clausewitz)가 말했다. 푸틴 대통령이 가끔 대외적으로 힘을 과시하며 국민통합을 이루고 권력 기반을 공고히 하는 통치술을 보여 오고 있다. 그 첫 번째가 2014년 우크라이나 영토였던 크림반도를 러시아로 복속시킨 것이다. 크림반도는 우크라이나 남쪽 흑해로 돌출해 있는 반도로서 지정학적으로 매우 중요한 지역이다. 근세 들어 15세기 이후 오스만제국에 복속되어 있었으나 러시아 표트르 대제 이후의 남하 정책 일환으로 병합하려 했고, 예카테리나 2세 때 러시아-투르크 전쟁에서 러시아가 승리하여 1783년 이래 러시아에 귀속되었다. 이때부터 세바스토폴이 러시아 군항이 되었다. 1853~1856년 '크림 전쟁'에서 러시아가 오스만제국과 영국·프랑스 연합군에게 패배하였으나, 군함을 배치하지 않는 조건으로 영유권은 러시아가 유지했다. 제2차 세계대전에서는 소련과 독일군 간 크림반도 쟁탈전이 있었으나, 전승국인 소련이 1944년 이후 계속 차지하게 되었다.

그러나 1954년 흐루쇼프 공산당 서기장이 소비에트연방의 일원이었던 우크라이나에 크림반도를 양여했다. 그 당시는 연방 체제였으므로 실질적인 통제는 소련이 할 수 있었기 때문이었다. 그러다 1991년 소련이 해체되면서 독립 국가가 된 우크라이나의 영토가 되었다. 우크라이나가 독립 국가가 되자 러시아인이 많이 살고 있는 크림반도 주민들은 우크라이나에 남을 것인지, 아니면 러시아와 합병할 것인지를 놓고 주민투표를 실시했다. 결과는 우크라이나에 남기로 결정되었다. 그렇게 되자, 흑해를 면하고 있는 크림반도의 경제적·군사적 중요성을 포기할 수 없는 러시아는 2014년 3월 무력을 동원해 크림반도를 다시 점령했다. 우크라이나는 물론 UN 등 국제사회는 이를 불법행위로 규정하였다. 그러나 러시아 국내에서는 푸틴의 지지율이 84%에 이르렀다.

두 번째 푸틴의 전쟁을 통한 정치력 확대 시도는 2022년 2월 24일 우크라이나 침공이다. 수도 키이우(Kyiv)를 미사일로 공습하고 지상군을 투입하면서 전면전에 돌입하였다. 우크라이나 전쟁의 배경에는 역사적·지정학적 요인이 복합적으로 얽혀 있다. 먼저, 역사적 배경으로 러시아는 우크라이나가 범슬라브공동체로서 러시아의 일부로 인식하고 있다. 그러나 우크라이나는 서부 지역을 중심으로 독립된 문화권을 형성하고 있는 별개의 민족국가라고 주장한다. 두 나라의 뿌리는 고대국가 '키예프루스'로 거슬러 올라간다. 13세기 몽골의 침입으로 분해되어, 키예프는 현재의 우크라이나, 루스는 러시아로 나누어졌다. 1917년 러시아에 공산주의 정권이 들어서자, 우크라이나가 별개의 인민 공화국 건국을 선포하였으나 소련의 침공으로 실패하였다. 그 후 1991년 소련이 해체되면서 완전 독립 국가가 되었다.

지정학적 배경으로 우크라이나는 러시아가 흑해를 거쳐 지중해로 나가는 길목이다. 그리고 동토(凍土)인 러시아와 달리 우크라이나는 대부분 비옥한 곡창지대이다. 소설가 존 스타인벡(John Steinbeck)은 제2차 세계대전 후 우크라이나 상공을 비행하면서 "우크라이나는 유럽의 거대한 빵 바구니이다. 오랜 세월 모두가 탐을 낸 땅과 들판이다."라고 했을 정도로 곡창지대이다.[3] 그래서 역사적으로 늘 치열한 격전지이기도 했다. 또 다른 지정학적 요인은 우크라이나의 NATO(북대서양조약기구) 회원국 가입과 관련이 있다. 푸틴은 일찍부터 NATO가 팽창해서 동진하는 것을 자국의 가장 큰 안보의 위협으로 간주해 왔다. 우크라이나가 회원국이 되면, NATO의 미사일이나 핵 자산이 러시아 국경까지 전개될 가능성을 우려하는 것이다.

러시아가 주변국들과 가끔 마찰을 빚는 이유에는 소련 시절 제국의 영광을 다시 찾겠다는 대의(大義)도 있어 보이지만, 푸틴의 정치적 욕망도 깔려 있어 보인다. 1990년 후반부터 권력을 장악한 푸틴은 슬라브 민족주의와 위대한 조국 건설을 통치 이데올로기로 삼고 자신의 정치적 영향력을 키워왔다. 그의 과거 KGB 경력이 말해주듯 각종 첩보 활동, 정치 공작, 숙청 등에 수완을 발휘하고 있다. 1990년 이후 4년간 총리직을 수행한 기간을 제외하고는 30년을 대통령으로서 권좌에 앉아 있다. 근현대 러시아 역사상 가장 장기 집권하는 통치자다. 크렘린궁을 지키는 현대판 차르이다.

---

3) 존 스타인벡(허승철 역), 「러시아 저널」, (서울: 미행, 2022), pp. 96-98.

푸틴 정적들의 의문사

정치는 인간 사회에서 빼놓을 수 없는 현상이다. 한나 아렌트는 『인간의 조건』(The Human Condition, 1958)에서 "정치는 자유 실현의 장이다."라고 말했다. 인간이 함께 자유롭게 행동할 수 있는 공적인 공간이기 때문에, 자유가 보장되지 않는 정치적 활동은 제한적일 뿐만 아니라, 있다고 해도 별 의미가 없다는 뜻이다. 그리고 정치적 자유를 파괴하는 행위 또한 언제 어디서나 항상 나타날 수 있고, 20세기 히틀러 치하의 독일과 스탈린 시대 소련과 같은 전체주의 국가에서 특히 심했다고 했다.

소련 붕괴 이후 형식적으로는 다원적 민주주의를 받아들이기는 했으나, 러시아의 제반 정치 풍토는 아렌트가 지적한 정치적 자유가 적극적으로 수용되지 못하고 있다. 그 이유는 러시아 정치 문화와 관련이 있다. 소련공산당 시절 '노예적 복종'에 조건적으로 반응해 온 습성과 공포정치에 의한 트라우마가 어느 날 갑자기 소거(消去)되지 않는다. 파블로프의 실험에서도 나타나듯이 조건자극이 중단되거나 약화되어도 반응이 없어지는 데는 상당한 시간이 걸린다. 그래서 러시아에서 정치적 자유의 신장과 서구 민주주의 정착에 시간이 걸린다. 푸틴의 절대권력으로 장기 집권이 가능한 것도 이러한 러시아 특유의 정치 문화가 남아있기 때문이다.

이런 러시아에서 푸틴의 정책을 비판한 기자, 재벌 회장, 야당 지도자들이 해외로 추방되거나 독극물 또는 총격으로 사망하는 일이 빈번히 일어난다. 1999년 전 KGB 요원이었던 알렉산드르 리트비넨코가 반정부 인사 암살 기도 사건을 폭로하고 영국으로 망명했다가 2006년 홍차를 마신 후 사망했다. 같은 해, 안나 폴리트콥스카야 기자는 체첸 내전에서 러시아군의 전쟁 범죄를 기사로 다루었다가 아파트 엘리베이터에서 총격으로 사망했다. 이를 변호했던 변호사 아나스타샤 바부로바 역시 2009년 괴한들의 총에 사망했다.

엘친 시대 대표적인 올리가르흐 언론 재벌 보리스 베레좁스키는 푸틴과 갈등하다 영국으로 망명한 후 2013년 3월 영국 자택 욕실에서 목을 맨 채 의문사했다. 그 외 정부를 비판했다가 의문사를 당한 경제인들이 수십 명에 이른다. 정치인으로서 야당 지도자 보리스 넴초프는 러시아가 크림반도를 침공하자 이를 비판했다 2015년 모스크바 크렘린궁 인근에서 괴한의 총에 사망했다. 우크라이나 침공에 용병부대 역할을 한 바그너 그룹의 수장이었던 예브게니 프리고진은 푸틴에 반기를 들다 2023년 비행기 사고로 사망했다.

야당 정치인 알렉세이 나발니(Alexei A. Navalny)는 러시아 정치 풍토에서 푸틴의 최대 라이벌로 평가될 만큼 도전적으로 활동하다 결국 사망했다. 그는 변호사 출신 젊은 정치인으로 반부패재단을 만들어 푸틴과 그의 지지 세력인 올리가르흐들의 정경유착과 부정부패를 폭로하면서 입지를 키웠다. '러시아의 미래'라는 정치단체의 창립자이며, 2013년 모스크바 시장 선거에서 27.2%의 득표율을 보이기도 했다. 2018년 대통령 선거에 출마하려 했으나 횡령죄 유죄 판결을 이유로 선관위가 출마를 막았다.

나발니는 2020년 8월 20일 시베리아 옴스크에서 모스크바행 비행기로 이동 중 기내에서 쓰러져 의식불명 상태에 빠졌다. 옴스크 제1 구급병원으로 후송되어 치료받다 독일 인권 단체의 도움으로 베를린 병원으로 이동하여 5개월 치료 후 다행히 목숨을 건지고 다시 귀국했다. 독일 군 연구소는 나중에 그가 화학무기의 일종인 독극물 노비촉(Novichok)에 노출되었을 것이라고 밝혔다. 2021년 1월 17일 독일에서 치료받고 러시아로 돌아온 나발니는 공항에서 횡령죄의 집행유예[4] 의무를 위반하였다는 이유로 현장에서 다시 체포되어 수감

---

4) 나발니는 2014년 12월 프랑스 화장품 회사 '이브 로세'의 러시아 지사에서 3,100만 루블을 횡령

되었다.

그러자 1월 23일부터 러시아 전역에서 나발니를 석방하라는 시위가 대규모로 일어났다. 상트페테르부르크에서 동쪽 끝인 블라디보스토크까지 주요 도시에서 시위 참가자 숫자는 정확히 알 수 없지만 20여만 명에 이르렀고, 그중 체포된 시위자가 3,500명에 가깝다는 현지 언론 보도가 있었다. 또한, 러시아 당국은 나발니를 석방하라는 시위에 참여했다는 이유로 러시아 주재 독일, 스웨덴, 폴란드 대사관의 외교관 1명씩을 추방하고, 미국 정부에 대해서는 내정 간섭이라고 경고했다.

나발니는 옥중에서도 투쟁을 계속했다. 2021년 1월 19일 독일에서 귀국하기 전 제작한 〈푸틴을 위한 궁전, 거대한 뇌물 이야기〉라는 동영상을 공개하기도 했다. 이 동영상에는 흑해 연안의 휴양도시 겔렌지크에 부지 70헥타르(약 21만 평)의 호화 별장이 푸틴 대통령이 실소유주라는 내용이 들어 있었다. 공개된 지 2시간 만에 2천만 명이 넘는 조회 수를 기록했다. 이후 서방 언론들은 푸틴의 호화 별장에 대한 탐사 보도를 하기 시작했다. 러시아 국민에게는 서방의 경제제재로 민생이 어려운데 푸틴과 측근들의 부패 혐의가 민심 이반을 부추기는 격이 되었다.

2022년 3월 나발니는 사기 혐의로 9년 형 판결을 받고 모스크바에서 1,900km 떨어진 북위 66도인 북극권에 가까운 외딴 카르프 지역에 위치한 최고도 보안 감옥에 수감되었다. 그해 말 그 지역 법정에서 나발니의 모습이 공개될 때만 해도 그는 건강해 보였고, 매일 아침 일찍 산책 다닐 정도였다. 그러다 2024년 1월 16일 나발니는 그곳 교도소에서 갑자기 사망했다. 교도소 관계자는 그

한 혐의로 기소돼 징역 3년 6개월에 집행유예 5년을 선고받았다.

가 "산책 후 몸이 좋지 않았고, 즉시 의식을 잃었다."라고 언론에 밝혔다. 그의 사망 원인에 대해서는 의견이 분분하다. 러시아 당국이 밝힌 사망진단서에는 "자연사"라고 적혀 있었다. 그러나 나발니 가족과 측근들은 나발니가 "살해되었다" 주장하면서, 푸틴 대통령에게 책임을 돌렸다. 나발니 사망 이후 러시아에서는 뚜렷한 야권 지도자가 나타나지 않고 있다.

제18장

중국의 전략적 이념 변용(變容)

» 천안문 사태

중국공산당에 가장 큰 잠재적 압박은 민주화 요구다. 천안문 사태는 1989년 6월 4일 북경 천안문(天安門) 광장에서 시위하는 학생과 시민들을 탱크를 앞세운 무력으로 진압한 유혈사태를 말한다. 천안문 사태의 직접적인 동기는 후야오방(胡耀邦)[5] 당시 중국공산당 총서기의 사망과 그의 재평가 요구였지만, 그동안 개혁·개방 정책으로 인한 급속한 경제발전이 가져온 여러 가지 부조리와 부패 현상에 대한 인민들의 불만이 표출된 것이다. 시위대는 부패 척결, 정치개혁, 언론의 자유 등 중국 당국의 아킬레스건을 건드렸다.

후야오방 총서기는 성격이 유화적이며 온건하여 중국 지도부에서 개혁파의

---

5) 후야오방(胡耀邦)은 1915년 11월 20일 호남성에서 태어나 마오쩌둥과 함께 공산혁명에서 공을 세운 인물이다. 1952년부터 공산주의청년단을 정착시키기도 했다. 덩샤오핑의 개혁개방정책 노선을 지지하여 그의 후계자로 공산당 총서기에 발탁되었다. 1987년까지 총서기직을 맡고 있었으나, 그해 1월 베이징에서 있은 학생 시위에 대한 책임을 물어 그 직에서 물러났다. 1989년 4월 15일 심장마비로 사망했다.

기수로 불리기도 했고, 당시 자유화와 민주화 요구에 부응하는 상징적인 정치인이었다. 그는 1987년 학생운동이 일어났을 때도 이를 제대로 대처하지 못했다는 비판이 공산당 내부에서도 있었다. 그런 후야오방이 1989년 4월 15일 사망하자 북경대학 대자보에는 "죽지 말아야 할 사람은 죽고, 죽어야 할 사람은 죽지 않네. 후야오방은 이미 죽었고, 좌파가 또다시 번성하니, 국민이여 깨어나라, 투쟁을 잊지 말자"라고 적혀 있었다. 첫 시위는 학생과 농민들이 천안문 광장 '인민영웅기념비' 주변에서 소규모로 시작했다. 이어 4월 22일 후야오방의 장례식날 서안(西安)에서 300여 명이 차량에 불을 지르고 성(省) 정부를 습격하는 등 시위가 내륙지역으로 확산되는 조짐이 보이자, 4월 26일 당시 당 군사위원회 주석 덩샤오핑이 북경 시위의 통제를 지시하자, 그날 〈인민일보〉 사설은 이들을 '반혁명 폭란' 세력이라고 했다. 때마침 5월 13일 소련의 개혁·개방을 추진한 '민주주의 대사'로 여긴 고르바초프가 중국을 방문하여 덩샤오핑과의 회담 소식이 전해지자, 학생, 노동자, 농민 등 3천여 명이 천안문 광장에 몰려들어 중국 지도부에 정치개혁을 압박하기 시작했다.

처음에는 후야오방 총서기의 추모 행사였지만, 구호는 점차 민주화 요구로 변해갔다. 5월 20일 계엄령이 내려지고, 6월 3일 새벽 1시 30분에는 '긴급 통고'가 발동되었다. 그러자 상당한 시위자들이 천안문 광장을 빠져나가기도 했지만, 새벽 3시까지 수천 명이 시위를 계속하자 새벽 4시에 계엄군 2개 군단이 탱크와 장갑차로 진압 작전을 개시하여 많은 사상자를 냈다. 사상자 숫자는 국가와 기관에 따라 차이가 있지만, 중국의 애초 공식 발표는 민간인 사망자 300여 명과 부상자 7천여 명이었다. 그 후 1990년 7월 10일 중국 공안부가 국무원에 보고한 자료에는 민간인 사망자 875명과 부상자 14,550명, 군인과 경찰 사망자 56명과 부상자 7,528명이었다.

　천안문 사태가 일어난 1989년은 중화인민공화국 수립(1949) 40주년이고, 또한 5·4운동(1919) 70주년이다. 이때는 덩샤오핑의 개혁 추진이 10년쯤이 지나는 시점으로 경제발전에 속도가 붙을 시기였다. 그러나 급속한 경제발전의 이면에는 항상 그림자가 있게 마련이다. 통화 팽창으로 인한 고물가, 제도의 미비로 인한 관리들의 부정부패, 대량 실업자 발생 등 사회경제적 문제점들이 하나둘 드러나기 시작했다. 거기다 민주화의 상징적 인물로 평가되었던 후야오방의 퇴진과 사망으로 학생과 인민들의 분노가 시위로 이어진 것이다. 그럼에도, 천안문 사태를 유혈 진압한 덩샤오핑 등 중국 지도부는 1989년 6월 24일 중국공산당 제13기 4중전회에서 천안문 사태를 '반혁명, 반당적 동란'으로 규정했다.

　문화대혁명 이후 최대의 국가적 위기였던 천안문 사태로 가속화되어 가던 자본주의 시장경제 체제에 속도조절론이 대두되기도 했다. 그러나 결론은 경제발전 전략을 계속 따르기로 했다. 천안문 사태 3년 후인 1992년 덩샤오핑은 앞에서 언급한 남부 지역들을 돌면서 '남순강화'(南巡講話)로 국가 정책 방향에 일체감을 형성하고, 정치적인 안정을 추구하는 보수성향을 견지했다. 이는 계속 경제발전을 위해서는 민주주의 요구는 무시하겠다는 의미이기도 했다. 그 후로 중국은 고도의 경제성장과 발전의 성과가 민주화 등 정치발전의 욕구를 잠재워 오고 있다. 중국 당국은 천안문 사태를 역사에서 지우고 싶어 하나, 미국 등 서방 세계에서는 매년 6월 4일 천안문 사태를 중도 민주화 운동의 상징으로 기리고 있다.

» 대국굴기의 줄달음

미·중 수교

냉전 시기인 1970년대 이념적 대립 와중에도 중국과 미국은 중요한 국가이익을 위한 길을 모색하고 있었다. 중국으로서는 공산혁명에는 성공하였으나 안정을 되찾을 겨를도 없이 한국전 참전 등 혼란한 상황에서 대내외적으로 국가 정체성을 형성해 나가던 시기였다. 또한, 중국은 광활한 영토로 14개국에 이르는 나라들과 국경을 접하고 있다. 그중에서도 당시 소련, 인도, 그리고 바다 건너의 일본 등이 잠재적 위협이었고, 거기에다 대만 문제를 이유로 미국의 개입까지 고려하면 사방이 거대한 중국 안보의 위협으로 간주되고 있었다. 당시 중국 지도자들의 뇌리에는 '포위 의식'이 자리 잡고 있었다.

거기에다 1970년대 미국과 소련은 이미 핵무기를 보유한 슈퍼파워로서 중국에 비해 월등한 군사력을 보유하고 있었다. 또한, 외형적으로는 같은 공산주의이지만 소련과 코민테른 헤게모니 쟁탈전이 전개되던 시기였다. 중국이 내심 가장 경계했던 나라는 아이러니하게도 같은 공산주의 국가인 소련이었다. 국내적으로 마오쩌둥 주석은 1958년부터 시작된 대약진운동 실패와 그 후 문화대혁명으로 인한 후유증에 시달리고 있었다, 이러한 현상 타개책으로 마오쩌둥은 20년 이상 적대국이었던 미국과 '원친근공'(遠親近攻)의 전략으로 화해의 노선을 택했다.

한편, 미국은 당시 막강한 군사력을 보유한 소련에 대응은 물론, 베트남전 참전으로 악화된 국내 여론을 반전시킬 계기가 필요한 시기였다. 만약 미국이 참전 반대자들의 주장대로 철군할 경우, 공산주의 침략에 대항하는 전 세계 동맹국들의 신뢰가 무너질 것을 우려했다. 그 당시까지 공산주의 세력이 확대되고 있었던 시기였다. 이러한 국제 정세에서 닉슨 대통령은 1969년 1월 20일 취임사에서 중국과의 관계 개선을 암시하게 되고, 중국은 1주일 후인 1월 27일 〈인민일보〉에 전례 없이 미국 대통령의 연설문을 크게 실으면서 긍정적인 반응을 보였다. 그해 3월 극동의 우수리강 진보도(珍寶島)에서는 중·소 국경 분쟁이 발발하였다. 이후 중국은 소련을 '주된 위험'(Principal Danger)으로 간주하면서 미국과의 관계 개선을 적극적으로 전략적 자산으로 인식하기 시작했다.[6] 결국 미·중 수교의 발단은 양국의 이해관계가 맞아떨어진 데서 출발했다. 중국의 안보 우려 해소와 미국의 대외정책 재정립과 국제사회의 리더십 유지였다.

양국 간 수교 과정은 철저히 비밀리에 진행되었다. 1970년 12월 중국 저우언라이 총리의 외교 서한이 파키스탄, 루마니아를 경유해 키신저(Henry Kissinger, 1923~2023) 미국 백악관 외교안보 보좌관에게 전달되었다. 그 당시 양국 관계 개선에서 가장 큰 걸림돌은 대만 문제였다. 하지만 미국이 대만 문제를 특사 접촉을 통해 논의해 보자는 적극적인 자세를 보이면서 물꼬가 트이기 시작했다. 이때 유명한 '핑퐁외교'도 한몫했다. 이 시기에 일본에서 개최된 국제 탁구 대회에 참석한 미국팀을 중국이 고민 끝에 1971년 4월 14일 북경 인민대회당으로 초청하여 성대한 환영과 친선경기를 가졌다. 그 후 계속 제3국 외교 채널을 통해 접촉하면서 양국 모두 대만 문제를 조심스럽게 다루기 시작했다. 중국은 대만의 본토 회복에 대해서 언급하지 않고 대만과 대만해협에서 미군 철수만을 언급했다. 미국으로서도 대만과 외교관계가 개설되어 있었기 때문에 사전 접촉에서부터 극비리에 추진해야 했다.

---

6) 천이(陳毅) 등 4인 군사전문가 그룹이 이 시기에 작성한 〈중국전략보고서〉에는 만약 소련이 중국을 침략할 경우 미국이 방관하지 않을 것이라는 내용이 포함되어 있었다. 즉 당시 소련의 전면적인 중국 침공은 미국 태도가 변수라는 판단이었다. (Kissinger, 『Henry Kissinger On China』, p.210.)

키신저와 저우언라이가 실무 협상의 책임자였고, 협상 과정에서 난제는 미국과 전쟁 중이었던 베트남과 대만 문제였다. 미 · 중 양국의 관계 개선은 베트남 하노이 지도부가 볼 때는 미국과 중국 사이에 포위되는 형국이 되는 것이고, 대만 문제는 양국 관계 발전의 전제 조건인 '하나의 중국 원칙'(One China Principle)을 미국이 받아들이게 되면 대만은 국제적으로 '국가'의 지위가 흔들리게 되고, 결국 미국과 외교관계 단절을 의미하게 되는 것이다. 1년 이상의 비밀 접촉 끝에 1972년 2월 21일 닉슨 미국 대통령이 북경에 도착했다. 그때까지도 이 사실은 조용하게 진행되었고, 심지어 미국 대통령의 북경 도착 소식을 〈중국중앙텔레비전〉(CCTV) 저녁 뉴스 시간 마지막 부분에 간략히 보도했을 정도였다. 중국 측은 동맹인 북베트남을 의식해 환영 행사도 생략했다. 닉슨 대통령 일행은 미국 측 경호원도 대동하지 않고 중국 측이 제공한 차량으로 마오쩌둥 주석의 숙소를 방문하였다. 책으로 가득한 서재에서 마오쩌둥이 닉슨의 손을 양손으로 잡으면서 반갑게 맞이하는 사진을 중국 모든 언론에 보도하게 하여 미 · 중 수교를 암시했다.

양국 수교 협상은 우여곡절을 겪었으나 닉슨 대통령이 이례적으로 오랜 시간 중국에 머무는 동안 제8일째인 1972년 2월 27일 상해에서 역사적인 '상하이 코뮈니케'(Shanghai Communique)가 발표되면서 결말을 보았다. 그 주요 내용은 첫째, 양국은 아시아-태평양 지역에서 패권을 추구하지 않으며, 다른 어떤 나라도 이 지역에서 패권 추구를 반대한다. 둘째, 대만 문제는 양안(兩岸)의 중국인들이 대만이 중국의 일부라는 사실을 견지하는데 미국이 인식하는 것, 그리고 대만 주둔 미군을 점차 철수하여 종국에는 모든 미군과 군사시설을 철수하는 것이다. 이것으로 중국은 대만 문제를 '핵심 이익'(Core Interest)으로 인정받게 되었고, 공산혁명 이후 20년 이상 미국과의 적대관계를 청산하게 되었다. 거대

양국의 화해는 국제질서에서 새로운 세력균형을 형성하는 기반을 마련하면서 대(對)소련 관계에서는 서로를 지렛대로 활용할 수 있게 되었다.

미·중 수교 이후 양국 간의 우호적인 관계가 최근에 갈등의 관계로 악화하고 있다. 중국은 미국과 수교로 날개를 달아 연 9~10%대라는 고도의 성장을 해 왔다. 국력이 커지면서 중국은 소련 붕괴 이후 미국 독주의 세계질서에 도전장을 내밀기 시작했다. 키신저는 앞에서 언급한 그의 저서에서 양국 간 갈등의 불씨를 다음과 같이 설명하고 있다. 중국은 30년 이상 지속적인 경제발전으로 자신감이 생기자 2010년 인민해방군 대령인 류밍푸(劉明福)가 그의 저서 『중국의 꿈』(China Dream)에서 "중국의 거대 목표는 세계 최강국이 되어 미국을 대체해 나가야 한다. 전통적이고 조화로운 미덕만으로는 새로운 세계질서에 대처하기가 어려우니 군사력을 통한 물리력 증대가 절실하다. 나아가 중국의 제품, 문화, 가치들이 세계의 기준이 되어야 하고, 중국의 지도자는 미국 지도자에 비해 현명하며 온화하여 패권을 추구하지 않기 때문에 세계는 조화로운 세상이 될 것이다."라는 주장을 소개했다.

한편, 미국 일각에서도 1907년 영국의 외교관 에어 크로우(Eyre Crowe)가 주장한 당시 독일의 국력 증강이 유럽의 정치 구도에 변화를 초래하여 제1차 세계대전의 원인이 되었다는 논리로 미·중 관계에서도 이와 유사성이 있다는 여론이 서서히 형성되기 시작했다. 즉 새롭게 등장하는 강대국에 대한 저지가 필요하다는 것이다. 중국이 강대국으로 부상하고 나면 태평양을 사이에 두고, 더 나아가 전 세계적으로 공존할 수가 없다는 것이다. 류밍푸나 크로우의 주장대로라면 평소 중국 측이 '평화적 굴기'라고 주장하지만, 양국 간의 갈등 구조는 결국 '제로섬 게임'(Zero-sum Game)이 되는 것이다.

덩샤오핑은 후세대 지도자에게 중국이 앞으로 성장 발전하더라도 50년 동안 자신을 드러내지 않고 때를 기다리라는 '도광양회'(韜光養晦)[7]의 대외전략을 남겼다. 그러나 2012년 11월 공산당 5세대인 시진핑(習近平, 1953~)이 등극하면서 주석의 위상을 강화하고 1인 지배체제를 공고히 하는 조치를 해 왔다. 2017년 10월 제19기 1중전회에서 '중국의 꿈'(中國夢)을 대내외에 공표하고, 그 실현 로드맵을 발표하였다. 2020년 전면적 '소강사회'(小康社會)[8]의 건설, 2035년 사회주의 현대화의 기본적 실현, 2050년 사회주의 현대화 강국 건설이다. 한편, 대외적으로는 육로와 해상을 연결하는 실크로드 부활인 '일대일로'(一帶一路) 추진, 미국과 대등한 관계를 의미하는 '신형국제관계건설'을 표방했다. 양국 수교로 성장한 중국이 미국의 경쟁 상대로 등장하게 되었다.

북경올림픽의 의미

2008년 북경 하계올림픽의 슬로건이 "하나의 세계, 하나의 꿈"(同一個世界, 同一個夢想)이었듯, 행사가 스포츠 제전 이상의 의미가 있었다. 올림픽을 계기로 전 세계인들에게 중국 5천 년의 전통문화와 그동안 성장 발전한 모습을 보여주고, 세계 지도국으로서의 위상을 과시하기 위한 이벤트로 활용되었다. 중국 지도부는 북경올림픽을 1949년 중화인민공화국 건국 이후 사회주의 체제의 우월성과 중국의 저력을 보여줄 절호의 기회로 생각하고 국력을 총결집했다. 특히, 천안문 사태 이후 국제사회의 중국에 대한 부정적 이미지를 해소하는 적절한 계기였다. 2008년 8월 8일 오후 8시 북경시 북쪽에 건설된 '국가체

---

7) 도광양회(韜光養晦)는 덩샤오핑의 유언 중 〈24字戰略〉에서 4번째 나오는 내용으로, 능력을 드러내지 않고 음지에서 힘을 키우라는 뜻이다. 중국공산당 후대들에게 한 대외전략 지침이다.

8) 소강사회(小康社會)는 인민들이 어느 정도 의·식·주를 걱정하지 않아도 되는 수준의 사회를 말한다.

육장'(鳥巢)에서의 개막식에는 우리나라 이명박 대통령과 미국 부시 대통령을 비롯하여 세계 정상들이 가장 많이 참석한 올림픽이었다. 중국인들의 100년의 꿈이 펼쳐지는 순간이었다.

북경올림픽은 국내적으로 정치, 경제, 사회, 문화 등 각 방면에 많은 영향을 끼쳤다. 정치적으로는 올림픽 개최를 통해 국민 총화를 이루었다. 그간 경제발전으로 인한 지역·계층 간의 갈등을 극복하고 전 인민이 하나가 되었다. 또한, 자국민들에게 '중화민족'의 자긍심을 높이고, 과거 '제국'의 영광을 회복하고자 하는 국민 의지를 크게 고양시켰다. 그리고 소수민족문제와 민주화 욕구를 잠재우는 데도 적절히 활용되었다. 무엇보다 중국공산당 통치의 정당성을 대내외에 확인하는 행사였다.

경제적으로는 유치 당시 향후 10년 동안 300억 달러의 경제적 효과와 30만 명의 고용 유발 효과가 있을 것으로 예측했다. 중국의 WTO 가입과 올림픽 개최로 산업구조 고도화와 국제화 추진에 가속화를 가져왔다. 강세를 보여 온 제조업이 세계의 생산기지로 변모했으며, 제도와 법규의 투명성이 제고되면서 기초산업과 기간산업의 외국인 투자가 늘어나게 되었다. 한편, 금융, 통신, 유통 분야의 대외 개방이 촉진되고, 내수시장도 크게 확대되었다. 그리고 대외 이미지 개선으로 해외로부터 관광객이 늘어나는 효과도 있었다.

사회·문화적으로, 중국인들의 의식 수준이 크게 향상되었다. 올림픽을 앞둔 정부의 강력한 주민 계도로 중국인들의 공중도덕 의식이 함양되었다. 길거리 담배꽁초 버리기, 웃통 벗기, 교통 법규 위반 등을 엄격히 단속한 결과, 그들이 즐겨 쓰는 '문명사회'(文明社會)로 한 걸음 나아가는 계기가 되었다. 또한, 북경 중심의 일부 지역이긴 하지만 올림픽 기간은 물론 그 이후에도 공기의 질이 크게 개선되었다. 공해 산업을 지방으로 이전하고 연탄 사용량을 줄였기 때문이다.

그러나 올림픽 준비 과정이 순탄치만은 않았다. 공교롭게도 그해 3월 티베트에서 대규모 시위가 일어났고, 이를 진압하는 과정이 강경하여 국제사회의 비난과 중국 올림픽 보이콧 시비가 일기도 했다. '화해의 여정'이라는 성화 봉송은 우리나라를 포함하여 세계 각지에서 반대자들의 항의에 시달렸다. 신장위구르족의 테러 위협이 여기저기에서 분출되기도 했다. 그러자 '안전 올림픽'을 강조해 온 중국 당국은 전투기, 헬기, 지대공 미사일까지 동원하는 과도한 보안대책을 취했다. 그 과정에 서민들의 생존권이 많이 침해되었고, 사회적 불만도 상당히 존재했었다. 그러나 강력한 중앙집권체제의 장악력으로 북경올림픽은 무사히 끝났고, 중국이 대내외적으로 대국으로 굴기(崛起)하는 큰 분수령이 되었다.

시진핑의 '중국의 꿈'(中國夢)

중국은 1970년대 후반부터 개혁 · 개방 정책 추진과 시장경제 요소 도입으로 놀라운 경제성장을 해왔다. 덩샤오핑 시대를 지나 장쩌민(江澤民), 후진타오(胡錦涛) 시대를 거쳐 근 30년 동안 발전하여 세계 2위의 경제 대국으로 우뚝 솟았다. 어느 나라에서나 일어날 수 있는 일이지만, 중국도 급속한 성장 발전 과정에 나타나는 부조리와 부정부패가 나타났다. 이는 사회주의 회복을 위한 개혁의 필요성과 부패 척결이라는 시대적 과제를 낳았다. 그동안 양적 성장을 위해 생산에 집중했던 정책 노선을 수정하여 분배에 중점을 둔 질적 성장을 추진할 상황이 도래했다. 덩샤오핑 시대의 과제가 '물질에 대한 수요와 낙후된 생산 시설 간의 모순'을 극복하는 것이었다면, 시진핑 시대에 들어서는 '인민의 나은 생활에 대한 요구와 불균형적 발전의 모순'을 극복해 나가는 것이다.

시진핑은 중국의 발전 단계를 세 단계로 분류한 바 있다. 1단계는 마오쩌둥의 공산혁명과 신중국 건설을 통해 중국 인민들이 '일어나는 단계'(站起來), 2단계는 덩샤오핑의 개혁·개방 정책 추진 이후 장쩌민과 후진타오를 이어 오는 동안 중국을 '부강하게 한 단계'(富起來), 3단계는 신시대로 진입하여 세계 '최강의 국가로 만드는 단계'(强起來)라고 했다.[9] 시진핑은 자신의 시대는 발전의 3단계로 전제하고, 앞으로 나타날 문제점을 극복하고 미래의 비전을 제시했다. 시진핑의 미래에 대한 구상의 기본적인 틀은 사회주의 이념의 토대 위에 '중화 민족주의'를 강화해 나가는 것, 그리고 시장경제 체제를 유지하되 국가통제를 폭넓게 하는 '국가자본주의'로 요약될 수 있다.

중국이 국력으로 얻은 자신감으로 '현상 유지'(Status Quo)의 국제질서도 흔들고 있다. 대표적으로 시진핑 시대의 '일대일로'(一帶一路) 대외정책이다. 중국은 이미 무역 등으로 보유한 막대한 외환보유고를 이용하여 유라시아의 질서를 재편하기 위해 시진핑 집권 직후인 2013년 이를 대외정책의 기조로 공식화하였다. 일대일로는 육상 실크로드(One Belt)와 해상 실크로드(One Road)를 합친 개념이다. 육상은 중국 서부 지역-중동-유럽으로 연결되고, 해상은 중국 남부지역-동남아-중동-아프리카-유럽으로 연결하는 구상이다. 이들 지역의 거점에 인프라 구축을 지원하고, 이를 통해 교역 증진과 관계를 강화해 나가겠다는 야심 찬 프로젝트다.

'일대일로' 추진 배경에는 경제적·군사적 국익이 깔려있다. 중국은 지속적인 성장 발전을 위해 필요한 에너지를 안정적으로 수송·공급받을 수 있는 해상 루트 확보가 필수적이다. 그리고 중국 내 공급과잉 상품에 대한 해외시장

---

9) 이상만·김동찬, 「시진핑 친정체제 구축 방식과 그 함의에 관한 연구: 지도 이념, 권력 구조 개편과 통치 정당성 강화를 중심으로」, 한국과 국제정치, 제34권 저4호(2018년 겨울), pp. 192-193.

확보, 자국 화폐인 '위안화' 거래 관행을 확장해 나가겠다는 의도가 숨어 있다. 그리고 해상의 '일대일로' 구축은 장기적으로는 '해양 대국' 전략과 맞물려 있다. 특히, 인도양과 태평양 지역에서 미국의 제해권을 뚫고 이 지역에서 자유로운 해상 활동을 확보하려는 군사전략이다. 이에 대해 미국은 '인도·태평양 전략'을 내세워 중국을 봉쇄하려 하고 있다. 여기서 미국의 인내심이 임계점에 이르게 되면 '투키디데스 함정'(Thucydides Trap)[10]에 빠져 군사적 충돌이 일어날 수도 있다.

이러한 중국이 처한 대내외적인 환경이 시진핑 주석의 장기 집권의 명분을 만들어 주었다. 집권 1기가 끝나기 직전 2017년 10월 18일 개막된 제19차 중국공산당 전국 대표회의에서 시진핑 주석은 '시진핑 신시대 중국특색 사회주의 사상'으로 표현한 자신의 국정철학을 밝혔다. 이는 중국식 사회주의 노선을 계승하면서도 자신의 통치 철학을 '신시대'의 지도 이념으로 격상시킨 것이다. 그리고 이듬해 2018년 3월 11일 중국 최고 의결 기구인 전국인민대표대회(全人代)는 시진핑 주석의 연임 제한을 폐지하는 헌법 개정을 표결로 통과시켰다.

종전의 헌법 제3장 제79조 3항의 규정은 "중화인민공화국 주석과 부주석의 매회 임기는 전인대 대회 매회 임기와 같고 임기는 두 번 연속 회기를 초과하지 못한다."라고 되어 있었다. 그런데 이 조항 뒷부분인 "임기는 두 번 연속 회기를 초과하지 못한다"를 삭제한 수정 헌법안을 99.8% 찬성으로 통과시

---

10) 투키디데스 함정(Thucydides Trap)은 아테네 출신의 장군이었던 투키디데스(BC460?~BC400?)의 역사서 『펠로폰네소스 전쟁사』에서 주장한 개념이다. 기원전 5세기 기존 맹주였던 스파르타는 급격히 성장한 아테네에 대해 불안감을 느끼게 되어 지중해의 주도권을 놓고 아테네와 전쟁을 벌이게 된다. 즉 급부상한 신흥 강대국이 세력의 판도를 흔들면 기존 맹주와 무력 충돌로 이어지게 된다는 뜻이다.

컸다.[11] 이전까지는 5년 임기의 두 번으로 10년간 주석직을 맡았던 전례를 깨고 시진핑 제7대 주석은 연임 제한이 없어져 10년 이상 장기 집권이 가능하게 되었다. 수정 헌법 통과 이후 중국 관영매체들은 '중국의 꿈'을 실현하고, 국가 핵심 정책의 연속성을 유지하고, 국제사회의 영향력을 확대하기 위해 강력한 지도자가 요구된다는 논평들을 내놓았다. 〈인민일보〉는 임기 제한이 없는 공산당 '총서기'와 '중앙군사위원회 주석' 직과 동일하게 '국가주석'의 임기도 철폐하는 것이 제도의 안정성 확보와 국가 정세에 부합한다는 논리를 폈다.

한편, 부정부패 척결과 관련하여 시진핑 주석의 집권 2기인 2018년 3월 전인대에서 부정부패 척결을 위해 막강한 권한을 가진 사정 기관인 '국가감찰위원회'를 설립하였다. 그동안 공산당 내에 '당기율검사위원회'가 감찰 기관으로서 공산당원에 대한 사정 업무를 전담해 왔다. 여기에 한계성을 인식하고 '국가감찰위원회'를 신설하여 비당원 공무원, 기업가, 언론인, 학자, 예술인, 일반인에 이르기까지 조사, 수색, 압수, 재산 동결과 몰수까지 할 수 있는 권한을 부여하였다. 국가감찰위원회는 31개 성·직할시·자치구에도 지방 조직을 두고 있어, 시진핑 주석의 부정부패 척결에 대한 강한 의지가 조직적이고 효율적인 사정 업무로 나타날 것으로 보인다.

---

11) 시진핑 주석의 연임 제한을 삭제한 헌법 수정안은 총 2,964조 중 찬성 2,958표(99.8%), 반대 2표, 기권 3표, 무효 1표로 통과되었다.

제19장

통일 베트남의 선택

» 국가 정체성 변화

1975년 공산화 직후 베트남의 국가 목표는 '사회주의 국가 건설'이었다. 그러나 시간이 지나면서 사회주의에서 실용주의로 변화해 왔다. 1975~1986년은 전쟁 승리와 통일의 정당성을 내세워 공산당의 영도를 절대적 원칙으로 설정하고 중국과 소련의 모델을 혼합한 중앙 계획경제로 운영하였다. 정치는 일당독재, 경제는 국유화와 집단농장화, 외교는 소련과는 밀착하고 중국과는 긴장 관계를 유지했다. 그러자 사회주의 계획경제의 한계가 베트남에서도 나타나 심각한 경제난에 부딪쳤다. 그러자 1986년 제6차 공산당대회에서 '도이모이'(Doi Moi, 쇄신) 선언을 하고, 그 이후 국가 정체성과 정책 노선이 크게 바뀌었다. 즉 사회주의 건설에서 사회주의적 시장경제로 방향을 전환하여 이념보다 경제발전을 위한 실용주의를 택했다. 2000년대 이후가 되자 한발 더 나아가 현실주의적 국가이익 중심으로 변했다. 경제는 제조업 강국, 외교는 미국과의 관계 개선이었다.

'도이모이'(Doi Moi) 선언

1954년 프랑스와 전쟁을 끝낸 이후 북베트남은 중앙집권적인 경제 체제하에 제1차 5개년 경제계획(1961-1965)을 추진하면서 소련을 비롯한 공산주의 우방국의 지원으로 경제난을 극복할 수 있었다. 그러나 곧바로 미국과의 전쟁이 발발하면서 5개년 계획은 지속적인 성과를 내지 못했다. 미국과의 전쟁이 끝나고 통일된 베트남은 사회주의 체제로 전환을 위한 조치에 돌입했다. 화폐교환, 독점적 매판자본가의 퇴출, 사기업의 등록 등 거의 10년 동안 사회주의 경제 재건에 총력을 다했으나 체제의 비효율성과 구조적 모순을 극복하지 못했다. 특히, 그중에서도 토지 소유의 편중화를 없애기 위한 집단농장화는 소련과 중국이 실패했듯이 베트남도 실패하여 농민들의 반발이 거셌다. 베트남의 강한 민족주의와 공산주의 이념은 남북통일을 달성하는 데는 성공했지만, 통일 이후 경제 재건과 건설에는 도움이 되지 못했다.

경제 재건에 실패한 가장 큰 이유는 미국과의 10여 년간의 전쟁(1964-1973) 동안 소련을 위시한 동구권 사회주의 국가들에 의존도가 높았기 때문이다. 국가 예산의 약 60%를 이들 나라로부터 지원받았다. 그런데 1985년부터 시작한 고르바초프의 페레스트로이카 영향이 동구권까지 확산하면서 구상무역과 지원이 급속히 줄어들었다. 또, 1978년 12월 캄보디아를 침공하고, 그로 인해 중·월 전쟁이 발발하여 막대한 군사비를 지출했다. 통일베트남 들어 세운 제2차 5개년 경제계획(1976-1980) 기간 중 정부 재정의 평균 34.4%를 군사비로 지출하였다. 미국과의 전쟁이 끝난 직후 수립된 제2차 5개년 경제계획의 목표는 신속한 스탈린식 사회주의화에 있었지만, 결과는 실패로 돌아갔다.

통일된 베트남은 1960년 제정된 북베트남 헌법을 그대로 적용하다 1980년도에 들어서서 새로운 헌법으로 개정하였으나, 행정부의 권한을 강화하는 내용이외는 특별한 것이 없었다. 그래서 제3차 5개년 경제계획(1981-1985)도 별다른 성과를 내지 못했다. 결국 베트남은 공산주의로 통일된 이후 거의 10년 이상 사회주의 경제 체제를 고수하려 했으나 성공하지 못했다. 그러자 1986년 12월 개최된 공산당 제6차 당 대회에서 지난 기간의 사회주의 경제 노선에 대한 비판과 새로운 국가 발전 전략으로 개혁 정책인 '도이모이'(Doi Moi) 선언을 하고, 제4차 5개년 경제계획(1986-1990)을 수립하였다.

'도이모이' 정책은 통일 베트남이 이념보다 실용적이고 현실적인 문제에 무게를 두고 체제를 점진적으로 바꿔가겠다는 신호탄이었다. 2013년 개정 헌법 전문(前文)에 "도이모이 사업에 역사적 의의를 두고 위대한 업적을 달성하였으며, 국가를 사회주의로 이끌었다"라고 명시하고 있다. 이 쇄신 정책 추진으로 베트남의 산업구조가 농업 등 1차산업에서 고부가가치의 2, 3차 산업으로 이행되었다. 이 정책의 주요 내용은 첫째, 경제구조와 투자 우선순위를 중공업보다 농업과 경공업의 생산력 증대에 둔다. 둘째, 국가 경제체제 내의 다원적 경제구조를 장려한다. 국영 부문이 경제활동에 있어서 중심적인 역할을 하되, 공사 합영, 자본주의적 합영, 순수 개인 경영에 의한 생산 활동도 제도화한다. 셋째, 경제관리 방식에서 중앙집권적인 통제 방식을 완화한다. 대신 시장원리를 도입하고 의사결정을 분권화한다. 넷째, 대외 경제협력을 강화한다. 즉 개혁의 핵심은 개인에게 동기 부여하여 자본주의 시장경제로 경제발전의 토대를 마련한 것이다. 이를 반영하여 1992년 4월 15일 개정된 신헌법에서는 베트남의 사회주의 시장경제 체제를 공식화하였다.[12]

'도이모이' 정책은 10여 년의 시차를 두고 중국 덩샤오핑의 개혁·개방 정

---

12) 1992년 개정된 베트남 신헌법은 시대적 변화에 맞춰 공산당에 집중되어 있던 국가 권력을 국회와 정부로 이관한 것이 특징이다. 특히, 경제개혁을 위해 행정부의 역할을 강화하였다.

책 모델을 답습했다고 볼 수 있다. 그러나 베트남과 중국의 개혁·개방 정책에 차이를 발견할 수 있다. 중국의 개혁·개방 정책이 경제 분야에만 국한된 데 반해, '도이모이' 정책은 경제 분야뿐만 아니라, 사회 여러 분야에서도 공산당 일당 지배체제를 해치지 않는 선에서 상당한 개혁과 변화를 추구하고 있다. 당과 행정부의 정풍운동, 국회의 입법기관으로서 역할 강화, 언론과 문화 분야의 개방 정책 등이 그것이다. 중국이 개혁·개방 정책 이후 민주화 욕구 분출로 천안문 사태까지 일어났으나, 덩샤오핑은 시위를 진압하고 민주화 요구에는 귀를 막고 국가 경제 발전을 밀고 나갔다. 그에 비해 베트남이 국가의 전반적인 개혁으로 오히려 경제개혁에 긍정적인 성과를 낼 수 있다는 판단을 한 것은 중국보다 과감한 개혁으로 평가받을 만하다.

베트남이 최근 연평균 6%대의 고도성장을 해 오는 것은 '도이모이' 정책이 작동하고 있음을 말한다. 베트남의 개혁·개방 정책이 성공할 수 있었던 결정적인 계기는 1989년 캄보디아 주둔 베트남군의 철수 결정과 그에 따른 미국과의 관계 개선이었다. 베트남군의 캄보디아에서 철수는 그동안의 국제적 고립에서 벗어나고 서방의 자본과 기술이 유입되게 했다. 1994년 미국은 베트남에 대한 금수조치(禁輸措置) 해제를 발표하고, 1995년 베트남과 미국이 국교를 정상화하자 베트남은 경제발전에 날개를 달았다. 또한, 국내 정치로는 호찌민 사망 이후 그를 대체할 만한 자질과 카리스마를 갖춘 인물이 없어 집단지도체제 행태를 띠고 있다. 이 또한 중국공산당의 집단지도체제를 모델로 한 것으로 보인다. 공산당 서기장, 국가주석, 총리, 국회의장 등이 분할 통치하고 있지만, 그중에서도 공산당 서기장이 주도권을 쥐고 안정된 정치 상황을 유지해 오고 있다. 정치적 안정은 베트남의 성장잠재력이기도 하다.

미국과 수교

베트남이 미국과의 전쟁을 끝내고 통일한 지 불과 20여 년 지난 시점인 1995년 7월 11일 미국과 외교관계를 정상화했다. 호찌민은 공산주의자 이전에 민족주의자였다. 제국주의 지배를 받았던 베트남은 제국주의 식민 지배에서 독립이 중요했고, 그것을 실현할 당시의 현실적 대안은 공산주의였다. 당시 냉전 구도하에서 소련과 중국을 후원자로 선택할 수밖에 없었고, 미국은 자연히 적대적 위치에 있었다. 그러나 통일 후 베트남은 전쟁 피해로 경제가 피폐해져 있었고, 미국은 경제제재와 봉쇄를 유지했다. 그래서 서방과 일본의 지원도 막혀있었다. 1980년대 중반에는 경제가 거의 붕괴 직전에 이르렀다.

1986년 '도이모이' 선언의 성공 전제 조건은 외자 유치와 글로벌시장 접근이었다. 그러기 위해서는 미국과의 관계 개선 없이는 현실적으로 힘든 상황이다. 미국의 경제제재가 풀려야 외자 유치, 서방 금융기관과 접촉, 대외무역이 가능하기 때문이다. 중국의 성장 발전에 미국과의 수교가 크게 역할을 했다는 역사적 사실도 영향을 미쳤을 것이다. 한편, 중국의 인도차이나반도에 대한 야욕과 남중국해 패권 경쟁이 새로운 위협으로 등장했다. 이러한 상황에서 미국과의 관계 개선은 절실했다. 미국 역시 냉전 종식 후 동남아에서 영향력 유지, 중국 견제, 경제적 시장 확보 등 국익 차원에서 베트남과 수교에 긍정적이었다. 한때 총부리를 겨눈 적대국이 이해관계가 일치하는 상황에 이르렀다.

1995년 미 · 베 수교 이후 베트남은 큰 전환점을 맞았다. 먼저, 경제적으로 1994년 경제제재 해제로 경제 회복의 기반을 마련하였다. 무역과 외국자본 투자가 본격화되었다. 그리고 미국 시장 접근이 가능하여 미국은 베트남의 최대 수출 시장이 되었고, 특히 2001년 미 · 베 무역협정 체결 이후 수출이 급증했다. 2024년 기준 베트남의 대미 수출은 약 1,366억 달러였고, 미국의 대베트남 수출은 약 131억 달러였다. 또한, 외국인 직접투자(FDI)가 유입되어 제조업과 서비스업의 성장을 이뤘다. 2024년 FDI는 약 253억 달러로서 대상국은 주로 싱가포르, 한국, 중국, 일본 등이다. 그리고 2007년에는 미국의 지지로 WTO에 가입하면서 '도이모이' 개혁 정책이 정상적인 궤도에 오르게 되었다. 외교·안보적으로는 공산권 잔존 국가라는 이미지에서 벗어나 국제적 고립에서 탈피할 수 있게 되었고, 남중국해 등에서 중국의 영향력 확대에 대응해 미국과의 협력이라는 전략적 지렛대를 확보했다. 무엇보다 중요한 것은 순조로운 체제 전환으로 국내 정치적 안정을 기한 점이다.

» 지역 패권 경쟁

베트남은 역사적으로 오랫동안 중국의 지배를 받거나 조공을 바쳐왔다. 삼국시대는 베트남 북부가 오나라 손권(孫權)의 지배를 받은 때가 있어 중국인들은 베트남을 남월(南越)이라고 부르기도 한다. 근래 중국은 1954년 제네바협정 체결 당시 베트민의 세력을 견제하기 위해 라오스 왕국과 크메르 왕국을 승인하기도 했다. 즉 베트남이 세력을 확장해 이웃 국가인 라오스와 캄보디아를 포함한 인도차이나를 지배하는 지역 패권주의를 우려한 조치였다. 이런 상황 인식은 미·중 수교 당시 미국도 하고 있었던 것으로 알려져 있다.

이러한 베트남 과거사의 학습효과는 중국의 과도한 기입을 경계하게 했다. 강대국 미국과의 전쟁에서도 중국의 전투병 파병을 거절하고, 공병이나 대공포 등으로 후방지원을 받는 데 그쳤다. 반면, 중국은 대약진운동과 문화대혁명 등 국내적으로 어려운 시기에도 계속 군수물자를 지원했고, 중국이 공산혁명을 성공한 이후부터 베트남 공산당 세력 확장에 일정 부분 역할을 했다. 북베트남군의 게릴라전술을 운남성 보병학교에서 교육 훈련하기도 했다. 그런데 베트남은 미국과의 전쟁이 끝나고 공산주의로 통일되자 소련을 끌어들이고 중국은 멀리하기 시작했다. 그러면서 중국 마오쩌둥의 노선을 따르던 캄보디아를 침공까지 했다.

1970년대 후반 베트남과 국경이 맞닿아 있는 캄보디아에서는 마오쩌둥의 공산주의 이론인 마오이즘에 도취한 폴 포트(Pol Pot)가 캄보디아 전체를 '대학살의 장'(Killing Field)으로 만들고 있었다. 이 과정에 베트남계 주민들도 살상되는가 하면, 캄보디아가 메콩강 하류 국경 지역을 되찾겠다고 선포하였다. 이에 1978년 12월 21일 베트남은 13개 사단 20만 명 정예 병력을 동원하여 캄보디아를 전면 공격하기 시작했다. 미국과의 전쟁으로 장비와 물자가 현대화되어 전력이 막강해진 베트남군은 개전 2주 만인 1979년 1월 7일 캄보디아 수도 프놈펜을 점령하고, 크메르 루즈(Khmer Rouge) 정권을 몰락시키고 베트남의 괴뢰정권 '캄푸치아 인민공화국'을 수립하고 약 10년간 존속시켰다. 베트남의 프놈펜 공격의 대의명분은 폭정을 휘두른 크메르 루즈를 응징하는 것이었지만, 사실은 턱 밑에서 '반월 친중'(反越親中)하는 정권을 축출하고, 나아가 인도차이나에서 베트남 공산당 세력을 확장하려는 의도가 숨겨져 있었다. 이에 분노한 중국은 국경분쟁을 빌미로 베트남과 전쟁을 일으켰다.

중·월 전쟁(中越戰爭)이라고 불리는 이 전쟁은 1979년 2월 17일부터 3월 16일까지 약 한 달간 벌어진 짧은 전쟁이었지만, 직전까지 베트남 우방이었던 중국과의 전쟁이라는 점에서 이례적이었다. 그러나 베트남으로서는 미국과 수교한 중국의 수정주의 노선에 대한 배신감, 이로 인한 베트남의 대만과의 비공식 관계 유지 등, 주변 국제관계의 지각변동이 급속히 진행되는 과정에 전쟁은 언제든 일어날 수 있는 상황이었다. 그 당시 중국의 전쟁 이유를 키신저는 앞의 책에서 덩샤오핑의 말을 인용하여 "베트남의 무모한 야망을 억누르고 그들에게 적절한 교훈을 주기 위한 제한된 전쟁"이었다고 기술했다. 베트남의 무모한 야망을 억누르는 것은 인도차이나에서 세력균형을 유지하는 것을 의미하며, 제한된 전쟁은 소련군의 개입을 염두에 둔 것이다.[13] 이 전쟁에서 소련은 확전을 원치 않아 직접적인 군사 지원을 하지 않았다.

당시 중국은 베트남 주력군이 1,000km나 떨어진 남쪽 캄보디아 국경에서 전투 중이었기 때문에 단숨에 하노이까지 진격할 수 있을 것으로 판단했다. 그러나 베트남군은 강대국 미국과의 전쟁을 버텨낸 실전 경험이 많은 베트민과 베트콩 출신들이고, 월남전에서 노획한 무기와 미군이 남기고 떠난 전투기와 헬리콥터 등 당시로서는 우수한 무기들로 무장하고 있었다. 반면, 중공군은 문화대혁명으로 인해 인민군 총사령관 펑더화이(彭德懷)와 같은 군부의 원로들이 주자파(走資派)로 몰려 대거 숙청된 이후였고, 병사들은 군사훈련보다 사상 훈련에 몰두해 왔다. 즉 중국 상황은 문화대혁명이 남긴 후유증으로 전쟁을 할 만한 여유가 없었다.

당시 중국 중앙군사위원회 부주석이자 인민해방군 총참모장인 덩샤오핑의 전쟁 목표는 장기 교전을 통한 점령전이 아닌 '치고 빠지는' 제한전 성격이었다. 그러나 베트남은 1940년대부터 계속해서 일본, 프랑스, 미국 등 대국들과 전쟁을 겪어와 군의 임전 태세는 달랐다. 중공군은 예상과는 달리 고전하자 병력을 추가 투입하여 20만 명으로 대공세를 퍼부었다. 그럼에도 많은 병력의 손실과 이렇다 할 전과를 올리지 못하자 침공을 시작한 지 4주 만에 전략적인 목표를 달성했다'라는 이유로 철군했다.

---

13) Henry Kissinger, 『Henry Kissinger on China』, (NY: Penguin Press, 2011), p.368.

전쟁 당시 베트남의 정규군은 남쪽 캄보디아와의 전쟁에 투입되어 있었고, 중국의 정규군과 전투를 벌인 베트남군은 민병대 수준인데도 불구하고 큰 전과를 올리지 못한 결과는 중공군의 이미지에 큰 손상을 끼쳤다. 종전 후 양측의 공식 발표는 중공군 5천 명, 베트남군 4천여 명의 사상자가 발생했다고 하나, 서로 피해를 축소해 발표했을 가능성이 있다. 결국 중·월 전쟁은 베트남이 선전한 것으로 평가된다. 그럼에도, 중국 측은 베트남과의 국경지대 거점 3곳을 확보하여 국경선을 분명히 하는 성과는 있었다. 반면, 베트남은 프랑스, 미국, 중국 등 대국과의 전쟁에서 밀리지 않고 이들을 몰아내면서 인도차이나 반도에서 명실상부한 강자의 위상과 이미지를 갖추게 되었다.

제20장

북한의 체제 수호 전략

» 권력의 취약성 극복

3대 김정은 시대

권력 세습은 공산주의 이념에 없다. 북한의 세습은 프롤레타리아 독재와 계급해방이라는 이념적 정당성이 혈통적 정당성으로 변질된 것이다. 2011년 12월 17일 김정일이 열차에서 심장마비로 급사했다. 그러면서 김정은으로 3대 세습이 이뤄졌다. 그때 김정은의 나이는 28세였다. 스위스 베른에서 유학 후 돌아와 김일성 군사종합대학에서 교육받았다. 그리고 2009년에 공식적 후계자로 지목되었다고 하는데 확실치는 않다. 김정은이 권좌에 오른 것은 2012년 4월 당대표자회의와 최고인민회의 12기 회의에서 그를 당과 국가의 영도자로 옹립하면서부터다. 이때 그의 직함은 당 제1비서와 국방위원회 제1위원장이었다.

김정은이 실권을 잡고 착수한 첫 과업은 노동당에 힘을 실어주는 전통적인 당 중심 국가인 소위 '당-국가체제'의 복원이었다. 이는 김정일이 선군정치로 군부에 과다하게 쏠린 권력을 줄이는 작업이었다. 김정은 시대는 정통적인 공산당 우위의 권력 체계로 국가를 운영하겠다는 의지였다. 사실 김정일도 사망하기 얼마 전부터 군부의 권력 집중에 대해 문제의식을 품고 있었다. 그 증거로 2009년 최고인민회의 12기에서 헌법을 개정하고, 2010년 3차 당 대회를 거치면서 당 우위의 권력 구조를 위한 기초 작업을 해두었다.

김정은 시대 들어 당의 위상이 높아진 징후는 여러 곳에서 나타났다. 김정일 당시에는 당 대회는 물론이고 정치국 상무위원회도 거의 열리지 않았다. 조선노동당의 최고 의사결정 기구인 당 대회는 당규상 5년에 한 번씩 개최하게 되어 있다. 그러나 1980년 6차 당 대회 이후 줄곧 열리지 않다가 김정은 시대인 2016년 5월에서야 36년 만에 7차 당 대회를 개최하고, 2021년에 8차 당 대회를 개최하였다.[14] 당 대회 이외 노동당의 핵심 기구인 정치국과 중앙군사위원회도 김정일 때보다 자주 열리고 있다.

세습 권력은 권력 기반이 점차 약화하는 속성이 있다. 김정은은 김일성과 김정일에 비해 권력 기반이 없는 상태에서 출발했다. 거기다 젊은 나이에 후계자 수업도 충분히 받지 못한 상태에서 3대 세습의 길은 순탄치 않았다. 그는 백두혈통이기는 하지만 김정일의 두 번째 부인인 재일동포 고영희의 아들이었다. 북한에서 재일동포의 신분은 높은 편이 아니다.[15] 그리고 항일 투쟁을 한 김일성과 20년 이상 후계자 수업을 받고 권력을 넘겨받은 김정일보다 지도자로서 조건이 불리했다. 절대권력에 익숙해 있는 북한을 통치하기에는 권위와 카리

---

14) 북한 노동당 전당대회 개최 시기: (1차) 1946.8, (2차) 1948.3, (3차) 1956.4, (4차) 1961.9, (5차) 1970.11, (6차) 1980.10, (7차) 2016.10, (8차) 2021.1.

15) 북한 3대 계층: 핵심계층(28%), 동요계층(45%), 적대계층(27%)으로 나뉜다. 재일동포는 핵심계층과 동요계층 사이의 우대 성분으로 분류되는 경우가 많다. 일본에서의 출신 배경, 활동 경력, 자본력에 따라 우대의 편차가 있다.

스마가 부족했다.

이러한 여건에서 김정은은 권력 기반을 조기에 공고히 하기 위해 양면 작전을 폈다. 한편으로는 새로운 젊고 친화적인 지도자 이미지를 만들고, 다른 한편으로는 부족한 정통성을 확보하기 위해 공포정치를 하기 시작했다. 권위적이고 은둔형 지도자였던 김정일과 달리 그는 인민과 친근한 지도자로 변신하려고 노력했다. 지방과 군부대를 공개적으로 시찰하고, 김정일이 〈노동신문〉 보도를 통해 발표해 온 '신년사'를 김정은은 새해 첫날 〈조선중앙방송〉을 통해 직접 육성으로 낭독했다.[16] 그런가 하면, 2013년 12월 고모부인 장성택을 기관총으로 무참히 처형한 데 이어, 지난 시대 권력 핵심 세력과 노회한 군 간부들을 숙청했다.[17] 공포정치를 통해 심리적 불안감을 조성해 권력 이완 현상을 방지하고, 자신의 새로운 권력 기반을 형성해 나가기 위한 전략이었다.

김정은 시대 북한의 가장 큰 변화는 핵보유국의 자리매김과 탄도미사일 고도화라 할 수 있다. 북한이 핵무기를 갖는 의미는 그들이 항상 강조해 온 '안보의 자주'를 실현하는 안전장치를 확보하는 것이다. 누구도 쉽게 침범할 수 없고, 누구에게도 의존할 필요가 없는 무기를 갖게 되는 것이다. 그리고 재래식 무기로 한국과 경쟁할 필요가 없는 비대칭전력을 확보하는 것이다. 김정은 시대의 핵무기 완성은 김일성, 김정일에 이어 3대에 걸친 숙원사업이었다. 2012년 처음으로 헌법 서문에 핵보유국임을 명시하기 위해 "우리 조국을 불패의 정치사상 강국, 핵보유국, 무적의 군사 강국으로 전변"이라고 적시했다. 북한

---

16) 북한에서 매년 1월 1일 발표하는 〈신년사〉에는 북한 당국이 그해 추진할 정책 방향과 내용이 비교적 상세히 제시된다.

17) 김정은 정권 들어 고모부 장성택 이외 당·정·군 간부 70명 이상을 처형한 것으로 알려져 있다. 대표적으로 2012년 7월 이영호 총참모장과 2015년 4월 현영철 인민무력부장이 처형되었다. 2017년 2월에는 이복형인 김정남을 독살했다.

의 핵무기는 백두혈통의 세습 권력을 지탱하는 전가보도(傳家寶刀)가 되었다.

핵·경제 병진 노선

북한은 기본적으로 병영국가(兵營國家)다. 국가 재원을 군사비에 과다하게 지출하기 때문에 인민들의 삶은 늘 궁핍해 왔다. 그런 가운데 김정은은 핵 개발이 어느 정도 완성 단계에 들어서자 '핵 · 경제 병진 노선'을 천명하였다.[18] 2013년 3월 31일 조선로동당 중앙위원회 전원회의를 소집해 〈경제건설과 핵무력 건설을 병진시킬 데 대한 새로운 전략노선〉 발표에서 "국방비를 늘리지 않고 적은 비용으로 나라의 방위력을 더욱 강화하면서 경제 건설과 인민 생활 향상에 큰 힘을 돌릴 수 있게 합니다."라고 핵 · 경제 병진 노선을 설명했다. 그 후 2016년 개정된 노동당 규약에 "경제건설과 핵무력 건설의 병진로선을 틀어쥐고…"로 규정하고, 2023년 9월 27일 개정된 헌법 전문에 "완전한 핵무력을 실현한 핵보유국"으로 명시했다. 북한의 정체성과 생존 전략을 규범화하고, 비핵화 협상을 사실상 거부하는 선언으로 해석된다.

그리고 대외적으로는 핵을 절대로 포기하지 않겠다는 의지로 풀이된다. 그런 관점에서, 미국 등 서방 세계가 경제제재로 북한이 핵을 포기할 것으로 기대하는 것은 잘못된 판단으로 보인다. 북한의 핵 개발에 따른 서방 세계의 제재는 인민들은 이미 가난과 허리띠를 졸라매는 데 익숙해져 있고, 북한 당국은 힘든 상황을 지도층이 통치를 잘못해서가 아니라 미국 등 외부 세계의 경제적 압박 때문이라고 선전해 오고 있다. 북한 지도부는 외부의 관여로 경제제재가

---

18) 북한에서 국방과 경제를 묶어 선언한 전례가 있다. 김일성은 1966년 10월 '경제 · 국방 병진 노선', 김정일은 2002년 9월 '선군 경제건설'을 선언한 바 있다.

풀리지 않으면 언제든지 인민들에게 또 다른 '고난의 행군'을 강요할 수 있다.

　김정은은 2019년 신년사에서 북한은 핵무기를 '생산, 실험, 사용, 확산'하지 않겠다고 했다. 핵을 '폐기'하겠다는 것이 아니고, 이는 이미 개발한 핵은 보유하겠다는 뜻이다. 북한의 김씨 왕조가 유지되는 한 핵두기는 생명 줄과 같아 끝까지 잡고 있을 것이다. 앞에서 언급했듯이 핵무기는 김일성 백두혈통 가문의 성과이자, 그들의 권력을 지속해 나가게 하는 안전장치이다. 그리고 북한 핵무기는 실제 사용 여부를 떠나, 남한을 위협하는 데 가장 강력한 정치적·군사적인 수단이다.

　'핵·경제 병진 노선'은 대내적으로는 그동안 핵무기 개발과 군사비 과다지출로 인해 허리띠를 졸라맨 인민들에게 핵보유국이 된 것을 자랑스러운 성과로 내세우는 한편, 핵 개발이 끝났으니 민생 경제를 살려 인민들의 삶을 향상하겠다는 의지를 밝힌 것이다. 즉, 핵무기 완성으로 체제의 안전이 확보되어, 재래식 군사비에 투자될 재원을 민수경제에 투자하여 인민들의 삶을 향상할 수 있다는 논리이다. 그러나 북한은 핵·경제 노선보다 핵을 포기하고, 외부의 경제제재가 풀려야 인민들의 먹고사는 문제는 해결될 것이다. 북한 체제의 딜레마의 본질이 여기에 있다.

　또 핵무기 운송 수단인 탄도미사일 개발도 상당한 수준에 이르렀다. 1970년대 후반부터 소련 스커드 미사일을 분해하여 자체 기술로 발전시키기 시작한 북한은 현재까지 성능과 사정거리를 늘여 오면서 다양한 미사일을 보유하고 있다. 2017년 11월에는 미국 동부까지 타격이 가능한 것으로 평가되는 대륙간탄도미사일(ICBM) 화성-15형 시험 발사에 성공했고, 2025년 노동당 창건 80주년 열병식에서 화성-20형을 선보였다. 그리고 2019년 10월에는 잠수함발사탄도미사일(SLBM)까지 성공적으로 발사되었다고 즈장했다. 최근에는 기동성과 신속성을 담보할 고체연료를 장착한 미사일을 개발하고, 남한을 정밀 타격하기 위한 단거리 미사일과 신종 방사포 등을 개발하고 있다. 2022년부터 시작된 우크라이나 전쟁 이후 러시아에 재래식 무기 공급의 대가로 전수된 최신 기술로 이들 무기를 한층 고도화할 것으로 예상된다.

» 생존을 위한 선택

중·러 균형 외교

북한은 러시아의 우크라이나 침공 이후 중국과 러시아 사이에서 등거리 외교를 유지하려고 하고 있다. 그 배경에는 정치적 · 경제적 · 지정학적으로 복합적 요인이 있다. 첫째, 북한의 중국 의존도를 줄이기 위해서다. 북한 김정일이 김정은에게 권력을 넘겨줄 때 중국에 대한 경각심을 일깨웠다는 얘기가 전해질 정도로 북한은 중국에 대해 외부의 인식과는 다른 정서가 존재한다. 북한은 오랫동안 경제적으로 중국에 크게 의존해 왔다. 특히, 북한이 핵 개발 등으로 국제사회의 제재가 계속되는 동안 중국은 암암리에 경유 등 경제적 지원을 해 왔다. 그런 북한으로서는 불가피한 측면이 있었지만, 중국에 대한 과도한 의존도를 낮추고 유연성을 높일 필요성이 있어 왔다. 한편, 중국으로서는 미국의 아시아 지역의 연대를 고려, 북-러 관계 진전이 불리한 상황은 아니라서 깊이 관여하지 않으려는 태도를 보이고 있다.

둘째, 북한과 러시아는 국제사회의 여러 제재를 받고 있어 돌파구가 필요했다. 러시아는 유엔 안전보장이사회 상임 이사국으로서 대북 제재에 대한 거부권을 행사할 수 있는 국가다. 한편, 러시아로서는 우크라이나 전쟁 이후 국제적 고립에 직면해 북한과의 협력 필요성이 커졌다. 서방 제재에 맞서는데 북한이 러시아의 새로운 파트너가 되는 셈이다. 군사적으르 최근 양국 간 이해관계는 우크라이나 전쟁이 예상외로 장기전이 되면서 러시아는 포탄, 미사일 등 북한의 재래식 무기와 병력의 공급이 필요하고, 북한으로서는 반대급부로 러시아의 군사 기술 이전 등을 기대할 수 있게 하는 것이다.

셋째, 미국과의 대결 구도에서 대미 협상력 제고이다. 하노이 북미정상회담 결렬 이후 북한은 대미 외교 정책을 대화 정책에서 적대 정책으로 전환했다. 러시아와 군사적·경제적 협력 강화를 통해 미국에 대한 협상력을 높이고, 중국-러시아-북한을 잇는 3자 연대를 형성함으로써 북한의 위상을 높이려는 시도가 있다. 2025년 9월 3일 천안문 광장 열병식에 푸틴과 함께 참석한 것도 국제무대에서 북한의 존재감을 보인 것이다. 현재의 국제질서가 미국 중심에서 다극 체제로 재편되는 과도기적 상황을 북한은 기회로 활용하고 있다. 즉 미국과 중국 간의 경쟁, 러시아와 서방 간의 대립 구도 손에서 북한은 국익을 극대화하려는 전략을 구상하고 있다.

2024년 6월 푸틴 대통령이 북한을 방문하여 '포괄적 전략 동반자 관계에 관한 조약'을 체결했다. 이 조약 체결로 양국 관계는 군사동맹 수준으로 격상되었다. 유사시 군사적 원조를 제공하는 내용이 포함된 것으로 알려졌다. 이후 북한은 포탄 등 재래식 무기 공급에 이어 전투 병력까지 격전지에 파병하였다. 이에 대해 러시아는 북한에 위성 및 핵 추진 잠수함 관련 등 첨단 군사 기술을 이전하는 정황이 포착되고 있다. 그 외 에너지 및 식량 자원, 농업 및 과학기술 교류, 나진-하산 철로 개통 등 교통과 물류의 교류가 증가하고 있다. 그 외 지정학적으로 한반도에서 중국의 과도한 영향력을 견제하려는 러시아의 의도도 있어 보인다. 북한과의 협력 확대를 통해 동북아 지역에서 러시아의 입지를 강화하려는 것이다.

'장마당' 확산

1990년대 중후반부터 북한에서 배급제도가 없어지자, 주민들은 지도자의 공허한 호소에만 기대할 수 없어 각자가 생존을 위한 대책을 강구해 왔다. 그 대표적인 생계 수단이 국경 지역에서의 밀수와 '장마당'에서 장사하는 것이다. 장마당은 일종의 암시장 형태로 운영되고 있으며 중국, 한국 등에서 생산된 생필품이 주로 거래된다. 배급제가 없어져 북한 당국도 묵인할 수밖에 없는 상황에 이르렀다. 북한 전역에 이미 414개의 장마당이 선다.[19] 초기에는 불법이었으나 시간이 지나면서 부분적으로 합법화하다가 2003년부터 공식화하여 지금은 '일반 시장'이라고 불릴 정도로 양성화되고 있다. 이젠 장마당이 북한 주민 생계의 중심으로 자리 잡아 대부분의 가계 지출과 수입이 여기서 이뤄지고 있다. 한 조사에 따르면 주민의 약 83%가 시장 거래에 참여하며, 총인구의 75%가 생존의 장소로 자리 잡고 있다.

북한 당국이 2019년 들어 시장 경제활동을 규제하자 일부 지역에서 일시적으로 그 숫자가 감소하는 추세를 보이기도 했다. 그러나 북한의 도별 장마당 숫자는 평균 약 32개에 이르며, 대표적인 북한의 장마당은 '평양 통일시장'이다. 2003년 공식적으로 개장된 '일반 시장'의 대표 사례로서 북한에서 가장 큰 장마당이며, 외국인 방문도 허용된 곳이다. 식료품, 가전제품, 의류, 외화 거래까지 이뤄지고 있고, 한국산 제품도 일부 판매되고 있는 것으로 알려져 있다. '청진 수남시장'은 함경북도 청진시에 소재하며, 중국 국경지대와 가까워 외부 세계의 물자가 많이 유입되는 곳이다. 양강도 혜산시에 있는 '혜산 장마당'은 북·중 국경 도시에 위치하여 밀무역이 성행하는 곳이기도 하다. 평안북도 '신

---

19) 통일연구원(KINU) 2022년 11월 자료, 참고

의주 장마당'은 중국 단둥과 마주하고 있어 외화 환전과 무역 상품 거래가 활발한 곳이다. 함경남도 '함흥 장마당'은 인구가 많고 공업 중심 지역이어서 시장 규모가 큰 편이다.

장마당은 북한 사회의 변화에 중요한 역할을 하고 있다. 장마당은 정보가 확산하는 곳이다. DVD, USB, 라디오 등 외부 세계의 정보가 장마당을 통해 유입되고 있다. 따라서 주민들의 의식 세계가 넓어지고, 반대로 북한 당국의 선전·선동의 영역은 좁아지고 있다. 고난의 행군 등 다기근 시기에 어린 시절을 보낸 '장마당 세대'가 형성되고 있다. 이들 청년세대는 시장 기반의 자율성과 창업 정신을 익히고 개인 사유재산에 대한 인식을 키워가고 있다. 즉 초기 단계의 시장경제가 뿌리내리고 있다. 또한, 장마당은 여성들이 중심적 역할을 하여 가족의 생계를 책임지는 경우가 많아, 여성의 역할에도 변화를 일으키고 있다.

그간 폐쇄적인 북한 사회에 장마당은 이념 문제와 사회 통제에 많은 문제를 일으킬 수 있다. 먼저, 배급제 대신 장마당 의존도가 높을수록 국가의 통치력 약화로 나타나게 된다. 그리고 장마당은 시장원리가 작동하는 공간이므로 당국이 비판해 온 자본주의에 대해 다시 생각하게 되고, 그로 인해 계획경제를 근간으로 하는 공산주의 이념적 기반이 흔들리게 된다. 또한, 장마당 활성화로 신흥부유층인 '돈주'가 등장하고, 이로 인한 빈부 격차가 심화하여 계층 간 불만이 커지면 평등 사회를 이념으로 하는 북한에서 잠재적인 사회 불안 요인이 될 수 있다.

또한, 장마당이 활성화되는 곳에는 당국이 이익을 통제하고 독점하려고 한다. 거래 품목을 제한하는 등의 방식으로 개인 상인들의 생계를 위협하면 주민들의 불만이 쌓일 수 있다. 단속 과정에서 상인들이 보안원이나 군인들에게 집단으로 저항하는 사례도 있다. 장마당에서 개인적인 금전 거래가 활성화되면서 국가 화폐 유통에 통제력이 약화될 수 있다. 2009년 화폐 개혁 시도가 오히려 경제적 피해를 키우기도 했다. 장마당이 활성화되면 주민들이 국영 직장에 출근하는 대신 장마당에 집중하여 국영기업소의 생산력 저하로 이어질 수 있다. 또한 국영기업소 역시 장마당을 통해 물자를 조달하거나 판매할 경우, 계획경제의 틀이 흔들린다. 장마당 확산은 북한 당국으로서는 진퇴양난(進退兩難)의 상황이다.

제21장

쿠바의 세대교체와 전환기

» 카스트로 이후 변화

롤러코스터 미국 관계

쿠바는 카스트로가 공산주의 노선을 선택하면서부터 스련과 긴밀한 관계를 유지해 왔고, 그로 인해 1961년 미국은 대사관을 철수하고 양국 관계는 단절되었다. 그 후 쿠바는 미국의 금수조치 등 지속적인 정치적·경제적 압박을 받아 왔다. 그러나 2014년 쿠바에 대한 경제봉쇄 해제를 측구하는 움직임이 중앙아메리카 국가 지도자들 중심으로 일어났다. 그러자 오바마 미국 대통령은 2014년 12월 공식 성명을 통해 쿠바와의 관계 정상화를 위한 협상에 돌입할 것을 선언했다. 대사관 개설을 포함한 양국 관계 정상화, 여행 자유 확대, 수출입 품목 확대 등 다양한 방면에서 양국의 국익 증진에 도움을 주는 길이 열리게 되는 것이었다. 이 당시 쿠바의 지도자는 라울 카스트로였다.

2015년 7월 20일 단교 54년 만에 워싱턴과 하바나에 대사관을 설치하고 국교 정상화가 되었다. 비록 국교 정상화를 이뤘으나, 미 의회 권한으로 되어 있는 대(對)쿠바 금수조치는 해제되지 않았다. 그리고 불행하게도 2017년 쿠바 주재 미국 대사관에 원인 불명의 괴질이 발생했다. 청력과 균형 감각을 잃고 뇌 손상을 의심케 하는 증세를 보인 '아바나 증후군' 환자가 21명에 달했다. 미국은 쿠바의 음파 공격으로 인한 것으로 의심하며 외교 단절을 고려하기까지 하는 불상사가 있었다. 그 병의 원인은 아직도 미스터리로 남아있다.

미국 트럼프 대통령은 쿠바는 여전히 '사회주의 독재국가'라는 입장이며, 오바마 정책을 '잘못된 유화 정책'이라고 비판했다. 트럼프는 종교의 자유와 정치범들을 석방하지 않는다는 이유로 쿠바와 단교하겠다고 선언하고, 쿠바 민병대가 베네수엘라에 주둔하고 있다는 이유로 2021년 1월 쿠바를 테러지원국으로 재지정했다. 그리고 여행 제한 및 송금 제한 등 경제제재 조치를 강화했다. 외교관계가 유지되고는 있으나 트럼프 재임 기간 양국 간의 큰 진전은 기대하기 어려울 것으로 보인다.

제한적인 시장경제 도입

2014년 미국 오바마 행정부 들어 양국 관계를 재개하였으나 오랫동안 사회주의 체제의 경제적 한계를 쉽게 극복하지 못하였다. 2016년 카스트로가 사망하자, 그의 혁명 동지이자 동생인 라울 카스트로(Raul Castro, 1931~)가 쿠바를 2008~2018년 통치하는 동안 기존 사회주의 체제를 유지하면서 부분적인 개혁과 개방을 추진했다. 그러나 쿠바의 공산당 지배는 여전하여 다당제와 언론의 자유는 허용되지 않았고, 핵심 산업은 국유화가 유지되었다.

라울 카스트로는 2008년 집권 후 "우리는 사회주의를 포기하지 않는다. 하지만 효율적이고 지속 가능한 사회주의를 만들어야 한다."라고 하면서 2010년부터 식당, 숙박, 운송 등 소규모 사업을 개인이 합법적으로 운영할 수 있도록 허용했다. 그러자 자영업자 수가 약 15만 명에서 50만 명으로 늘어났다. 그리고 소기업과 중소기업 설립을 합법화했다. 최대 100명까지 고용이 가능한 기업을 허용해 농업, 건설, IT, 유통, 식품 가공 등 분야가 활성화되었다. 국가 소유의 일부 농지를 개인에게 임대하여 생산량 증대를 유도하기도 했다. 2011년에는 일부 시장 가격제를 허용하고, 개인이 집을 사고팔 수 있게 했다. 2013년부터는 내국인의 해외여행을 허용하고, 쿠바계 해외동포의 귀환과 투자를 장려했다. 해외 투자를 유치하기 위해 2014년 새로운 외국인 투자법을 제정하고, 경제특구를 지정하기도 했다. 그러나 여전히 사회주의 경제체제를 고집하고 있어 시장경제 요소는 최소한으로 도입되고 있다.

» 미온적 체제 전환

경제의 구조적 취약성

쿠바의 경제는 사회주의 체제의 한계성 이외, 규모의 경제가 일어나기 어려운 여건이다. 인구 약 1,100만 명의 내수만으로는 경제성장과 발전이 쉽지 않다. 그런 이유로 산업구조와 교역 대상국의 다원화가 이루어져 있지 않다. 제조업은 담배, 의류, 제약 등 일부 경공업 종목이 국내에서 제한적으로 생산될 뿐, 중공업이나 첨단 산업은 매우 취약하다. 그리고 농업 중심의 산업구조를 가진 전통적인 농업국가이다. 교역을 통한 외화 수입은 거의 1차산업과 관광업에 의존하고 있고, 교역 대상도 일부 국가로 한정되어 있다.

쿠바는 세계 최대 수준의 니켈 매장량을 보유하고 있어 전기차 배터리 산업의 성장으로 주목받고 있지만 주요 수출 시장은 중국이다. 그리고 설탕, 담배가 주요 수출품인데, 설탕의 주요 수출 대상국도 중국이다. 국영 바이오산업에서 비교우위를 보인 기업들의 일부 의약품과 의료 인력은 주로 아프리카에 집중적으로 진출하고 있다. 자연과 문화유산을 바탕으로 하는 관광산업은 GDP의 10%를 차지할 정도로 주된 외화 수입원이고, 고용 창출 효과도 큰 분야이다. 외국인 방문객은 2024년 약 250만 명에 이르지만, 대부분 캐나다와 러시아인들이다. 미국인은 여행과 신용 카드 사용 제한이 아직도 풀리지 않고 있다.

쿠바 경제는 미국의 대쿠바 경제제재 조치가 중요한 변수로 작용해 왔다. 1960년대 이후 미국의 금융과 무역 제재가 계속되고 있어, 달러 기반의 국제 금융망에 접근하기가 힘들게 되어 있다. 거기다 계획경제로 인해 시장의 유연성이 낮아 외부의 충격에 대응하는 능력이 떨어지고 있다. 소련 붕괴와 베네수엘라 위기 이후 이들로부터의 지원이 줄어 경제난이 가중되고 있다. 최근에는 인플레이션과 전력난으로 경제위기가 고조되고 있다. 2023~2024년 성장률은 거의 0%에 가깝고, 인플레이션이 30%에 달하는 고물가가 지속되고 있다. 외화 부족으로 공식 환율과 암시장 환율의 괴리가 크고, 페소화(CUP) 가치가 급락하는 현상이 벌어지고 있다. 이러한 경제난으로 최근 몇 년간 수십만 명이 미국과 중남미로 이민을 떠나고 있다.

불가역적 사회주의

쿠바는 여전히 공산당이 일당 독재하는 사회주의 공화국이다. 1992년 개정된 헌법은 쿠바를 사회주의 국가로 지정하고, 2002년 개정 헌법에서는 '사회주의 체제는 불가침'이라는 조항을 추가했다. 쿠바 공산당이 유일한 정당이며, 실질적 통치를 담당하고 있다. 국회 격인 '인민권력국가회의'가 있어 그 대의원들을 투표로 선출하지만, 공산당 당원들이 의석을 장악하고 있다. 2018년 라울 카스트로가 은퇴하고 포스트-카스트로 시대인 2019년 미겔 디아스 카넬

(Miguel Diaz Canel, 1960~)이 국가 원수직을 승계하였지만, 혁명 정신과 불가역적 사회주의는 유지되고 있다.

그리고 경제체제도 여전히 사회주의 계획경제를 고집하고 있다. 1959년 쿠바혁명 이후 국영기업이 줄곧 지배적으로 국가 경제를 이끌고 있다. 즉 정부가 대부분의 산업을 소유하고, 인민들은 고용되어 노동력을 제공하고 있다. 그러나 1991년 소련 붕괴 이후 경제난에 직면하면서 제한적으로 노동자 협동조합과 자영업을 장려하고 있다. 2018년 헌법 개정으로 시장경제 제도 도입을 제한적으로 인정하고, 외국인 투자의 중요성을 명시했다. 2021년에는 민간 중소기업을 허용하는 등 점진적인 경제개혁을 추진하고 있으나, 다른 사회주의 국가들의 체제 전환과 비교하면 미온적인 조치이다.

제22장

공산혁명과 체제 전환의 상관성

» 공산혁명 유형

공산주의 국가의 체제는 단순히 '경제체제'가 아니라 혁명의 성격에 따라 형성된 권력 구조를 기초로 결정된다. 혁명의 폭력성, 주도 세력의 성격, 사회의 참여도에 따라 혁명 이후 국가체제의 속성이 결정된다. 즉 혁명은 체제의 DNA이고, 그 DNA가 결국 체제 전환에 영향을 미친다. 20세기 혁명의 유형은 크게 세 가지 유형으로 분류할 수 있다. 첫째, 전면적인 폭력혁명이다. 혁명 과정은 무장투쟁, 내전, 외부 세력 축출 등으로 반혁명 세력은 적으로 간주하였다. 러시아, 중국, 베트남, 쿠바 등에서 혁명 이후 강한 당-국가 결합, 중앙집권과 숙청, 사회동원형 통치 구조가 나타났다.

둘째, 민족 해방형 혁명이다. 혁명 과정은 반식민, 반제국주의 투쟁과 마르크스 이념의 결합 형태였다. 베트남, 북한, 중국(부분적)이 혁명 이후 민족주의적 정당성을 강조하면서 혁명 지도자의 카리스마에 의존한 통치를 했다. 셋째, 의회 내 혁명 등 점진적 혁명형이다. 동유럽의 나라들이 소련 영향 아래 점진적 권력 장악의 과정을 거쳤다. 혁명 후 통치는 당이 권력을 장악하지만 비교적 제도화된 엘리트 구조를 띠고 타협적 사회주의 체제를 가졌다.

이러한 혁명의 유형에 따라 체제 전환에서도 폭력성, 이념의 정당성, 사회참여도 등의 정도가 중요한 변수로 작용했다. 혁명의 폭력성이 강할수록 엘리트 중심으로 사회 통제가 강화되어 체제 전환에 대한 저항감이 높았다. 그리고 혁명의 이념이 절대적일수록 체제 전환에서 점진적 개혁이 힘들었다. 민족 해방형 혁명은 정당성의 원천이었던 외부의 적이 없어지면 체제 전환에 거부감이 없어지고, 혁명 주체의 사회적 기반이 넓을수록 체제 전환에서 사회적 합의가 쉽게 일어나 점진적 개혁이 가능했다. 다시 말해, 공산주의 체제가 전환할 때의 저항이나 속도는 혁명이 일어났을 때의 정치·사회적 상황과 상당한 관련성이 있다.

» 체제 전환 저항과 속도

20세기 공산주의 국가들은 혁명의 이유와 유형에 따라 체제나 권력 구조가 상이하여 체제 전환에서도 그 저항과 속도가 달랐다. 프롤레타리아 혁명으로 권력을 장악한 국가들은 체제의 정당성을 '피의 희생'과 '전투적 이데올로기'로 규정하고, 부르주아계급을 타파하여 계급 구조를 완전히 바꾸어 놓았다. 그리고 혁명 지도부에 권력이 집중되는 권위주의적 체제를 유지했다. 그래서 체제 전환으로 자본주의 시장경제를 받아들이는 것이 '이념의 배신' 또는 '도전'으로 받아들였다. 이에 비해, 식민 지배에서 민족주의와 혁명이 연계되거나 비교적 평화적으로 공산주의를 채택한 국가들은 체제나 이념에 대한 집착보다 경제의 효율성이나 실용성에 무게를 두고 체제 전환과 개혁에 적극적이기까지 했다. 동유럽 국가들은 대부분 무력 혁명 없이 선거를 통하거나 자발적으로 공산주의가 도입되었다. 그래서 체제에 유연성이 있었고, 전환 속도도 빨랐다.

러시아혁명은 볼셰비키의 도시 중심의 혁명으로 시작하여 혁명 후 프롤레타리아 독재로 강력한 중앙집권체제를 수립해 왔다. 그래서 체제 전환 과정도 쉽지 않았다. 1970~80년대 소련 브레즈네프 시대 이미 '정체의 시대'로 불릴 만큼 계획경제의 비효율성과 관료주의 폐해를 인식하고 있었다. 그러다 1985~1991년 고르바초프의 개혁·개방 정책이 시장경제로의 전환을 시도했었다. 국유기업의 대규모 사유화, 가격 자유화, 무역 자유화 등 체제 전환을 추진하는 데 10년 이상의 기간이 소요되었다. 그런데도 고르바초프 개혁·개방의 충격이 정치적·경제적 혼란을 가져와 소련 제국이 붕괴하였다. 공산당의 일당독재는 사라졌지만, 그 여파로 새롭게 탄생한 러시아도 아직 권위적인 통치와 올리가르흐 등의 일부 계층의 시장 지배력으로 온전한 시장경제로의 전환에 시련을 겪고 있다.

중국 공산혁명은 농촌 중심으로 도시를 포위하는 식으로 장기적인 게릴라전으로 성공했다. 혁명에 성공한 마오쩌둥이 교조적 공산주의 실현을 위해 인민을 총동원하고 문화대혁명까지 거쳤으나 결국 실패했다. 다행히 1978년 덩샤오핑이 경제 분야에 점진적 체제 전환을 해왔다. 농업 개혁과 경제특구 설치, 국유기업의 개혁, 외자 유치 등의 단계를 거치며 서서히 시장경제 요소를 확대했다. 그의 '선부론'(先富論)은 먼저 부유해질 수 있는 사람이나 지역이 먼저 부유해져서 다른 사람을 돕자는 경제발전 방식이다. 공산주의 이론에서 벗어나 불평등을 일정 부분 인정하는 유연성과 점진적 개혁을 의미했다. 그러나 덩샤오핑도 천안문 사태 수습 과정에서도 보았듯이 권위적인 통치 방식은 포기하지 않았다. 현재의 중국도 여전히 공산당 일당 지배를 유지하면서 시장경제 요소를 도입하여 '사회주의 시장경제'라는 반쪽 체제 전환을 시험하고 있다.

베트남은 식민 지배로부터 민족 해방 전쟁으로 출발하였으나, 결국 공산주의자가 된 호찌민의 리더십으로 전쟁 과정을 거쳐 공산주의 국가가 되었다. 이념적으로 민족주의 성향이 강해 체제 전환도 저항감 없이 빨리 진행되고 있다. 즉 민족해방과 통일을 이룬 상태에서 경직된 체제를 고집할 이유가 없다. 그래서 공산당의 지도력은 유지하면서 쇄신적인 '도이모이' 정책을 중심으로 체제를 전환하고 있다. 이에 반해, 쿠바는 피델 카스트로와 체 게바라의 게릴라전이 반제국주의적 성격이 강했다. 현재도 미국 가까운 지정학적 요인과 계속되는 미국의 경제제재로 체제 전환을 주저하고 있다. 그리고 정치체제도 공산당 일당독재를 유지하고 있다. 북한은 예외적인 경우다. 김일성의 항일 투쟁과 소련의 공산당과 소련군의 지원으로 공산정권이 수립되었다. 그리고 공산주의 국가에서 유일하게 권력을 세습해 오면서 강력한 수령 체제와 '우리식 사회주의'를 고수하며 체제 전환을 시도하고 있지 않다.

제8부

공산주의의 유산과 미래

제23장

중국 발전 모델의 평가

» G2, 문명국가론

공산주의 중국이 오늘날과 같이 괄목할 성장을 한 데는 적기에 개혁·개방 정책을 추진한 덩샤오핑의 결단이 있었기에 가능했다. 거기다 50년 이상 중앙집권적이고 권위적인 정치 안정이 뒷받침했다. 중국이 이렇게까지 발전할 줄은 미국과 수교할 때만 해도 예상하지 못했던 일이다. 그래서 이제 와서 미·중 수교에 대해 인색한 평가를 하는 사람들도 있다. 중국이 국제무대에서 대국으로 인식되기 시작한 계기는 앞에서도 설명했듯이 2008년 북경올림픽이었다. 국내적으로는 2012년 11월 공산당 5세대인 시진핑이 제16대 당 중앙위원회 총서기로 등극하면서부터다. 2013년 3월 제7대 중화인민공화국 주석이 된 이후부터 자신의 위상을 강화하고 공산당 지배체제를 더욱 공고히 하는 조치를 하나둘 취해 왔다. 그의 통치 이념인 '신시대 중국 특색사회주의 사상'이 2017년 10월 제19차 중국공산당 당 대회에서 중국공산당 당장(黨章)에 올랐다.[1]

---

1) 중국공산당 당장(黨章)에는 '마르크스-레닌주의', '마오쩌둥사상', '등소평이론', '3개 대표 중요

2005년 미국 피터슨국제경제연구소(PIIE) 소장 버그스텐(Fred Bergsten)이 중국을 G2로 부르기 시작했을 때만 해도 중국 지도부에서는 G2로 불리는 데 대해 부담스러워하는 분위기였다. 그러나 이제는 당연한 것으로 여긴다. 그만큼 중국이 신흥 강대국으로서 미국과 함께 국제무대에서 정치, 경제, 군사 등 모든 면에서 국제질서를 형성하는 영향력이 있는 행위자임을 자인하는 것이다. 그리고 서방 학계를 중심으로 중국이 일당독재와 권위주의 체제로는 장기적 경제발전과 혁신에는 한계가 있을 것이라는 주장도 있으나, 중국은 여전히 세계 2위의 경제 대국의 자리를 유지하고 있다. 많은 산업 분야에서 미국을 위협할 정도로 발전하고 있는 사실을 부인하기 어렵게 되었다.

여기서 중국의 한계론을 주장한 학자들이 간과한 사실을 살펴볼 필요가 있다. 첫째, 국가 주도적인 전략 산업 육성 정책의 성공이다. 대표적으로 AI, 전기차, 5G, 재생에너지 분야다. 이들 분야는 연구개발 단계에서쿠터 대규모 투자가 요구되어, 대규모 자원 동원이 가능한 국가가 유리하다. 즉 중국의 국가자본주의 경제정책이 더 효율적일 수 있다. 정보화시대에 이들 전략 산업 분야에 대한 국가 주도의 집중 투자는 산업 연관효과와 확장성이 매우 크게 나타난다.

둘째, 중국이 비록 중앙집권적인 체제이지만, 기술 산업 분야는 지방분권적 실험주의를 채택하고 있다. 즉 지방 정부에 상당한 자율성을 부여하여 성공할 경우, 전국적으로 확산시키고 있다. 셋째, 중국 인민들, 특히 중산층은 정치적 민주주의를 희생하더라도 경제적 성과로 이를 상쇄시키는 체제의 순응성이 있다. 이는 중국이 전통적으로 권위주의적 통치에 대한 거부감이 적은 국민성 때문이기도 하다. 지금은 공산주의 국가의 옷을 입고 있지만 몸속에는 수천 년

사상'(장쩌민), '과학적 발전관'(후진타오), '시진핑 신시대 중국특색 사회주의 사상'(시진핑)이 당의 지도 이념으로 올라 있다.

내려오는 권위주의 통치를 자연스럽게 받아들이는 정치 문화의 인자가 있다.

마지막으로, 중국인들은 자신만의 '문명국가'(Civilization State)로서 자긍심을 가지고 있다. 이는 마틴 자크(Martin Jacques)가 2009년에 출간한『중국이 세계를 지배할 때』에서 중국은 정치·문화·민족적으로 통일된 단순한 민족국가가 아니라, 수천 년에 걸쳐 단일 문명을 유지해 왔다는 문명국가론과 일맥상통한다. 즉 중국은 진시황 이후부터 내려오는 중앙집권과 강력한 행정국가 전통이 있고, 개인보다는 집단의 조화와 안정을 중시하는 문화, 서구적 보편주의보다 '중화'(中華)의 세계관으로 뭉쳐진 국민 의지가 강한 국가라는 것이다.

» 국가자본주의 한계

정치와 경제의 모순

중국의 정치체제는 전형적으로 공산당이 국가 운영을 주도하는 일당독재 체제다. 그래서 경제 분야도 헌법 등 규범에서 공유경제를 원칙으로 하고 있다. 그러나 현실 경제는 1970년대 후반 들어 자본주의 시장경제 체제로 운영해 오고 있다. 정치와 경제가 모순(矛盾)적이다. 시장경제는 개인의 자유를 전제로 한 자유민주주의에서 활성화되는 것이다. 그런데도 정치와 사회·문화 분야는 1949년 공산주의 혁명 이후 현재까지 변함없이 권위주의적 통치로 자유를 제한해 오고 있다. 또한, 이는 마르크스주의 이념과도 거리가 멀다. 즉 경제적 토대인 하부구조가 상부구조인 정치를 결정한다는 마르크스의 '하부구조 결정론'과 배치된다. 바꿔 말하면, 지금 중국의 하부구조인 경제가 시장경제이면 상부구조가 자본주의로 바뀌어야 한다. 그러나 중국은 여전히 헌법에서도 사회주의 국가로 되어 있다. 이러한 모순적 상황을 중국 당국은 공식적으로 '중국특색 사회주의'라는 신조어로 표현하고 있다. 중국을 사회주의라고 부르기에는 너무나 자본주의적이기에 '중국특색'이라는 수식어를 덧붙인 것이다. 중국특색의 의미는 중국에서 사회주의가 아직은 초급 단계에 있어 시장경제와 결합되어 있는 '사회주의적 시장경제'로서, 이는 중국 역사와 민족의 고유한 특징을 반영한 것으로 설명한다.[2]

중국이 개인의 사유재산권을 인정한 것은 시장경제와 자본주의 원리를 받아들인 대표적인 증거다. 중국은 공산혁명 이후 개인의 재산권을 인정하지 않았다. 그러다 개인의 노력으로 벌어들이는 재산이 점차 늘어나면서 사유재산에 대한 인정과 이를 보호할 제도적 장치의 필요성을 인식하게 되었다. 중국 헌법에서 사유재산권을 최초로 인정한 것은 1982년 헌법이고, 사유재산권을 명확하게 규정한 것은 2004년 개정 헌법이다. 최근 2018년 개정 헌법 제13조는 "공민의 합법적인 사유재산은 불가침이다. 국가는 법률에 의거하여 공민의 사유재산과 상속권을 보호한다."라고 규정하고 있다. 이는 세계 보편적인 재산권 규정으로 개인의 재산이 보호받을 수 있는 법적 근거가 마련된 것이다. 사유재산권과 상속권 인정은 중국 경제발전의 핵심 동력이 되고 있다. 다만, 토지는 기본적으로 국가 소유로 되어 있고, 개인은 사용권만 가질 수 있다.[3]

한편, 중국은 여전히 경제적 자유와 평등 사회 구현 간에 줄타기하고 있다. 2017년 10월 개최된 중국공산당 제19차 당 대회 보고에서 시진핑 주석은 "흔들림 없이 비공유제 경제를 공고히 하고 발전시켜 나가겠다."라고 했다. 이는 중국이 민영기업을 통한 개인의 창업 열정을 자극하고, 산업구조를 시장 지

---

2) 정성진(엮음),『동아시아 마르크스주의-과거, 현재, 미래』, (서울: 진인진, 2023), p.171.

3) 개인 주택용 토지사용권은 최대 70년으로 상한선이 정해져 있고, 사용 기간만큼 사용료인 '토지사용권 출양'(土地使用權出讓)을 국가에 지불하고 사용하게 되어 있다.

향 방식으로 전환하여 나가겠다는 의지를 보인 것이다. 그러나 현실은 달랐다. 2020년 11월부터 빅테크 기업 알리바바, 텐센트 등 거대 IT 기업들을 규제하기 시작했다. 이는 시장 지배력을 이용한 불공정 경쟁을 규제한다는 명분이었으나, 시장의 효율성보다 공평성을 강조한 조치였다. 그리고 국유기업의 역할을 다시 강조하고 있다. 특히 반도체 등 첨단분야에서 민간 기업의 성장 둔화를 국가가 주도적으로 투자하여 활성화를 기하고 있다. 이 또한 민간 주도의 시장경제 원리와 거리가 있다. 그리고 극심해지는 빈부 격차와 사회적 불평등 해소를 위해 2021년 제10차 중앙경제위원회에서 '공동 부유'(共同富裕)를 국정 과제로 공식화했다. 이는 '다 같이 잘살자'라는 것으로 사회주의의 본질적 가치인 평등과 분배를 중시하는 방향으로 정책 전환을 의미한다.

민주화 욕구 억제

역사적으로도 경제발전으로 중산층이 형성되면, 개인의 자유와 민주화에 대한 요구가 나타난다. 중국이 개혁·개방 이후 경제성장과 사회적 변화를 거치면서 인민들의 정치의식도 변해 왔다. 그중 가장 기본적인 것은 '민주화' 욕구다. 중국에서 민주화는 공산당 일당독재와 직결된다는 점에서 심각성이 있다. 중국공산당 일당독재가 무너지면 중화인민공화국 존립 자체가 위태로워진다(沒有共産黨, 就沒有新中國). 2008년 세계인권선언 60주년 기념일인 12월 12일 류샤오보(劉曉波)를 중심으로 지식인 303명이 중국의 인권 개선과 정치 민주화를 촉구하는 '08헌장'을 선언하고, 서구식 민주주의 정치제도의 도입을 촉구하였다. 그러나 이들의 요구는 받아들여지지 않았다. 중국 당국의 논리는 중국의 인민민주주의는 평등한 가치를 우선하는 '사회적 민주주의'를 지향하고 있어 그 수단에 불과한 '정치적 민주주의'는 아직 때가 이르다는 것이었다.

이러한 정치적 욕구를 중국 당국이 의식하고 있다는 증거는 2012년 3월 전국인민대표대회에서 원자바오(溫家寶, 1942~) 전 총리가 "정치체제 개혁 없다면 그동안 이룩한 경제체제 개혁의 성과도 유실될 뿐만 아니라 문화대혁명 시대로 회귀할 수도 있다."라고 경고한 데서 잘 나타난다. 여기서 말하는 정치개혁의 범위가 어디까지인지 분명치 않지만, 보편적 민주주의를 수용하겠다는 의미는 분명 아니다. 다만, 현재 공산당 일당 독재체제의 근간을 흔들지 않는 범위 내에서 일부 제한적이고 실험적인 민주주의 제도를 허용하겠다는 뜻이다. 그 범위는 민주주의의 기본인 선거는 촌민위원회와 지역대표 선출에만 제한적으로 실시하고, 여전히 다당제 불허, 언론 통제, 시민사회의 정치 비판 불허, 결사의 자유는 일정 수준 이상이면 무력 진압을 원칙으로 하고 있다.

그럼에도, 최근 들어 인터넷 커뮤니티와 해외 유학생을 중심으로 표현의 자유와 청년 실업률 등 불만이 표출되고 있다. 이들은 대부분 중산층 이상의 교육 수준이 높은 젊은이들로서 외국 문화를 쉽게 접하는 세대들이다. 이들의 민주화 욕구는 직접적이기보다는 상징, 은유, 패러디, 게임, 음악 등 다양한 방식으로 표현되고 있다. 2022년 '백지 시위'는 정부의 코로나 방역을 반대한 시위였지만, 실제로는 표현의 자유를 요구한 시민 저항 운동이었다. 이러한 진화되는 민주화 요구에 대해 중국 당국은 실시간 키워드 차단과 온라인 감시를 통한 인터넷 검열, 체제 비판 시 금융 및 취업에서의 불이익, 그리고 형사 처벌 강화 등 다양하고 고강도의 대응으로 나오고 있다. 그래서 민주화 욕구가 활발히 표출되지 못하고 있다.

» 중국 모델의 확산 가능성

중국식 경제발전 모델은 공산당 통제 아래 시장경제를 활용한 국가 주도형 성장이다. 중앙정부의 계획과 경쟁적 시장 메커니즘이 동시에 작동하는 기형적 경제체제다. 그럼에도, 중국 경제가 발전해 올 수 있는 요인은 정치적 안정과 행정의 효율성, 국가 개입을 통한 산업 구조 조정, 낮은 임금으로 인한 대규모 제조업 육성, 이를 바탕으로 한 수출 지향 산업화에 있다. 또한, 국가 주도 경제로 대규모 공공투자와 인프라건설이 상대적으로 용이한 점에도 있다.

이러한 중국식 발전 모델에 대한 찬성 측 논리는 개발 초기에는 민주주의보다 정치적 안정과 국가 주도가 더 효율적일 수 있어, 빠른 성장을 이룬 후 빈곤 퇴치 효과를 볼 수 있다는 것이다. 대표적으로 칭화대 조슈아 쿠퍼 라모(Joshua Cooper Ramo) 교수는 중국식 권위주의와 시장경제의 혼합 형태인 '베이징 컨센서스'(Beijing Consensus)가 개발도상국에는 더 보편적 해법이라고 주장했다. 그에 반해, 비판적 입장은 대부분 권위주의적 성장 모델은 단기적인 효과는 있지만, 정치적 자유와 인권을 억누르기 때문에 지속 발전은 불가능하고, 제도적 부패와 경직성을 초래하여 사회적 불만과 비효율로 한계에 봉착한다는 주장이다. 아마르티아 센(Amartya Sen)은 『자유로서 발전』(Development as Freedom, 1999)에서 진정한 발전은 GDP의 증가가 아니라 사람들이 스스로 삶을 선택할 자유가 커지는 것으로, 자유가 확대되면 더 나은 선택을 하고 사회 전체의 생산성과 복지도 함께 향상된다는 것이다.

베이징대 국가발전연구원 장웨이잉(張維迎) 교수는 『이념의 힘』(理念的力量, 2016)에서 이념의 변화 없이는 제도와 정책의 변화도 없다. 중국이 30년 동안 이룩한 성과는 전적으로 계획경제 이념에서 시장경제 이념으로 전환된 덕분이다. 그러나 중국의 시장화 개혁은 아직 진행 중이며, 정부 권력이 너무 커 기업가의 역할이 충분히 수행되지 못하는 반(反)시장 경향은 대단히 위험하다고 지적한다. 그러면서 중국의 미래는 정책보다는 사상의 자유와 이념의 변화에 달려 있다.[4] 즉 중국이 국가자본주의로서 계속 발전하려면 정부의 각종 정책보다 지도자, 학자, 언론인, 일반 인민들에 이르기까지 사상해방이 중요하다고 강조하고 있다.

미국 MIT 야성 황(黃亞生) 교수는『중국 필패, 2024』에서 중국이 전통적으로 과거(科擧) 중심 교육이 동질화를 추구하면서 '규모'(Scale)만 확대해 왔지, 다양성을 인정하는 '범위'(Scope)를 저해해 성장잠재력을 제약해 왔다고 지적한다. 현재의 중국공산당도 공산주의 이념으로 동질화 규모의 확장에 집중하고 있어, 앞으로 지속적인 성장을 위해 다양성과 창의성을 허용하는 제도 개혁을 해 나갈 것을 주문했다. 한편, 중국의 발전 모델이 일반화되기 힘든 요인도 들고 있다. 첫째, 중국인들에게는 서구에서 인식하지 못하는 독특한 내구성이 있다. 그것은 중국인의 규범 중 '최대 다수의 최대 이익 옹호'라는 공리주의적 정당성이다. 이는 국가에 대한 무조건적인 신뢰를 부여하며 국가를 다양한 충격에서도 견딜 수 있게 한다. 특히 중국 농촌사회는 현재 중국 공산주의를 맹신하는 체제 수용 계층이 상당수 존재하고 있다. 둘째, 역대 중국 교육의 근간인 과거제도는 국가에 봉사하는 관료들을 만들어 내어 국가주의를 강화하였다. 어릴 때부터 공자 등 위대한 스승의 사상과 가르침에서 존경과 헌신을 요구하는 명언을 익혀 사고를 중앙집권적인 국가주의로 기울게 만들어 왔다.[5] 이러한 중국 국민의 체제에 대한 관용성과 국가주의 지향성은 아시아 지역 일부 국가

---

4) 장웨이잉(김태성 역),『이념의 힘』(理念的力量), (서울: 니케북스, 2016), 참고
5) 야성 황(박누리 역),『중국 필패』, (서울: 생각의 힘, 2024), 참고

들에는 어느 정도 적용되겠지만, 범세계적으로 일반화하기에는 힘든 요인이 될 수 있다.

그래서 중국의 성장 발전 모델은 중국만이 갖는 전통적인 인식과 현재의 예외적 경제적 여건이 만들어 낸 결과물이다. 다만, 지금까지 공산주의가 체제를 전환하는 과정에서 베트남이 중국의 발전 모델을 답습하고 있고, 그 외 일부 후진국이나 개도국에서 권위주의적인 발전 모델을 택할 수도 있을 것이다. 한때 한국, 싱가포르, 대만 등이 그랬다. 그러나 중국이 성장 발전하던 1980~2000년대에는 세계화와 제조업 중심의 공급망이 한창 확장되던 시기였지만, 지금은 디지털 경제가 부상하고 보호무역주의가 다시 고개를 들고 있다. 또한, 중국은 14억 인구의 거대한 내수시장과 노동력의 저수지가 있다. 무엇보다 중국처럼 공산당 일당독재로 정치적 안정성이나 지속성을 확보하기가 쉽지 않다. 특히, 자유민주주의 국가에서는 국가 주도의 계획 수립과 집행이 어렵고, 정권 교체도 빈번해 중국 모델의 확장성에는 한계가 있어 보인다.

제24장

후기 전체주의 등장

» 20세기 전체주의

전체주의 탄생

전체주의는 왜 탄생하는가? 봉건사회가 붕괴하면서 개인은 자유로워졌지만, 여러 요인으로 고독한 존재가 되었다. 농노들은 토지에서 벗어나 도시로 이주하여 노동자가 되고, 종교 개혁으로 신과의 관계에서 인간이 직접적·자주적인 존재로 되고, 그리고 근대국가가 출현하면서 개인은 더 이상 영주의 종속물이 아니라 국가의 통치를 직접 받는 외로운 존재가 되었다. 이러한 개인들은 대부분 어느 정당이나 조합에 소속하지 않고 모래처럼 흩어지게 된다. 즉 사회적으로 분리되고 조직되지 못한 채 '원자화'(Atomized)된 상태에 놓인다. 이러한 대중이 절망과 증오로 가득하게 되면 소속감과 정체성을 부여할 강한 지도자를 기다리게 된다. 여기서 전체주의 운동이 싹튼다.

이러한 상황, 즉 개인들이 자유를 얻었지만 고독한 가운데 전체주의가 등장하는 요인을 에릭 호퍼(Eric Hoffer)는 『맹신자들』(The True Believer, 1951)에서 제2차 세계대전에서의 전체주의 충격, 냉전 초기의 이념적 경쟁 등을 겪으면서 대중 운동과 광신자들이 등장하는데, 경제적·정치적 조건보다 오히려 인간의 심리적 불안감과 소외감에서 비롯된다고 했다. 즉 혁명이나 파시즘 같은 대중 운동은 이러한 인간의 내면적 결핍에서 출발한다. 그중 맹신자는 자유를 두려워하고 생각의 복잡성을 견디지 못하고, 자기 삶의 의미를 집단과 완전히 동일시함으로써 안정감을 찾는다. 그들이 원하는 변화는 자신이 아니라 세상이다. 그래서 자신을 희생하면서까지 '더 큰 무엇'에 속하기를 갈망한다. 전체주의 지도자나 선동가들은 이러한 심리를 이용한다고 했다.

그런가 하면, 전체주의 국가권력은 개인들을 쓸모없는 '잉여 존재'로 만들기도 한다. 스탈린은 레닌의 독재체제를 전체주의로 바꾸기 위해 원자화된 사회를 인위적으로 만들었다. 공포정치와 밀고 시스템을 통해 사회적 신뢰를 파괴하여 연대가 불가능한 상태로 몰고 갔다. 이를 한나 아렌트는 '전체주의적 고독'이라고 했다. 여기서 고독은 자기 자신과도 대화하지 못하면서 자신 내면마저 침묵하게 만든다. 이런 상황이 되면 개인은 사유(思惟)를 중지하고 자기 판단의 기준을 상실하게 된다. 나아가 타자와의 연대도 불가능하고 결국 외부의 강한 권위에 의존하게 된다는 것이다.

이런 배경으로 탄생한 20세기 전체주의는 좌우익을 가리지 않았다. 우익의 전체주의는 히틀러의 나치와 무솔리니의 파시스트 정권이 대표적이고, 좌익 전체주의는 스탈린의 소련공산당과 마오쩌둥의 중국공산당 정권이다. 이들은 인간과 사회로부터 자유와 다원성을 박탈했다. 인간의 실존적 조건인 자유를 부정하는 '근본악'을 드러냈고, 인간의 정치 활동 영역에서는 다원성을 부정했다. 국가 권력이 정치, 경제, 사회, 문화, 사상을 전면적으로 지배하고, 심지어 개인의 사생활 영역의 자율성 침해하는 괴물이 되었다. 이러한 20세기 전체주의 국가들은 유토피아 건설을 내걸고 인민을 동원하고 통제했으나, 독일과 이탈리아는 전쟁으로, 소련은 붕괴로 20세기 전체주의가 끝이 났다. 중국은 시장경제를 받아들여 모순성을 안고 그 체제를 유지해 오고 있다.

전체주의 통치 기제

전체주의 통치 기제(機制)는 '이데올로기'와 '테러'가 근간이다. 전체주의 국가는 정권의 정당성 확보, 사회 전체에 대한 통합과 동원, 개인보다 집단을 우선하는 규범 창출, 외부 적대 세력에 대항하는 체제 결속, 지도자의 신격화 등 권력 유지의 핵심적인 기제로서 이데올로기가 절대적으로 필요하다. 그리고 전체주의는 모든 국민을 이데올로기에서 벗어나지 못하도록 폭력을 동시에 행사한다. 즉 전체주의 정권이 유지되기 위해서는 테러가 특정 이데올로기의 실행 수단이 되는 것이다. 테러는 최고의 심리전이기 때문이다. 또한, 테러를 안전하게 수행하려면 이데올로기가 다수의 지지를 확보해야 한다. 이데올로기와 테러는 순환 관계에 있다.

전체주의 정권은 개인 각자의 개성이 사라지게 만들기 위해 다양한 인간들을 집단으로 '조직'해야 한다. 인간의 세계를 구성하는 다원성은 사라지고 집단적인 획일성만 존재한다. 개인은 개성 없는 '한 사람'(One Man)이 된다. 모범적인 시민은 파블로프의 개에 불과하고, 그들은 행위 대신 기초적인 반작용으로 반응할 뿐이다. 조직은 허구의 일관성을 유지하는 유용한 도구가 된다. 선전을 통해 대중을 얻는 것은 일시적일 수 있지만, 살아 움직이는 조직은 현실적 힘이다. 한편, 조직은 선전 효과를 높인다. 조직으로 인간의 삶을 가로세로 엮여 놓기 때문이다.

그리고 전체주의에서 끊임없는 '선전'이 따라야 하는 이유가 있다. 폭민

(Mob)과 일부 엘리트들은 전체주의 자체의 힘에 끌릴 수 있지만, 대중은 선전을 통해서 얻어지기 때문이다. 대중은 자신들의 눈과 귀조차 잘 믿지 않으며, 심지어 경험한 현실도 믿지 않는다. 자신들의 상상을 믿고 의지하는 경향이 있다. 원자화된 개인들은 상식이 통하는 공동체와 관계 단절로 현실보다 허구에 집착하게 된다. 여기에 전체주의 선전이 작용할 여백이 생긴다. 그 작용 과정에서 선전과 테러는 동전의 양면이 된다.[6] 테러는 선전을 효율적으로 되게 하는 심리 상태를 형성하기 때문이다. 그리고 전체주의는 이데올로기 교의와 현실 간의 불일치로 인해 새로운 이데올로기와 거짓말을 끊임없이 하게 된다. 선전은 그 불일치를 메우는 역할을 한다.

나아가 전체주의는 '예언'의 형식으로 통치되기도 한다. 예언은 현상을 비난하고 이상이나 당위를 보여주기 때문이다. 지도자의 오류 없는 예언은 최고의 선전 효과로 나타날 것이며, 만약 예언이 악행으로 실행되면 예언이 알리바이가 된다. 1939년 1월 독일 제국의회에서 히틀러는 "나는 오늘 다시 한번 예언을 하고자 합니다. 유대인 금융업자들이 사람들을 세계대전으로 내모는 데 성공할 경우, 그 결과는 유럽에서 유대인 인종의 전멸일 것입니다." 유대인 학살이 예언을 빌려 자행됐다.

이러한 20세기 전체주의의 특성을 프리드리히와 브레진스키는 6가지 요소로 일반화했다. ① 정교한 관제 이데올로기, ② 1인 지배의 단일 대중정당, ③ 비밀경찰 등을 통한 물리적·정신적 테러, ④ 당과 정부가 모든 정보와 커뮤니케이션 독점, ⑤ 일체 무력 수단 독점, ⑥ 모든 경제체제의 중앙통제 등이다.[7]

---

6) E. Kohn-Bramstedt, 『Dictatorship and Political Police: The Technique of Control by Fear』, (London: Kegan Paul & Co., 1945), p.164.

7) Carl J. Friedrich and Zbigniew K. Brzezinski, 『Totalitarian Dictatorship and Autocracy』, (NY:

» 21세기 전체주의 출현

오늘날 나치와 스탈린이 보인 그런 전체주의는 사라졌지만 정치적 자유를 파괴하는 행위는 어디에서도 나타날 수 있다.[8] 20세기 전체주의 악몽이 다 가시기도 전에 21세기 들어 다시 전체주의 출몰에 대한 우려가 나타나고 있다. 올브라이트(Madeleine Albright) 전 미국 국무장관은 『파시즘 경고』(Fascism-a Warning, 2018)에서 미국 트루먼 대통령이 1945년 UN 개막연설에서 말한 "파시즘은 무솔리니나 히틀러가 죽었다고 사라지지 않는다. 파시즘의 씨앗은 광적인 사람들의 마음속에 뿌리를 내리게 된다."라는 말을 인용하면서 전체주의 등장을 우려한 바 있다. 앞에서 언급한 에릭 호퍼가 지적한 맹신자들이 항상 존재할 수 있고, 21세기에도 언제 어디서든 유사 전체주의가 나타날 수 있다는 경고다. 다만, 과거같이 무력이나 혁명을 통해서가 아니라 민주주의 탈을 쓰고 나타날 가능성이 있다. 민주주의 제도적 장치인 삼권분립, 자유선거, 정치결사의 자유를 형식적으로 보장하면서, 실제 권력 행사는 권위주의 방식으로 하는 것이다. 이를 민주주의 가면을 쓴 21세기 전체주의 또는 혼성(Hybrid) 체제라고 한다.[9]

일반적으로 대국(大國)이 전체주의로 흐르기 쉬운 명리(名利)가 있다. 대국은

Frederick A. Paeger Inc. Publisher, 1961), pp. 9-10.

8) 한나 아렌트(이진우 · 박미애 역), 『전체주의의 기원』(The Origins of Totalitarianism), (서울: 한길사, 2006), p.24.

9) 스티븐 레비츠키(Steven Levitsky)와 루칸 웨이(Lucan Way)는 냉전 종식 이후 권위주의적 통치 행태의 특징을 민주주의처럼 선거, 야당, 의회, 법원, 언론 등 제도적 틀은 존재하지만, 집권 세력이 이를 불공정하게 운영하거나 억압적인 수단을 동원해 권력을 유지한다. 이를 혼성(Hybrid)체제라고 불렀다.

인구와 지역이 방대하여 다양한 문화, 인종, 종교, 사회적 배경 등을 가진 집단들이 존재한다. 이러한 다양성은 이해관계 충돌이 불가피하여, 치안 유지와 통합을 위해 강력한 중앙집권적인 통치가 필요조건이 될 수 있다. 그리고 대국은 지정학적으로 중요한 위치에 있거나, 막대한 자원을 보유하고 있어 외부로부터의 침탈에 민감할 수밖에 없다. 국가 안보를 확보하고 국민의 자유를 보장하기 위해 전체주의적 통치가 정당화될 수 있다. 이러한 불가변적인 가능성 외에 21세기 들어 신전체주의 국가들이 나타날 요인들이 있다.

첫째, 신자유주의적 세계화로 빈부 격차가 심해지고 경제적 양극화로 대중의 불만이 권위주의적 권력과 지도자를 불러낸다. 자유무역에 의존한 결과 무역 불균형이 심화할수록 극우성향의 지도자가 출현할 수 있다. 둘째, 배타적 민족주의가 강화되면서 다원주의보다 단일 민족주의를 앞세운 담론이 전체주의를 선호하게 한다. 셋째, 디지털 기술, 빅데이터, 인공지능 등의 기술 발전으로 국가 감시 능력이 비약적으로 강화되면서 '알고리즘 통제' 등으로 국민의 순응을 끌어내는 '소프트 전체주의'(Soft Totalitarianism)가 가능한 현실이 되었다. 넷째, 공산주의 제국의 잔영(殘影)이 남아있는 경우다. 마르크스-레닌주의에서 러시아의 '위대한 조국 건설'의 민족주의와 '중국특색 사회주의'의 국가자본주의 등으로 이념은 바뀌었지만, 제국적 전통과 사회 전반에 각인된 통치 기술은 관성적으로 이어져 온다. 러시아 차르 제국에서 소련을 거쳐 푸틴의 권위주의적 통치로의 연결과 중국의 혁명 정당이 일당독재로 당-국가체제를 유지하면서 영구 통치를 꿈꾸는 것들이다. 끝으로, 역사적 기억이 미치는 영향이다. 대중들은 20세기 파시즘, 소련 스탈린과 중국 마오쩌둥의 폭정에 대한 기억이 희미해져 가는 데 반해, 지도자들은 오히려 과거 독재적 권위주의 통치의 효율성에 매료되어 새로운 형태의 전체주의 유혹에 빠질 수 있다.

이러한 복합적인 유혹과 더불어, 러시아와 중국 등 다국들기 냉전체제 종식 이후 21세기 들어 새로운 국제질서가 형성되는 과정에 단극(單極)의 미국이 초강대국으로 제국을 형성해 오자 힘의 균형을 유지하고, 신자유주의를 근간으로 하는 경쟁적인 글로벌시장에서 자국의 이익을 보호하기 위해 민주적이고 자유방임적 통치보다 중앙집권적이고 권위적인 통치 방식의 신(新)전체주의 성향을 띠기 시작한다.

러시아, '위대한 조국 건설'

러시아는 전통적으로 정통성과 민족성을 중시하면서 지도자의 독재성에 관대한 정치 문화가 남아있다. 그러한 문화적 배경에는 러시아 종교와 문학의 영향이 컸다. 러시아 정교회는 "질서는 권위에서 나오고, 권위는 하늘로부터 주어진다."라고 가르치면서, 황제의 권위를 신성하게 만들고 국가 통치 이념을 강화하는 역할을 해왔다. 러시아 헌법에는 정교분리 원칙을 선언하고 있지만, 러시아 정교회는 국가 권력과 밀접한 관계를 유지하는 전통이 있다. 또, 러시아의 대문호 도스토옙스키『카라마조프가의 형제들』의 〈대심문관〉 편에 이런 대화가 나온다. "지상에서 유일한 힘은 기적, 신비, 권위 세 가지다." 즉 기적으로서의 빵과 리바이어던으로 대변되는 지상의 권위를 말한다. 이 얘기는 일반적인 대부분의 인간에게 자유로운 의지는 오히려 큰 고통에 빠트리기 때문에, 교회나 국가의 권위와 권력에 의존하게 하는 게 더 낫다는 표현이다.[10]

또한, 현실적으로 러시아는 세계에서 가장 넓은 영토를 가진 국가다. 광활한

---

10) 그러나 작가는 그의 시베리아 유형에서의 경험과 기독교를 접한 후 무신론에 반대하는 종교관으로 미뤄 볼 때, 당시 사회주의 혁명의 길로 가고 있는 러시아를 지켜내야 한다는 함의가 있는 것으로 해석된다.

국토를 안전하게 지키고 다양한 민족을 통치하고 통합하기 위해서는 강력한 중앙집권적인 권력이 필요하기도 하다. 그래서 러시아는 황제의 시대, 소련 시대를 거쳐 오늘에 이르기까지 중앙집권적인 통치가 지속되고 있다. 그리고 러시아는 혹한의 긴 겨울의 자연조건이 인간을 생존 본능에 집착하도록 만든다. 그래서 자신과 가족의 일상 이외의 일에는 민감하게 반응할 여유가 없다. 또한, 러시아는 항상 전쟁의 역사로 이어져 왔다. 그래서 백성들은 삶의 고달픔과 징병에 대한 두려움이 늘 함께해 오고 있다. 그래서 자신의 생업에 큰 영향이 없으면 지도자가 어떤 정치를 해도 무관심한 유전자가 형성되어 왔다. 결국 권위주의적 통치에 별 저항 의식이 없다.

이러한 러시아의 정치 문화는 1993년 헌법 개정에 의한 초대 대통령제에서 나타났다. 대통령의 권한은 입법부와 사법부에 비해 권한이 강했다. 거기다 권력 엘리트와 그들이 형성하는 '후견-피후견인 네트워크'의 힘이 작동한다. 이는 소련 공산주의 시절부터 형성된 관행으로 현재까지 이어지고 있다. 이는 민주적 절차보다 개인적인 관계와 충성심에 기반한 권력을 중요시하며, 이는 정치적 대안 세력이 나타나기 어렵게 만든다. 그리고 러시아 경제를 실질적으로 움직이는 몇몇 올리가르흐의 존재도 이러한 정치적 상황과 무관치 않다. 거기다 지속적인 언론 통제와 정보의 제한으로 국민 정치의식 수준의 향상을 어렵게 만들고 있다.

이러한 러시아에서 푸틴 대통령은 어린 시절 제2차 세계대전에서 부상한 아버지와 어머니의 고된 삶을 피부로 느끼면서 자랐다. 그래서인지, 그는 러시아 역대 어떤 지도자보다 강인하고 반듯하게 자랐다. 그는 체력을 단련하고, 러시아에서 흔한 보드카를 가까이하지 않는다. 그래서 러시아인들에게는 정신이 맑고 강한 지도자로 인식되어 있다. 또한, 그는 전직 KGB 출신답게 누구보다 국제

질서를 잘 이해하고 있고, 한때 대국이었던 소련의 붕괴 과정을 직접 체험한 인물이다. KGB 독일 지사에서 근무한 그에게 베를린 장벽의 붕괴는 누구보다 강한 충격이었고, 소련 시절 '붉은광장'에서 펼쳐진 막강한 군사 퍼레이드의 위용을 전 세계에 과시하던 제국의 향수가 뇌리에 강하게 남아있을 것이다. 그런 그가 2000년 대통령 취임 일성으로 '위대한 러시아' 건설을 강조한 것은 이상할 게 없고, 그것은 또 다른 전체주의 국가의 등장을 암시한 것이다.

푸틴은 2000년부터 시작해 2024년 5선에 출마해 87% 득표(투표율 74%)로 당선되어 2030년까지 대통령직을 수행하게 되어 있다. 2020년 개정된 헌법은 연임을 가능하게 하여 2030년 다시 출마하게 되면 2036년까지 대통령이 되어 그의 나이 84세까지 36년간(총리직 4년 포함) 종신집권을 하게 된다.[11] 소련 당시 스탈린 총서기의 29년의 장기 집권 기간을 넘어서게 된다. 이런 푸틴의 세계관은 비록 소련 제국이 허물어졌어도, 당시 소련 연방공화국들이 여전히 러시아의 지배 아래 있어야 한다는 의식이 깔려있다. 이러한 생각이 2014년 3월 우크라이나 영토인 크림반도를 전격적으로 침공하여 자국의 영토화하는 것으로 나타났다. 그리고 2022년 2월 우크라이나 본토를 다시 침공하였다.

러시아에서 거의 우상 반열에 오른 푸틴을 두고 2014년 10월 대통령실 행정 부실장을 지낸 뱌체슬라프 볼로딘은 "푸틴이 존재하는 한 러시아는 존재한다. 푸틴이 없으면 러시아도 없다."라고 했을 정도다. 개인숭배는 주변 인물들에 의해 조작되는 경우가 일반적이다. 그러나 푸틴의 경우 소련 시절의 마르크스-레닌주의 이념을 그의 개인적인 카리스마와 능력으로 대체하고 있다. 일찍

11) 2000년부터 2번 연임해 8년간 대통령직을 수행한 후, 당시 러시아 헌법상 3선 연임 금지 규정에 따라 2008~2012년 4년은 총리로 재직하면서 막후에서 통치했다. 그 후 2012년, 2018년에 다시 대통령으로 당선되어 12년 임기를 마친 바 있다.

이 2000.1.31. 〈뉴욕 타임스〉 사파이어(William Safire) 기자가 '푸틴주의'(Putinism)라는 표현으로 그의 통치 행태를 평가한 바 있다. 그 당시에는 사람들이 귀를 기울이지 않았으나 2012년 푸틴이 대통령으로 재취임하고, 2014년 우크라이나의 크림반도를 합병하자 정계와 언론계에서 주목하기 시작했다. 그 기자는 푸틴의 권위적인 통치 방식, 강대국 이데올로기, 선전(Propaganda), 비밀경찰의 역할 등을 지적하며 전체주의 등장을 예고했다.

중국, '중화주의' 1인 지배체제

중화주의(中華主義)는 기원전 100년경 한나라 동중서(董仲舒)의 사상에서 유래되었다. 한 무제가 유가 사상에 더해 그의 사상을 받아들여 황제 지배체제와 주변 이민족과의 관계에서 '중화'가 중심이 되어 조공-책봉 관계를 강화하면서 그 틀이 갖춰지기 시작했다. 그리고 중국은 전통적으로 '천하'(天下)의 질서와 황제 중심 세계관이 있어 왔다. 그러다 19세기 말 아편전쟁 이후 서구 열강과 일본의 침입이라는 치욕적 상황을 겪으면서 근대국가 출범의 혼돈 과정에서 '중화민족'(Chinese Nation)이라는 개념이 형성되었다. 청나라 말기에는 만주족이 세운 청조(清朝)를 타도하고 한족(漢族)이 중심이란 성격이 강했으나, 청나라가 멸망하자 다민족의 영토를 유지하기 위해 중화민족이라는 포괄적 민족의 개념으로 변했다. 1902년 개혁파 량치차오(梁啓超)와 같은 계몽주의자들이 중화민족이라는 용어를 쓰기 시작해, 쑨원의 삼민주의(三民主義)에서 정치 사상적 기반으로 자리 잡았다. 즉 중화주의는 유교의 전통문화, 외부 위협에 대한 저항, 국가 재편의 필요성에 따라서 오랜 기간 형성된 국가주의의 한 형태다.

결국 중화민족은 혈연적 민족 개념이라기보다는 근대적 국가 건설 과정에서 필요에 따라 재구성된 개념이다. 중화민족 담론 속에는 중국 내 55개 소수

민족을 포괄하는 정치·사회적 필요성이 있었다. 그러나 본질은 한족 중심주의이다. 그리고 주변국인 한국, 베트남, 몽골 등 주변국 역사와 인물들을 중화민족의 일부로 흡수하려는 의도가 있다. 그래서 일부 학자들은 중화 민족주의를 중국판 근대 제국주의 이데올로기로 해석하기도 한다. 또한, 오늘날 중국공산당은 '중화민족의 위대한 부흥'을 국가 비전으로 제시하고, 해외 화교와도 연결해 전 세계의 중국인 정체성을 강조하는 의미로 사용하고 있다.

중국은 기원전 3세기경 한비자(韓非子) 이후 정치적 현실주의(Political Realism)가 우세하다. 강력한 국가 권력과 엄한 법으로 혼란을 종식하고 질서를 확립해야 한다는 주장이 득세해 왔다. 군주가 나라를 다스리기 위해서는 세 가지 요소가 필요하다고 했다. 군주의 권위를 강화하고 국가를 효율적으로 운영하게 하는 법(法), 군주의 권력을 위협하는 요소를 제거하고 오직 군주에게만 충성하는 관료제를 구축하는 술(術), 신하들이나 백성들이 감히 군주의 권위에 도전할 엄두조차 내지 못하게 하는 세(勢)를 말한다. 이들은 모두 군주 중심의 권위주의적 통치의 정당성을 부여하고 있다. 르네상스 시기의 이탈리아 마키아벨리즘과 유사하다.

한 국가의 경제발전은 정치발전으로 이어진다는 것이 통설이다. 그러나 중국은 경제발전 정도와 정치발전이 불균형 상태를 유지해 오고 있다. 여기서 정치발전은 서구 민주주의 제도의 도입으로 평화로운 정권 교체, 권력 분산을 통한 견제와 균형, 사법부의 독립성을 보장하는 것이다. 그리고 언론의 자유와 시민사회를 촉진해 나가는 것들이다. 그러나 최근 들어 오히려 이에 역행하는 조치들이 일어나고 있다. 그 대표적인 것이 2018년 중국의 헌법 개정을 통해 주석의 종신집권이 가능하도록 길을 열어놨다. 중국공산당의 전통적인 통치 스타일인 집단지도체제를 약화하고 시진핑 1인 지배체제를 강화하려는 것이다. 또한, '시진핑 신시대 중국특색 사회주의' 사상을 당헌과 헌법에 명시하여 자신의 우상화를 시도하고 있다. 그리고 중국공산당의 국정 장악력을 더욱 강화했다. 헌법 제1조에 "중국공산당의 영도는 중국특색 사회주의의 가장 본질적인 특징이다. 어떠한 조직 또는 개인이 사회주의를 파괴하는 것을 금지한다."라고 규정하고 있다. 이는 시진핑 시대 들어 공산당이 국가 업무에 더욱 깊게 관여할 수 있도록 한 조치이다.[12]

시진핑 시대 경제 노선은 시장경제 요소를 활용하되, 당과 국가의 통제를 강화하는 국가자본주의다. 2013년 18기 중앙위원회 제3차 전체회의 결의문에서 "시장이 자원 배분에 있어 결정적 역할을 한다."라고 하였으나, 현실은 '우측 깜빡이 켜고 좌회전'하고 있다. 최근 들어 경제 성장률이 5%대로 낮아지고 있다. 여기에다 연평균 10% 이상의 임금 인상과 노동계약법의 본격적인 시행에 따른 5대 보험[13]과 주택기금 등을 부담해야 하는 민영기업들은 점점 힘들어지고 있다. 부실해진 민영기업을 국유기업화의 길로 가게 정부가 유도하는 측면도 있다. 결국 국유기업이 전진하고 민간 기업이 후퇴한다는 '국진민퇴'(國進民退)의 현상이 나타나고 있다. 이러한 추세는 중국 경제의 시장경제화와는 거리가 멀어지는 것이다.

인민의 일상 신앙생활에서도 국가의 개입이 심해지고 있다. 중국 정부는 대외적으로는 정교분리 원칙을 천명하고 있으나, 실제는 종교 활동에 철저히 개입하고 있다. 최근 들어 종교의 자유를 더욱 치밀하게 억압하고 있는 현상이

---

12) 손한기, 「중국의 헌법 개정-2018년 중국 헌법 개정의 주요 내용과 그에 대한 평가를 중심으로」, 법학 논고, 제61집, (경북대학교 법학연구원, 2018), pp. 27-59.

13) 중국의 5대 보험(五險)은 연금(養老)보험, 의료(醫療)보험, 실업(失業)보험, 산재(工傷)보험, 출산(生育)보험이다.

나타나고 있다. 특히 시진핑 시대 종교의 자유에 대한 적극적인 통제는 기독교, 불교, 가톨릭, 이슬람 등 가릴 것 없이 모든 종교를 대상으로 '종교의 중국화' 시도에 있다는 주장이 나올 정도다. 즉 중국의 모든 종교가 사회주의 핵심 가치를 수용하고 중국공산당의 지배에 순응하게 만들어 가려는 것이다. 이는 종교 행사에 제한을 두었던 종전의 종교 관리의 범위를 넘어 경전과 교리 등 종교의 내용까지 당이 영향력을 행사하는 것으로, 정치와 종교 관계에서 새로운 패러다임이 나타나고 있음을 보여주는 것이다.[14]

2016년 4월 개최된 '전국종교사업회의'에서 시진핑 주석은 "종교사업의 법치화 수준을 제고시켜야 하고, 법률로 정부와 종교 사무 관리 행위를 규범화하여 종교와 관련된 각종 사회관계를 조절해야 한다."라고 선포했다. 그 후 2018년 2월부터 개정된 〈종교사무조례〉 제4조는 "종교는 사회주의 핵심 가치를 이행한다. 그 누구도 종교를 이용하여 국가안전을 위해하는 활동을 진행해서는 안 된다."라고 규정하고 있다. 제6조에는 "각급 인민정부는 반드시 종교 공작을 강화하고 건전한 종교 공작 체계를 구축하며 공작역량과 필요한 공작 여건을 보장해야 한다."라고 하여, 말단 행정단위에까지 종교 활동을 감독할 권한을 부여하고 있다. 외형적으로는 '의법통치'(依法統治)를 외치면서 종교의 자유를 더욱 제한하고 있다.

학문과 예술의 자유가 보장되어야 할 상아탑에도 정치의 손길이 뻗어 있다. 2018.10.20. 〈뉴욕 타임스〉는 "중국 정부 감시의 눈이 강의실에까지"(China's watchful eye reaches into the classroom)라는 제목으로 보도하면서, 중국 정부가 대학 강의실에서까지 모니터링하는 실상을 한 교수의 경험들을 통해 소개했다. 그

---

14) 정태식, 『21세기 제국의 정치와 종교』, (서울: 한울, 2025), p.286.

는 "대학 강의실에 감시 카메라와 스피커가 설치되어 있는 상태에서 강의하고 있다. 중국 당국은 마오쩌둥 시대로 거슬러 올라가 그때의 노하우와 최근 감시 기술이 융합하여 교수와 학생들이 사회주의의 이념에 따르는지를 감시하는 체제를 갖추고 있다"라고 증언했다. 이는 교수들이나 학생들이 강의실에서 서방의 가치 기준으로 중국 정부를 비판하는지를 감시하는 것이다. 조지 오웰의 '빅브라더'가 감시와 통제를 강화하고 있는 현실 세계의 모습이다. 시진핑 주석이 대학을 "당의 요새"(Party Strongholds)라고 강조한 이후, 중국의 대학들은 이를 충실히 따르고 있다. 중국의 상위권의 대부분 대학들은 2017년부터 대학 내 '이념과 정치 담당' 부서를 두고, 일부 학생과 교수들로 하여금 교내에서 당의 공식적인 노선에 배치되는 언행을 할 경우 이를 보고토록 하고 있다. 중국이 디지털 기술 고도화와 인공지능 등을 통해 상시적 감시와 통제 체제를 효율적으로 가동하면서 '디지털 독재체제'(Digital Dictatorship)로 발전하고 있다.

미국, 국익 우선 '신고립주의'

20세기 초 소련 붕괴 이후 국제 상황은 미국이 원하든 원하지 않든 단일 패권국(覇權國)으로 되었다. 패권국은 개방된 시장, 안보 제공 같은 글로벌 공공재를 제공하고 국제규범을 확립하며, 그에 따른 비용을 부담해야 한다. 경제력과 전 세계 국가들과의 관계, 그리고 세계 곳곳에 주둔하고 있는 미군 등, 미국의 위력은 그럴 만한 충분한 위상을 갖추고 있다. 이러한 상황에서 미국이 패권국가의 역할을 하지 않는다면 국제질서는 오히려 혼돈으로 빠져들게 될 수 있다. 패권이 약화되면 국제질서는 불안정해지고, 갈등이나 전쟁의 가능성이 커진다. 즉 냉전 종식 직후 국제질서는 '패권국가론'(Hegemonic Stability Theory)으로 설명이 가능한 상황이었다.

미국은 경제 대국이자 군사 강국이다. 2024년 미국의 군사비 지출은 9,970억 달러로 전 세계의 37%에 해당한다. 미국의 군사력은 너두나 압도적이어서 그 어느 국가도 전쟁을 통해 미국의 패권적 위상을 바꿀 수 있는 상황은 현재로서는 상정할 수 없다. 또한, 조지 프리드먼(George Friedman)은 『21세기 지정학과 미국의 패권 전략』(The Next Decade, 2009)에서 국제정치의 핵심은 지정학으로, 미국은 대양으로 둘러싸여 안전한 지정학적 이점이 있고, 오대양에서 지배적인 해양 장악력을 유지하는 한 21세기 내내 패권을 유지할 것으로 전망했다. 그러면서 한편으로는 특정 지역의 국가들이 강력하게 성장하거나 단일 세력으로 뭉쳐 미국의 영향력에 도전하지 못하도록 균형자 또는 개입자 역할을 적극적으로 수행해야 한다고 했다.

그런데 시간이 지날수록 중국, 러시아 등 대국들이 기국의 경쟁자로 부상하고 있다. 특히, 중국은 앞에서도 살펴보았듯이 이미 미국과 함께 G2 국가로 불린다. 중국의 예측과 계획대로 된다면 2050년경에 미국과 같은 수준의 경제적, 군사적 대국이 될 것이다. 미국으로서는 국제질서에서 만만찮은 도전자가 나타난 것이다. 이러한 미·중 경쟁 관계를 고전적 현실주의자 한스 모겐소(Hans Morgenthau)의 '세력균형론'(Balance of Power Theory)에 따르던, 국익은 권력에 있으므로 미국은 국익을 지키기 위해 기존의 패권과 자유주의 국제질서를 유지하려고 하고, 중국은 자국의 국익 확대를 위해 미국 패권에 도전하는 형세가 되는 것이다. 권력은 본질적으로 제로섬(Zero-sum)이므로 갈등은 피하기 어렵고, 충돌을 피하기 위해서는 결국 세력균형을 통해서만 관리가 가능하다는 것이다. 최근 미국은 아시아태평양 지역에서 세력균형을 위해 한국, 일본, 호주, 인도와 동맹을 강화하고 있고, 중국은 러시아와 북한 등과 협력을 강화하고 있다.

그런데 최근 미국 트럼프(Donald Trump, 1946~) 행정부의 대외정책 기조는 패권국가론 또는 세력균형론으로 설명이 안 된다. 먼저, 패권국가의 역할을 거부하고 있다. 동맹국에 대한 비용 부담 압박으로 미국이 더 이상 일방적으로 안보를 제공하는 '관대한 패권국'의 역할을 하지 않겠다는 의지를 보이고 있고, 자유무역에서 후퇴하여 보호주의 무역 정책 또한 패권국가의 핵심 공공재 제공을 거부하고 있다. 그렇다고 세력균형론에도 부합하지 않는다. 전통적인 동맹인 나토와 한국과 같은 동맹의 약화나 반대로 러시아와의 우호적인 관계 등을 볼 때 오히려 세력균형의 구도에 혼란을 초래하고 있다. 현재의 대외정책은 단지 미국의 국익이 최우선이라는 현실적인 관심과 민족주의가 결합한 '신고립주의'에 가깝다고 하겠다.

경제와 무역 분야에서도 미국은 건국 이후 대공황 동안 잠깐을 제외하고는 자유무역과 시장경제 가치를 중심으로 세계 경제 질서를 유지해 오고 있다. 자유주의와 시장경제는 경쟁을 통한 개인의 성취를 강조하지만, 부의 불균등을 심화시키고 소수의 엘리트와 다수의 대중으로 사회를 양극화하였다. 이러한 현상은 자유주의 경제 질서에 대한 비판으로 나타나고 있다. 이를 소위 신우파로 부르며, 탈자유주의와 민족주의를 내세우는 급진적인 우익에 가깝다. 패트릭 드닌(Patrick J. Deneen)과 같은 학자는 자유주의는 개인의 절대적 자유와 자율성을 추구하는 과정에서 가족, 지역 사회, 종교적 전통 등 평범한 사람들의 삶을 지탱하는 사회적 기반과 공동체적 유대를 파괴해 왔다. 그래서 평화로운 체제 전환을 통해 부패해 버린 자유주의 지배계급을 축출하고, 기존의 정치형태를 유지하면서 탈자유주의 신질서를 건설해야 한다고 주장한다."[15]

이러한 정치, 안보, 경제 환경의 변화 외에 최근 미국의 대내외정책 변화의

---

15) Patrick J. Deneen, 『Regime Change: Toward a Postliberal Future』, Penguin Random House LLC, 2023. xiv.

배경에는 트럼프 대통령 개인의 정치적 성향과도 관계가 있다. 사회문화적 가치인 낙태 반대, 종교의 자유 확대, 전통적 가족관 옹호 등 미국을 기독교 국가로 회복시키려는 상징적 지도자로 인식되어, 공화당의 핵심지지 기반인 복음주의자들의 높은 지지가 있다. 그 외 경제적으로는 신자유주의가 결국 무역 불균형을 가져와 중국 등 신흥 대국들이 미국을 추격하고 있는 형국이 되자 강력한 보호무역주의 정책을 구사하고 있고, 미국의 정체성을 지키려는 민족주의 정서가 국경 통제와 이민 제한으로 나타나고 있다.

그런데 미국의 최근 이러한 일련의 변화는 러시아나 중국처럼 국가의 기본적인 권력 구조를 바꾸어 가면서까지 지도자의 권한을 강화하는 것과는 본질적으로 다른 현상이다. 미국의 경우 기본적인 헌법 등 규범 틀 속에서 단지 미국 국익을 앞세운 정책 변화의 양상으로 보는 것이 타당하다. 미국은 국가 탄생에서부터 현재까지 개인의 자유와 인권을 최고의 가치로 하는 대표적인 국민 주권의 민주주의 국가로서 그 정체성을 유지해 오고 있다. 그리고 미국은 3권분립이 확고하여 견제와 균형이 유지되고 있고, 특히 의회의 견제 기능과 언론의 자유가 보장되어 장기간 권위주의적인 통치가 쉽지 않다. 즉 국가 권력에 대한 사회의 견제 기능이 폭넓게 작동하고 있는 국가이다. 더욱이 미국 정치의 특성이 보수와 진보 이념의 정당이 번갈아 가면서 집권하므로 일당독재나 장기 집권은 원천적으로 불가능하다. 그러나 최근 트럼프 대통령의 독단적 통치 형태를 보면서 21세기 미국의 권위주의 정치를 우려하는 시각도 있는 것이 사실이다.

» 후기 전체주의 진단

과거 붉은 제국의 영광을 누렸던 러시아와 사회주의 체제를 유지하면서 자본주의 요소를 수용하여 대국 굴기하는 중국이 새로운 형태의 전체주의로 가고 있다는 주장이 설득력을 얻고 있다. 여기서 이들 러시아와 중국을 앞에서 제시한 전체주의 일반적 통치 기제를 중심으로 분석해 볼 필요가 있겠다.

첫째, 공식적인 이데올로기는 초기 전체주의인 히틀러 독일과 스탈린 소련은 명확하고 포괄적인 이데올로기로 사회 전체를 지배했다. 현재 중국이나 러시아에도 앞에서 언급한 대표적인 이데올로기가 있다. 그러나 초기 전체주의처럼 국민의 내면에까지 완벽하게 통제하고 동원하는 수준은 아니다. 시장경제 요소가 들어오면서 인민들에게 허망한 이데올로기보다는 실용주의와 경제적 성과가 더 중요한 신념이 되고 있다.

둘째, 초기 전체주의는 단일정당이 절대적인 권력을 행사했다. 현재의 중국은 몇몇 소수 정당을 두고 있으나, 실제는 공산당이 유일한 단일정당과 다름없다. 러시아는 다당제를 채택하고 있으나, 푸틴 정권이 이끄는 정당이 다른 군소 정당과 연합해 실질적으로 단일정당과 다름없이 권위주의적인 통치 형태를 보인다. 특히, 중국은 공산당 우위 체제이기 때문에 당이 국가 사무의 전반을 통제하는 절대적인 권력 기구이다. 헌법과 법률이 존재하고 있으나 당의 노선에 직간접적인 영향을 받고 있어, 법치주의가 온전히 지켜지지 않는다. 공산주의 국가의 공통적인 현상이지만, 중국과 러시아 최고 규범인 헌법에는 권력구조와 기본권 보장 등이 상세히 규정되어 있으나, 현실 적용은 그렇지 못해 선언적 의미를 띠고 있다.[16]

셋째, 초기 전체주의는 대규모 숙청과 공개 처형, 수용소 감금 등 테러가 만연했다. 현재의 중국과 러시아는 과거와 같은 규모의 테러는 없어졌지만, 정보

---

16) 부록: 공산주의 국가 헌법 참조

기관을 통한 조작, 그리고 디지털 기술을 활용한 새로운 형태의 통제가 이루어 지고 있다. 과거의 물리력에 의한 테러가 아니라 디지털 감시와 사회적 배제 등을 통한 새로운 형태의 테러가 여전히 존재하고 있다.

넷째, 전체주의 국가는 모든 신문과 라디오 등을 완전히 통제한다. 현재의 중국 은 당 기관지나 국영 언론뿐이고, 러시아도 독립 언론보다 재벌 소유 언론이 주류 를 이루고 있다. 최근 젊은 세대를 중심으로 인터넷과 소셜 미디어로 매체가 옮겨 가면서 정부나 재벌에 의한 언론의 통제에는 한계가 있다. 정부는 이에 대응하여 인터넷 검열과 여론 조작을 통해 정보 독점권을 유지하려고 노력하고 있다.

다섯째, 무력 독점 속성은 초기 전체주의와 같이 현재의 중국과 러시아도 군 대와 경찰, 정보기관 등 모든 무력 관련 기관을 국가의 통제 아래 두고 있다.

여섯째, 중앙 집중식 경제 통제는 중국의 경우 이미 시장경제를 도입하여 '사회주의 시장경제' 형태로 혼합 경제체제를 운영하고 있고, 러시아도 자본주 의 시장경제를 채택하고 있다. 그러나 최근 중국은 앞에서 언급한 '공동 부유' 노선과 국유기업 보강으로 정부의 경제 개입과 통제를 강화하는 추세에 있다.

결론적으로, 보편적인 전체주의 통치의 6가지 속성을 오늘의 중국과 러시아 에 그대로 적용하기는 힘들다고 하겠다. 특히, 경제 분야의 시장화와 이데올로 기의 약화는 초기 전체주의와 분명 차이가 있다. 다른 부분들은 '완벽한 통제' 는 아니더라도 '강력한 통제'가 여전히 사회 곳곳에 작동하고 있고, 특히, 디 지털 기술 발달로 새로운 형태의 감시와 공포 분위기는 이들 체제를 규정하는 중요한 요소로 등장했다. 21세기 전체주의는 고전적 전체주의 특징이 일부 약 해졌지만, 일부는 오히려 진화한 형태로 나타난다.

제25장

공산주의가 남긴 유산

» 정치적 유산

20세기 공산주의는 1917년 러시아혁명 이후 거의 한 세기 동안 인류 문명에 많은 영향을 미쳤다. 제2차 세계대전 종전 이후 동구와 아시아 지역에서 소련 모델의 공산주의 국가가 무려 12개국이 탄생했다. 이들은 마르크스-레닌주의를 찬양하고, 스탈린을 우상화하고, 소련의 경제적·문화적 업적을 모방하고, 모스크바 지령에 따랐다. 소련은 공산주의 종주국으로서 위력을 가졌다. 이런 공산주의 국가들은 유일 정당에 의한 독재정치였고, 행정은 중앙집중적이었다. 사법과 언론이 정치적 통제를 받고 종교가 박해받았다. 이런 상황에서도 이들 국가는 초기에는 계획된 산업화가 활발하게 진행되어 실업이 줄었고, 도시화가 급격히 진행되었다. 사람들은 이를 보고 착각을 일으켜 체제의 문제점과 경제적 비효율성을 주목하지 못했다.

공산주의는 '계급 없는 사회'를 약속했지만, 실제로는 당 간부나 관료층에 특권과 혜택이 집중되어 새로운 형태의 사회적 불평등과 계층화를 불러왔다.

지도층들은 특권층으로 변해 "다른 동물"로 되어 있고, 조직은 점점 관료화되어 경직되어 가고, 인민들은 인내심이 '임계점'에 이르지 되어 권력 이완 현상이 나타나기 시작했다. 그러면 대부분 공산주의 국가는 체제 옹호를 위해 폭력 정치와 인권 탄압이 심해졌다. 소련의 스탈린과 중국 마오쩌둥의 국가적 테러가 이러한 시기와 맞물려 있었다. 그리고 국가 이념을 주입하기 위해 비판적 사고를 억제하고, 학문·예술 등 문화 전반에 대한 철저한 검결과 통제가 이뤄져 사회의 다양성과 창의성이 억압되어 국가 발전에 장대 요인이 되었다. 무엇보다 허상의 공산주의 사회에 오랫동안 적응하면 인간의 심성이 피폐해지기 쉽다. 빈곤한 삶에서 좋은 심성이 형성되기가 어렵게 되어 있다.

　이러한 공산국가들의 통치가 남긴 정치적 유산을 이론적으로 정리하면 첫째, 최고지도자가 이념 해석을 독점하는 전통이다. 지도자의 무오류성에 의존하게 만들고, 가능성 없는 유토피아 목표를 따르게 했다. 둘째, 일당 중심의 국가 지배체제 확립이다. 전위정당인 공산당이 국가 업두 전반을 총괄 지도하는 '당-국가체제'를 만들었다. 그로 인해 권력의 중앙집중화와 경직적인 관료제가 형성되었다. 셋째, 혁명 신화와 정통성의 정치 문화다. 그래서 지도자에 대한 개인숭배 현상이 나타났다. 넷째, 시민을 정치적으로 조직하고 동원하는 기술이다. 청년단 등 대중 조직이 결성되고 정치 학습 등이 광범하게 일어났다. 끝으로 비밀경찰 중심의 감시체계와 사상 검열 등의 공안 통치술이 발전되었다.

　공산주의가 남긴 유산에서 특이한 것은 군(軍)의 위상을 높인 것이다. 대부분 공산혁명에서 군이 혁명 주체 세력으로 활약했다. 그래서 혁명에 성공한 공산국가의 군대는 '당의 군대'(黨軍)로서 위상을 갖게 된다. 즉 국군(國軍)과 성격을 달리한다. 당의 군대는 당과 최고지도자에게 충성하고 체제(이념)와 정권 유지가 일차적 임무이다. 그러나 국군은 정치적 중립을 지키면서 국민에게 충성하고 국가 방위에 주력한다. 군 통제권도 공산군은 당 수뇌부(또는 정치장교)에 있지만, 국군은 국민이 선출한 민간 통수권자에게 있는 것이 일반적이다.

그리고 공산혁명 이후에도 공산당 일당독재를 유지하기 위해 군의 충성심과 역할이 중요하게 된다. 북한의 김정일 통치 당시 선군정치가 그 대표적인 예다. 군의 역할이 커지면 국가의 자원 배분에서 우선적일 수밖에 없고, 젊은 이들이 군에서 보내는 시간이 길어진다. 냉전 시기 소련은 군비 경쟁을 위해 핵무기, 우주 개발, 군사력 증강 등으로 막대한 자원을 투입해, 평균 GDP의 20~30%를 군사비에 투입하여 국가 경제에 큰 부담이 되기도 했다. 북한은 지금도 과도한 군사비 투입과 장기간의 군복무로 민생이 힘들다.

끝으로, 공산주의는 민족 해방 운동에도 영향을 미쳤다. 제국주의와 자본주의를 비판하는 공산주의 사상은 많은 독립투쟁의 정신적 기반이 되었다. 특히, 제2차 세계대전 종전 이후 제국주의 식민 지배를 받던 국가들이 해방되면서 공산주의 이념이 대안 이념으로서 강한 영향을 미쳤다. 이 과정에서 냉전의 대리전 양상을 띠며 비극적인 결과를 낳기도 하였지만, 식민 지배에서 벗어나고자 했던 민족들의 독립 열망을 고조시켰다.

» 경제적 유산

공산주의 경제체제의 근본적인 문제는 중앙집권적인 '계획과 통제' 메커니즘이 제대로 작동하지 못한 구조적 한계에서 비롯되었다. 그 원인은 마르크스-레닌주의의 비현실성에 뿌리를 두고 있다. 첫째, 인간의 본성인 이기심을 과소평가했다. 인간의 경제활동에는 이기심이 가장 큰 동력이다. 빵집 주인의 이기심이 없으면, 매일 빵을 먹기 힘들고, 맛있는 빵을 먹기는 더 힘들다. 그리고 물질적인 인센티브를 없애면 인간이 자발적으로 협동할 것이라 믿었던 것 또한 비현실적이다. 공동소유와 평등한 분배는 관념적인 낙원에서나 가능한 일이다. 인간의 심성에는 소유욕과 경쟁심이 자리 잡고 있다. 이를 활용하면 경제가 발전하고, 그렇지 못하면 능률성 문제가 나타나 사실상 퇴보하는 것이다. 둘째, 계획경제는 사유재산과 시장경제 원리를 부정하고 중앙정부의 계획에 따라 생산과 분배가 일어나, 생산성 저하와 기술 혁신 부재, 자원 배분의 비효율성, 만성적인 생필품 부족과 경제 침체를 가져왔다. 그래서 혁명은 식탁에서 일어났으나, 혁명 후에도 인민들의 식탁은 크게 개선되지 못했다. 그리고 방대한 국가 경제를 관리하기 위한 관료 조직의 비대화로 관료주의화가 만연하였고, 계획 수립과 자원 배분 자체가 권력이 되어 부정부패가 뒤따랐다.

이러한 공산주의 경제 체제가 시장경제보다 비효율적인 제도이긴 하지만, 그중 일부는 오늘날에도 지속되고 있다. 첫째, 계획경제의 보편화다. 경제개발 5개년 계획과 산업별 장기 계획 등이 소련, 중국, 베트남 등 공산주의 국가는 물론 여러 개도국에서도 운용되어 왔다. 둘째, 국가 주도의 경제 운영 모델이다. 국가 공공프로젝트 추진과 대규모 산업 정책, 그리고 에너지 등 핵심 산업의 국유기업 중심의 산업구조이다. 셋째, 국가자본주의 운영이다. 정치와 경제가 혼합된 형태로서, 민간 시장이 존재하지만 국가가 전략 부문을 통제하는 진화된 공산주의 경제 운영 방식 등이다.

끝으로, 공산주의가 인류에게 긍정적인 유산도 남겼다. 그것은 평등과 사회 복지 이념을 확산시킨 것이다. 모든 인간은 평등하고 기본적인 권리를 누려야 한다는 사상을 현실의 토양에 씨앗을 뿌렸다. 이에 영향을 받아 자본주의 국가들이 복지 정책을 강화하고 사회 안전망을 구축하는 데 노력했다. 무상의료,

무상교육, 주거 문제 해결 등 공산주의가 주장했던 가치들이 자본주의에서도 복지국가 개념으로 발전해 왔다. 그리고 노동자의 권리 신장에 큰 영향을 미쳤다. 초기 자본주의의 열악한 노동환경과 착취에 맞선 노동조합 결성, 단체 교섭권 확보, 근로 시간 단축, 최저 임금 도입 등으로 노동자의 권리 보호를 위한 법적·제도적 장치를 마련하는 데 기여를 했다.

» 사회문화적 유산

과학론이 세속종교화

마르크스의 공산주의 이념은 거의 세속종교(Secular Religion)의 교리적 성격을 띠게 되었다. 과학적 사회주의 이론이라는 주장과 달리 현실에서 마르크스주의는 종교의 교리처럼 신성시되었다. 계급해방은 구원이고, 이념의 해석은 교리의 해석과 동일시됐다. 마르크스주의의 역사 종말인 공산주의는 종교의 구원에 해당한다. 이단을 처벌하듯 공산주의 이념에서 벗어나면 반혁명으로 처단하고, 반면 공산주의 운동으로 희생되면 순교자 수준의 혁명 열사로 받든다. 성인(聖人) 수준의 개인숭배 사상이 레닌, 스탈린, 마오쩌둥, 김일성 등에서 나타났다.

마르크스주의자들은 자신들의 주장은 과학적이라고 주장하면서 형이상학적인 사고방식을 공격했다. 그러나 러시아혁명 이후 공산주의자들은 천년 왕국을 꿈꾸며 세속적 형태의 종교적 의식에 젖어 있었다. 레닌은 마르크스를 무오류의 세계관을 지닌 인물로 숭배했으며, 젊어서 사제로 훈련받은 스탈린도 마르크스와 레닌을 그렇게 받아들였다. 중국의 마오쩌둥도 거의 종교적 성인의 지위를 가졌다. 전국에 마오쩌둥의 초상화 부착은 필수였고, 그에 대한 찬가 〈동방은 붉다〉는 사실상 찬송가였다. 또한 그의 어록집인 〈소홍서〉는 성서처럼 휴대하고 다니면서 문구를 암송했다. 그의 사상은 정책이 되고, 정책은 일상의 삶을 지배했다. 정치, 경제에서부터 의료, 교육, 예술, 참새 소탕에 이르기까지 그의 생각과 말이 과학적 합리성을 무시한 절대적인 기준이 되었다.

북한의 김일성 일가의 통치 이념은 세속 종교화한 대표적 사례로 꼽힌다. 김일성은 출생에서부터 혁명 활동까지 신화적 서사시로 꾸며져 위대한 수령으로 떠받들었다. 백두혈통은 종교적 특징인 축일(祝日)과 의식으로 기리고 있다. 태양절, 광명절 등 그들의 출생을 축일로 정하고 아리랑 등 집단체조는 종교의식 자체다. 북한의 주체사상 수령론은 종교 교리에 가까운 이데올로기이다. 수령-당-대중을 잇는 구조는 신-교단-신자 구조와 비슷하고, 주체사상이 사회정치적 생명체론으로까지 변질된 것은 수령을 신격화한 대표적인 세속종교의 형태다.

또한, 공산주의 국가에서 체제를 유지하는 힘은 과학적이고 공식적인 것이 아니라 비공식적이고 사적인 질서에 의존해 왔다. 지도자들 사이에 후견-피후견인 관계가 맺어져 유력 인사가 자기 부하들을 정치, 경제, 사회적으로 보호하고, 부하들은 그에게 충성하는 관계를 유지해 왔다. 대표적으로 마르크스에서 레닌을 거쳐 스탈린으로 이어진 길은 기본적으로 마르크스주의에 얼마나 충실했느냐에 달려 있었다. 트로츠키, 부하린 등은 마르크스주의에 대한 충성도는 있었지만, 레닌의 피후견인 위치에 있지 못했다. 그래서 그들은 결국 제거되었다. 중국, 북한 등에서도 형태는 다르지만, 특권 엘리트층에 의한 통치의 본질은 유사하다. 결국 공산주의에서 통치의 원리는 과학적이라기보다는 오히려 세속적인 종교에 가까웠고, 체제의 유지도 비공식적인 인간관계가 더 영향력을 발휘하였다.

지록위마(指鹿爲馬)의 세상

소련 공산주의는 초기부터 이율배반적인 통치 형태를 보이기 시작했다. 레닌은 10월 혁명을 성공시킨 이후 국내 혁명 정세에 힘을 쏟기 위해 제1차 세계대전 상황에서 빠져나오기를 원했다. 그래서 1918년 3월 독일과 불리한 브레스트-리토프스크 조약을 맺었다. 이 일로 많은 좌파 정당이 인민위원회 연립정부에서 빠져나갔다. 결과적으로 소비에트 공화국은 자연스럽게 볼셰비키 일당 독재국가로 변해갔다. 또한, 애초 경제발전 개념에 인민의 삶에 관련된 부분은 무시되었다. 자본재 산업 부문을 먼저 증강하기 위해 선반, 전차, 트랙터, 트럭이 산업화의 기준이었고, 승용차, 냉장고, 전화기 등 인민 일상생활에 필요한 소비재는 후순위로 밀려났다. 인민의 생활이 궁핍해지자 거지가 없는 세상이라는 선전을 위해 거지에게 돈을 주는 행위를 금지까지 했다. 지금도 중국, 북한 등에서 길거리 거지를 볼 수가 없는 것은 "당나귀를 가리키며, 말이다." 하는 식이다.

러시아혁명 이후 겨우 6년이 지난 1923년부터 '노멘클라투라'(Nomenklatura) 사업을 시행했다. 이는 당이 임명권을 가지고 관리하는 요직의 명단이다. 정부, 군, 기업, 언론, 교육기관 등 국가 모든 부문의 주요 직책을 명단으로 작성하여 관리했다. 공산당이 인사권을 통해 모든 권력을 간접적으로 장악하기 위한 것이었다. 그런데 시간이 지날수록 이는 제도적 명부가 아니라 '계층'을 의미하게 되어, 당의 승인하에 특권적 지위를 누리는 고위 간부층을 가리키는 사회적 개념으로 변했다. 이들은 주택, 자동차, 별도 상점과 의료 서비스 이용 등 실질적인 지배계급의 특권을 누렸다. 이는 형식상 무계급 사회 속에 사실상 지배 계급화한 것으로 공산주의 이념과는 완전히 배치되는 것이다. 그러면서 공산당 서기장이 된 이후 스탈린은 "달걀을 깨트리지 않고는 오믈렛을 만들 수

가 없다."라는 말을 자주 하면서 인민의 희생을 강요했다.[17]

일반 대중들은 조지 오웰이 지적한 '이중사고'에 익숙해져야 했다. 공장과 사무실에서는 공산주의 진실을 믿고, 격리된 아파트 등에서는 자신들의 다른 생각을 털어 놓았다. 자신과 타인을 속이는 기술이 개인의 기본적인 속성이었다. 때로는 말과 행동을 달리해야만 할 때도 있다. 1945년 이후 신입 공산당원들까지 현실에 대한 냉소가 미래의 이상을 압도하기 시작했다. 관리들은 '피후견인'끼리 무리를 지었고, 상부로 전달되는 정보는 왜곡되었다. 공산주의에서 허위와 위선, 정확한 정보 전달의 실패가 일어날 수밖에 없다.

한때 식민 지배를 받았던 나라에서는 집단주의가 개인주의보다 더 고상한 것으로 평가받았다. 다 함께 고생한다면 가난도 미덕으로 받아들였다. 그래서 공산주의 국가들이 서구 문화와 삶을 차단하게 하는 명분이 생기게 되었다. 장벽, 지뢰, 철조망 등을 설치했다. 비록 마르크스와 엥겔스는 세계 공산주의를 외쳤지만, 물리적 · 정신적 장벽에 국민을 가두는 표리부동(表裏不同)은 공산주의 독재국가 어디서든 비슷했다. 그리고 공산주의 체제는 민족적 요소를 점차 중시하게 되었다. 특히, 스탈린의 '일국사회주의' 노선이 정착되면서부터다. 마르크스-엥겔스의 "만국의 노동자여 단결하라"라는 외침은 힘을 잃어갔다.

---

17) 로버트 스미스(김남섭 역), 앞의 책, pp. 288-289.

제26장

21세기 좌파는 어디로 가는가

» 자본주의 성찰

자본주의는 완전하고, 영속할 것인가? 이에 대한 해법은 불평등 해소로 집약될 수 있겠다. 자본주의를 방치하면 불평등을 점점 심화시킨다고 주장한 대표적인 경제학자로는 토마스 피케티(Thomas Piketty)이다. 그는 『21세기 자본』(Capital in the Twenty-First Century, 2013)에서 역사적인 데이터를 분석한 결과, 산업혁명 이후 20세기 초까지 소수 상류층이 대부분의 부를 독점해 왔다고 주장한다. 그 근거로 자본수익률이 경제성장률을 초과하는 경우가 대부분이었다고 설명한다. 즉 자본 소유자가 노동자보다 빠르게 부를 축적한다는 것이다. 따라서 시간이 지날수록 불평등은 구조적으로 심화할 수밖에 없다. 그래서 제도적으로 이를 통제하지 않으면 민주주의마저 위협할 수 있다고 예단한다. 단순한 소득세만으로는 불평등 해결이 어렵고, 부동산과 금융자산 등 자본소득에 대해 크게 과세할 것을 제안한다.

또한, 경제분석가인 루치르 샤르마(Ruchir Sharma)는 『무엇이 자본주의를 망

가뜨렸나?』(What went wrong with capitalism?, 2024)에서 자본주의 자체가 실패한 것이 아니라, 자본주의 본래의 원칙인 자유로운 경쟁과 시장의 효율적인 자원 배분이 정부의 반복적인 과잉보호로 왜곡되었다고 주장한다. 그러면 자본주의의 본연의 힘인 경쟁, 창업, 혁신 등의 동력이 크게 상실된다고 진단한다. '창조적 파괴'는 경제 전반에 활력을 불어넣고 생산성을 높이는 중요한 과정인데, 현대 자본주의에서는 정부와 중앙은행이 초저금리와 유동성 공급으로 비효율적이고 경쟁력 없는 기업을 퇴출하지 않고 시장에 남아있게 하는 것이 문제가 된다고 지적한다. 이는 바로 생산성 정체로 이어진다. 이런 '좀비 기업'이 시장 점유율을 유지하면 새로운 기업이 진입하기가 힘들게 된다는 것이다.

마르크스 등장 이후 자본주의에 대한 성찰과 비판이 이어져 오고 있지만, 자본주의가 계속 유지될 가능성은 높다. 그 이유는 자본주의가 인간 본성에 바탕을 두고 있고, 이념에 유연성이 있기 때문이다. 즉 사회민주주의와 복지국가 등을 통해 문제점을 극복해 나가고 있고, 기술 혁신을 통한 생산성 향상과 신시장을 창출해 나가고 있다. 또한, 자본주의와 자유민주주의의 결합은 정치적 안정과 경제적 번영을 가져오는 상호 보완적인 측면이 있기도 하다.

» 신자유주의 비판

1929년 대공황의 배경을 두고 케인스(John Keynes)와 하이에크(Friedrich Hayek)의 논쟁은 현대 경제사에서 유명한 지적 대결로 일컬어진다. 자본주의 시장경제가 붕괴 직전까지 간 대공황으로 실업과 파산이 속출한 데 대해 '자유방임의 시장이 과연 효율적인가?'에 대한 논쟁이다. 핵심 쟁점은 '국가의 개입 대 시장의 자유'로 요약될 수 있다. 케인스는 『고용 · 이자 및 화폐에 관한 일반이론』(The General Theory of Employment, Interest and Money, 1936년)에서 시장은 본질적으로 불완전하여 불황 때 스스로 회복하지 못한다. 그래서 정부가 수요 부족을 해결하기 위해 '재정'을 투입해 투자와 소비를 촉진해야 한다. 즉 완전 고용을 위해 통화정책과 재정 정책을 적극 활용해야 한다고 주장했다. 이에 대해 하이에크는 『노예의 길』에서 '시장'은 가격 메커니즘을 통해 자원을 가장 효율적으로 배분한다. 그래서 불황은 시장이 불균형을 조정하는 과정이므로 개입하지 않고 기다려야 한다. 정부 개입은 오히려 왜곡과 비효율을 초래하고, 장기적으로는 개인의 자유를 침해해 전체주의로 가는 길이 된다고 주장했다.

1970년대 오일쇼크와 스테그플레이션(Stagflation)이 발생하면서 기존의 케인스주의 정책이 한계를 드러내자, 그 대안으로 하이에크의 사상을 바탕으로 신자유주의(Neo-Liberalism)가 등장했다. 신자유주의 정책은 정부가 시장 개입을 최소화하고 경쟁을 통해 효율과 성장을 극대화해야 한다는 주장이다. 또한, 공공 부문을 민영화하고, 기업활동을 규제하는 각종 규제를 완화하고, 복지 지출을 축소하고, 균형 재정을 유지하는 소위 작은 정부론이다. 하이에크와 같은 시카고학파로 분류되는 밀턴 프리드먼(Milton Friedman)도 자유시장 원리를 주장한 대표적인 경제학자이다. 신자유주의 정책을 현실에서 강력히 추진한 지도자는 1980년대 영국의 대처 수상과 미국의 레이건 대통령이었다.

그런데 신자유주의는 경제성장과 글로벌화를 촉진했지만, 많은 문제점을 드러냈다. 먼저, 불평등의 심화다. 시장에만 맡겨 놓으면 승자와 패자가 만들어지고, 부의 불평등과 사회 양극화를 가져왔다. 그리고 복지 후퇴를 가져왔다. 즉 공공서비스와 사회복지를 축소해 취약 계층에 피해가 갔다. 또한, 금융 부문의 규제 완화가 2008년 금융 위기를 초래하기도 했다. 시장과 기업의 힘이 세지면서 정치가 대기업의 이익을 대변하여 민주주의 후퇴를 가져왔고, 개발 중심 정책으로 인해 환경 파괴와 기후 위기를 초래했다.

신자유주의를 비판한 폴 크루그먼(Paul Krugman)은 『불황의 경제학』(The Return of Depression Economics, 1999년)에서 현대 자본주의에서 주기적으로 반복되는 금융위기와 경기침체를 분석한 결과 케인스주의 해법이 필요하다고 했다. 자유시장주의의 '감세'와 '규제 완화'로 소득 불평등이 심화하였고, 경제성장을 이끌지 못했다고 지적했다. 그리고 부유층과 대기업에 대한 세금을 낮추고 규제를 완화하면 이들이 투자할 여력이 생기고, 이로 인해 새로운 투자로 이어져 고용 효과가 늘어난다는 '낙수 효과'(Trickle-down Effect)도 일어나지 않았다고 했다. 경제위기 극복을 위해서는 '보이지 않는 손'이 아니라 정부의 '보이는 손'이 필요하다고 주장했다.

» 좌파 이념의 지평

사회민주주의

사회민주주의(Social Democracy)는 자본주의 경제체제를 인정하면서 개혁을 통해 민주적 방식으로 사회적 불평등을 줄이고 복지를 강화하려는 이념이다. 사회주의나 공산주의처럼 자본주의를 없애려 하지 않고 시장경제의 효율성을 살리면서 불평등과 빈곤을 완화하려는 것을 목표로 한다. 사회민주주의는 19세기 말에서 20세기 초에 유럽의 사회주의에서 분화하였고, 국민의 기본권인 의료, 교육, 주거, 노후 등 공공복지를 확대하는 복지국가를 지향한다. 그리고 노동자 권익을 보호하기 위해 노동법 강화, 노동조합 활동 보장, 고용 안정 정책을 추진하고, 누진세와 사회보험 확대로 소득 재분배를 함께 추진한다.

오늘날 사회민주주의는 '유럽식 복지국가 모델'로 알려져 있다. 자유방임적 신자유주의에 대한 대안으로 주목을 받고 있다. 대표적으로 스웨덴, 노르웨이, 핀란드, 덴마크 등 북유럽 국가들이 여기에 속한다. 스웨덴은 사회민주당(SAP)이 20세기 내내 장기 집권하면서 무상의료, 무상교육, 노후연금, 아동수당 등 충분한 사회 안전망 구축으로 '스웨덴 모델'로서 성공적인 사례로 꼽힌다. 노르웨이는 북해 유전 수입을 '국부 펀드'로 적립해 재정 안정성과 복지 재원으로 활용해 복지국가를 유지하면서 세계 최고의 재정 건전성을 유지하고 있다. 핀란드는 무상교육과 수준 높은 공립학교 체계로 '핀란드 교육 모델'로 성공한 사례다.

그러나 사회민주주의는 높은 세금과 재정 부담으로 경제 활력이 떨어지게 되고, 과도한 복지가 개인의 자율성과 책임을 약화한다는 비판이 있다. 세계적인 현상이지만, 고령화로 인해 연금과 의료 부담이 늘어나는 반면, 생산 가능 인구가 줄면서 복지 재정의 지속가능성에 의문이 제기되고, 1990년대 이후 늘어나는 이민자들은 복지혜택만 누리고 노동시장에 적극 참여하지 않는 문제점들이 있다. 그리고 높은 임금과 고율의 세금 구조는 치열한 글로벌시장에서 경쟁력을 취약하게 만들 수 있다.

신좌파 등

'신좌파'(New Left)는 1960년대 서구사회에서 등장한 사상의 조류로서 기존의 마르크스-레닌주의가 지나치게 경제적·계급적 문제에만 집중하고 개인의 자유와 문화적 억압 문제에 대해 소홀하다고 비판한 이념이다. 이러한 이념은 현대 산업사회가 물질적 풍요를 제공하고 있지만, 기술적 합리성과 효율성이 인간의 가치판단을 대체하고 있다고 지적한다. 풍요 속의 사람들은 자유롭게 보이지만 실상은 억압된 상태 즉 '풍요 속의 전체주의'에서 살아간다고 주장한 프랑크푸르트학파의 마르쿠제(Herbert Marcuse)와 같은 학자들의 영향을 받았다.

또 다른 좌파 이념인 '21세기 사회주의'(Socialism of the 21ˢᵗ Century)는 소련식 중앙집권적인 사회주의가 아니라, 민주주의와 자주성을 강조하면서 빈곤 퇴치와 평등을 추구하는 새로운 형태의 사회주의다. 20세기 말부터 시작된 소련과 동구권의 붕괴 조짐이 일자 남미에서 확산하는 신자유주의에 대응하여 새로운 길을 모색하자는 이념이다. 이는 1999년 베네수엘라의 차베스가 집권하면서 대중적으로 알려졌다. 차베스는 "20세기 사회주의는 패배했지만, 자본주의도 더 이상 대안이 될 수 없다."라고 말한 바 있다.

그리고 '좌익 포퓰리즘'(Left-wing Populism)은 엘리트주의를 반대하고 인민의 '직접적인 참여'와 주권을 강조하는 이념이다. 전통적인 계급 정치 대신 일반 대중의 불만을 기반으로 반(反)기득권 정치를 추구한다. 미국 버니 샌더스(Bernie Sanders) 상원 의원의 민주적 사회주의(Democratic Socialism) 운동이 여기에 해당한다. 이외, '생태사회주의'(Eco-socialism)는 자본주의가 환경 파괴의 근본 원인이라고 진단하면서 환경 위기 극복을 위해 사회주의적인 변혁을 주장한다. 이렇듯, 현대의 여러 좌파 이념의 특징은 과거 같이 과격한 '계급 혁명'을 통한 사회주의가 아니라, 점진적 개혁으로 자본주의 문제점을 수정해 나가고자 하는 데 있다. 그 배경에는 민주주의 제도의 확산, 자본주의 시장경제의 자발적 수정, 그리고 중산층의 확대와 시대의 변화에 따른 것으로 보인다.

맺음말

» 공산혁명의 동인(動因)

공산주의 혁명가들은 마르크스주의를 과학적 역사관으로 받아들여 프롤레타리아 혁명 이후 자본주의가 몰락할 것으로 믿었다. 그래서 1917년 러시아혁명을 통해 세계 최초의 공산주의 국가가 탄생하면서 마르크스주의는 단순한 이론이 아니라 국가 운영의 원리로 받아들여졌다. 그 당시 공산주의는 특히 식민지와 제국주의의 굴레에서 벗어난 국가들이 갈망해 온 사회적 정의와 자립의 이념으로 인식되었다. 동유럽, 중국, 베트남, 쿠바, 북한 등지에서 연이어 유사한 체제가 등장하면서 공산주의가 한때 강력한 이념의 흐름이 되었다.

러시아 10월 혁명으로 시작된 공산주의 혁명에는 몇 가지 공통점이 있었다. 첫째, 경제적 요인에 의한 민중들의 고난이었다. 인간의 기본적인 욕구인 먹고 사는 문제에서 오는 고통과 불평등이 혁명으로 내몰았다. 레이몽 아롱은 "물질적 생존의 최소한의 조건 없이는 정신생활은 불가능하다. 배고픈 사람은 신의 은혜를 믿을 수 없다."라고 했다.[1] 지주 중심의 봉건적 토지 소유와 소작농업 형태로 인한 농민의 착취, 부유층과 노동자 계층의 빈부 격차, 인플레이션

---

1) 레이몽 아롱, 앞의 책, p.372.

과 고물가, 그리고 자연재해로 인한 식량 기근 등이 혁명을 재촉했다. 식탁에서 혁명이 온다는 말이 있다. 1917년 이전의 러시아와 1930년대 중국이 그런 상황이었다.[2]

둘째, 전쟁의 후유증이 혁명을 불러왔다. 전쟁 패배로 인한 전비 보상 문제, 전쟁 장기화에 따른 징병 문제로 인한 민심 이반, 전쟁 세금 부담 가중, 군대의 사기 저하 등이 혁명을 부추겼다. 제1차 세계대전이 러시아 제국 붕괴의 발단이 되어 10월 혁명으로 볼셰비키 정권이 탄생했다. 그리고 중 · 일 전쟁이 마오쩌둥의 붉은 군대에 시간과 공간을 벌어줘 1949년 중국공산당이 정권을 잡았다. 베트남도 제국주의에 맞선 투쟁이었지만, 프랑스와 미국과의 오랜 전쟁 끝에 공산화되었다.

셋째, 제국주의의 식민 지배에 대한 저항 의식이 공산화를 불러왔다. 공산주의가 민족주의자와 피지배 대중들에게 한 줄기 희망이자 우군 세력으로 등장했다. 처음에는 반제국주의로 시작한 민족주의가 공산주의와 연계되어 공산혁명으로 이어졌다. 베트남의 경우, 프랑스 제국주의에 맞선 호찌민의 민족해방 운동이 종국에 공산주의 이념으로 통일하게 했다. 그리고 중국은 서구 열강과 일본 제국주의에 대한 저항이 공산혁명의 추동력이 되었다. 북한의 김일성도 만주와 연해주 일대 항일 투쟁 과정에서 중국과 소련의 공산당과 연계되어 북한 정권을 수립하였다.

넷째, 지배체제에 대한 불신과 부패가 만연하여 개혁만으로는 불가능하다

---

2) 국민소득이 일정 수준($5,000) 이상이면 공산주의 혁명이 쉽게 일어나지 않는다는 주장을 한 학자는 립셋(Seymour Martin Lipset), 데이비스(James C. Davies) 등이 있다. 실제 공산주의 혁명이 일어난 당시의 국민소득 수준은 러시아 약 $1,300(1917년), 중국 약 $450(1949년), 베트남 약 $300~$500(1945~1975), 북한 약 $700(1948년), 쿠바 약 $2,500~$3,000(1959년)이었다.

고 판단되면 혁명이 대안으로 등장했다. 왕조 체제와 귀족 정치의 무능, 독재 정부에 대한 대중의 분노가 혁명을 초래했다. 인간의 기본적 인권에 대한 체제의 시대착오적 탄압, 정권의 무능과 부정부패가 혁명을 정당화했다. 20세기 초까지 유지된 제정 러시아 차르 체제가 2월 혁명과 10월 혁명을 일으켰고, 중국 국민당 정권의 무능과 부정부패가 공산당 지지를 들불처럼 번지게 했다. 쿠바의 카스트로도 바티스타 정권의 독재와 부정부패에 반기를 들어 혁명을 했다.

다섯째, 공산혁명에는 지정학적 요소와 외교적 관계도 영향을 미쳤다. 중국이 소련의 안보 방어막 차원에서 공산화된 측면이 있고, 북한과 쿠바 등 작은 공산주의 국가들은 초강대국들의 지정학적 고려로 배후에서 조종하는 방향에 따라 공산화되었다. 또한, 역사의 아이러니라 할 수 있는 미국과의 관계가 어긋나면서 공산국가가 된 경우도 있었다. 프랑스 식민 지배를 받고 있던 당시 북베트남 호찌민이 미국에 먼저 손을 내밀었으나, 당시 프랑스가 유럽에서 공산주의 확산을 저지하는 역할을 하고 있어 미국이 거절했다. 호찌민이 민족주의에서 공산주의로 기울어진 원인(遠因)이었다. 쿠바의 카스트로도 미국과의 관계가 결국 혁명 이후 공산주의로 가게 만들었다.

마지막으로, 이러한 혁명의 불씨만으로 공산혁명이 성공할 수는 없다. 공산혁명이 성공하고 정권을 장악한 데는 공산주의 자체가 지닌 정교한 이념과 조직력, 그리고 지도자의 강한 장악력이 있었다. 마르크스 주장대로 과학적 사회주의 이론인 계급투쟁, 유물론적 역사 발전관, 혁명론, 프롤레타리아 독재 등이 기존 체제를 타도할 수 있다는 희망과 가능성을 품게 했다. 그리고 공산주의자들은 선전 · 선동에 강했고, 노동자 · 농민 등을 조직하여 결속하는 데 능숙했다. 그 전위대인 공산당은 모든 나라에서 혁명을 실현하는 실질적 도구 역할을 했다. 끝으로, 레닌, 마오쩌둥, 카스트로 등 혁명 지도자들은 모두 대중 연설에 능했다. 검은 노동자 모자인 '켑카'(Kepka)를 눌러쓴 레닌, 문필가인 마오쩌둥의 독특한 필체의 친필 공한(公翰), 군복 차림의 큰 키에 구레나룻의 카스트로 등은 남다른 카리스마가 있었다.

» 역사의 불가항력과 우연성

인류의 문명사는 필연보다는 예기치 않은 사건과 불가항력, 그리고 우연의 요소로 이어져 왔다. 14세기 중반 유럽을 휩쓴 흑사병은 유럽 인구의 30% 이상을 감소시켰고, 15세기 유럽인의 아메리카 대륙의 발견으로 전파된 천연두가 인구 감소를 초래했고, 인쇄술 발명은 종교 개혁과 지식의 민주화를 가져왔다. 18세기 증기 기관의 발명과 산업혁명은 자본주의 발전과 제국주의화를 가져왔고, 20세기 제1차 세계대전과 제2차 세계대전은 각각 제국주의의 몰락과 냉전체제를 만들었다. 또한, 역사는 의도와는 달리 반대 방향으로 흐르기도 한다. 자유를 향한 프랑스혁명이 중간에 공포정치가 이뤄졌고, 결국 나폴레옹이란 군사 독재자가 나타났다. 제1차 세계대전을 끝낸 베르사유 조약은 평화를 목표로 했지만, 지나친 독일에 대한 보복이 나치 히틀러를 등장시켜 제2차 세계대전이 발발했다.

공산국가의 역사에서도 혁명가들의 의지와 상관없는 불가항력적 요인들이 있었다. 러시아혁명 이후 레닌의 예상과는 달리 자본 축적의 부족과 광범한 농민 사회 구조로 계획경제를 안정적으로 추진하기 힘들었다. 그러자 혁명 직후 내전까지 일어나자 레닌은 1918년부터 3년을 '전시공산주의' 체제로 전환하여 강제노동과 식량 징발로 인민에게 해방이 아니라 고통을 안겨

줬고, 후계자 스탈린은 철권통치로 일관했다. 중국의 마오쩌둥은 일본 침략이라는 외부적인 충격이 혁명에 유리하게 작용했고, 혁명 이후 공산주의 건설 과정에 나타난 권력 이완 현상을 다잡기 위한 문화대혁명은 오히려 중국의 역사를 후퇴시켰다.

결국 공산주의 도래가 역사의 필연이라고 한 마르크스의 명제는 이론적으로나 실증적으로 검증되지 못했다. 자본주의가 빈부 격차로 붕괴할 것으로 봤지만, 현실은 노동자 계급의 불만을 제도 안에서 흡수하여 복지국가로 변화했다. 공산혁명이 고도로 발전한 자본주의 국가에서는 발생하지 않았고 러시아와 중국 등 후진국이나 농업국에서 일어났다. 세계적 노동자 연대는 일어나지 않았고 오히려 민족주의가 계급 연대보다 강하게 나타났다. 공산사회로 가기 전에 동유럽 국가들과 중국, 베트남 등 사회주의 국가들이 자본주의 시장경제를 받아들였다.

마르크스와 엥겔스는 〈공산당선언〉에서 "프롤레타리아가 혁명에서 잃을 것이라고는 사슬뿐이요, 얻을 것은 전 세계다."라고 단언했다. 그러나 인간의 역사에는 예기치 않은 우연이라는 요소가 작용한다. 그것은 단순한 돌발적인 상황이 아니라 인간의 자유로운 선택이 만들어 내는 불확정성이다. 산업화 초기에는 단순 육체노동자가 대부분이었지만, 기술이 발전하면서 숙련된 기술을 가진 노동자들이 생겨났다. 이들은 상대적으로 높은 임금을 받고 더 나은 노동환경에서 일하기를 원했고, 결과적으로 비숙련 노동자들과 이해관계를 달리하게 되었다. 그리고 사무직, 관리직, 전문직 등 새로운 직업군이 생겨나면서 이들은 전통적인 프롤레타리아 계급과는 다른 불가역적 사회·경제적 지위를 갖게 되었다. 이들은 혁명적 변화보다 점진적 개혁과 안정을 선호하는 성향이 있다. 오늘날 노동자는 더 이상 그날의 프롤레타리아가 아니다. 결론적으로,

마르크스-엥겔스의 공산주의 이론은 20세기 정치·경제적 현실 적용에 실패의 역사를 썼고, 일부 국가들은 불가항력으로 시장경제를 받아들여 체제와 권력을 유지하고 있다.

» 실패한 정치적 실험

공산주의 국가들은 이념과 현실의 간극을 메우지 못하고 변질했다. 이념은 물질적 평등과 정신적 해방이었다. 그러나 현실은 평등과 해방이 아니라 전체주의적 억압과 비효율적 경제 운영으로 나타났다. 스탈린 체제하의 소련은 숙청과 강제수용소 등 폭력적인 통치로 전락했고, 중국의 대약진운동과 문화대혁명은 수천만 명의 생명을 앗아간 비극을 낳았다. 인간의 역사가 자유와 평등을 추구하는 과정이지만, 그 과정이 과격하고 급진적인 혁명으로 변화를 추구하면 후유증이 나타났다. 어떤 이유에서든 혁명의 출발은 분노와 적개심이고, 특히 공산혁명은 폭력을 당연시하여 많은 희생이 따랐고, 그 후 권력 유지를 위해 폭정으로 일관했다.

급진적인 혁명으로 집권한 공산국가들은 달라진 세상을 보여주기 위해 독재정치와 계획경제로 많은 문제점과 후유증을 낳았다. 특히 계획경제는 만성적 생필품 부족 현상을 가져왔다. 그중 식량 부족은 이상사회와 너무나 괴리된 현실의 고통이었다. 또한 계획경제는 자원의 효율적인 배분에 실패하며 생산성과 기술 발전에서 자본주의 국가들에 현격히 뒤졌다. 이런 구조는 냉전 시기를 거치면서 모든 면에서 상대적 열세로 확인되었다. 그리고 유토피아 건설을 위한다는 무리한 동원 체제 가동과 개인의 자유 제한은 자유민주주의 체제에 대한 동경으로 나타났다.

결국 1989년 베를린 장벽 붕괴와 함께 동유럽 공산국가들이 체제 전환에 돌입했다. 1991년에는 종주국 소련마저 해체되어 공산주의 이념은 러시아혁명 74년 만에 퇴조하기 시작했다. 중국의 마오쩌둥은 공산주의 교조주의로 끝까지 버티려 했으나 큰 과오를 남기고, 27년 만에 덩샤오핑이 구원투수로 들어와 적대시한 이념인 자본주의 원리를 받아들였다. 그 중국을 모델로 한 베트남도 11년 만에 노선을 바꿨다. 쿠바가 아직은 체제를 유지하고 있으나 오래 가지 않을 것으로 보인다. 다만, 왕조적 공산주의 북한만 아직도 백두혈통의 정권 유지를 위해 체제를 고수하고 있다. 이들은 모두 이념적으로는 여전히 사회주의를 주창(主唱)하지만, 그 내용은 마르크스가 꿈꾼 사회와는 거리가 멀다. 공산주의는 이념으로서는 대안일 수 있었지만, 그것을 현실로 옮기려 한 시도들은 대부분 비극과 실패로 끝나간다.

한 세기에 걸친 붉은 이념의 제국들이 성공할 수 없었던 근본적인 요인은 먼저, 내부적 요인으로 인간 본성에 대한 오해와 과소평가에 있었다. 마르크스주의는 인간이 자신의 이해관계를 초월하여 공동체 전체 이익을 위해 헌신할 수 있는 존재로 보았다. 그러나 현실에서 인간은 그렇지 못하다. 공산주의는 개인에 대한 적절한 평가 없이 모두가 똑같이 분배받는 시스템으로 생산성 향상과 혁신에 대한 개인의 역동성을 무력화시켰다. 혁명이라는 명분 아래 그 파괴성이 컸고, 인간의 보편적인 자유와 권리를 억압했다. 다음으로, 외부적 요인은 다른 자본주의 국가에서 더 이상 혁명이 일어나지 않았다. 마르크스와 레닌은 자본주의가 발달한 서유럽 국가에서도 공산주의 혁명이 일어날 것으로 예상했다. 그러나 그 당시나 그 후에도 그렇지 않았다. 오히려 자본주의는 불평등 문제를 해결하기 위해 복지제도 도입, 노동자 권익 향상 등 자체적인 개혁과 적응을 통해 진화해 왔다. 그리고 경제발전에 따른 중산층 확대로 소득

안정과 교육 수준 향상이 체제에 대한 불만을 감소시키고 있다. 결국, 이상사
회 도래를 전제한 마르크스의 공산주의 이론과 이를 혁명으로 실증하려 했던
역사적 시도들은 실패한 실험으로 평가될 것이다.

▌부록: 공산주의 국가 헌법

I. 체제의 성격

● 러시아

제1조: 러시아연방, 즉 러시아는 공화국 통치 형태를 갖춘 민주주의 연방 법치국가이다.

제3조: 1. 러시아연방의 다민족 국민은 주권자로서 모든 권력의 유일한 원천이다.

2. 국민은 자신의 권리를 직접 행사할 뿐만 아니라, 국가기관과 지방자치단체를 통해서도 행사한다.

3. 국민투표와 자유선거는 국민에 의한 최고의 권력 행사이다.

● 중국

제1조: 중화인민공화국은 노동계급이 지도하고 노농동맹을 기초로 하는 인민민주독재 사회주의 국가이다. 사회주의 제도는 중화인민공화국의 근본제도이다. 중국공산당의 영도는 중국특색 사회주의의 가장 본질적인 특징이다. 어떠한 조직이나 개인이 사회주의 체제를 파괴하는 것을 금지한다.

제2조: 중화인민공화국의 모든 권력은 인민에게 속한다. 인민이 국가 권력을 행사하는 기관은 전국인민대표대회와 지방 각급 인민대표대회이다. 인민은 법률이 정한 바에 따라 각종 경로와 형식을 통해 국가 사무, 경제·문화 사무 및 사회 사무를 관리한다.

● 베트남

제1조: 1. 베트남 사회주의 공화국은 인민에 의한, 인민을 위한, 인민의 사회주의 법치국가이다.

2. 베트남 사회주의 공화국은 인민이 주인이 되고, 국가의 모든 권력은 인민에게

속하며 그 기반은 직공계급과 농민계급 및 지식계층의 연맹이 그 초석이다.

제4조: 베트남 공산당은 노동계급의 전위대이며 동시에 노동 인민과 전 민족의 전위대로
서 국가와 사회의 영도 세력이다.

● 북한

서문: 조선민주주의인민공화국은 위대한 김일성 동지와 김정일 동지의 사상과 령도를 구
현한 주체의 사회주의 조국이다. 위대한 김일성 동지는 조선민주주의인민공화국의
창건자이시며 사회주의 조선의 시조이시다.

제1조: 조선민주주의인민공화국은 전체 조선 인민의 리익을 대표하는 자주적인 사회주의
국가이다.

제4조: 조선민주주의인민공화국의 주권은 로동자, 농민, 군인, 근로 인테리를 비롯한 근로
인민에게 있다. 근로 인민은 자기의 대표기관인 최고인민회의와 지방 각급 인민회
의를 통하여 주권을 행사한다.

● 쿠바

제1조: 쿠바는 사회적 정의의 법치국가이자 사회주의 국가이며, 주권을 지니고 독립적이
며 민주적인 국가이다.

제3조: 사회주의와 혁명적 정치, 사회 체제는 비가역적이다. 이를 전복하려는 시도에 대
해 국민은 무력을 포함한 모든 수단으로 저항할 권리를 가진다.

II. 보편적 자유 관련 조항

가. 양심의 자유/종교의 자유

● 러시아

제13조: 1. 러시아연방에서는 이념적 다양성이 인정된다.

　　　　2. 어떠한 이념도 국가 이념이나 절대적 이념으로 규정될 수 없다.

제14조: 1. 러시아연방은 세속국가로, 어떠한 종교도 국교 또는 절대 종교로 지정될 수 없다.

　　　　2. 종교단체는 국가와 분리되어 있으며, 법 앞에 평등하다.

제28조: 모든 사람은 양심의 자유와 종교의 자유가 보장되며, 이는 개인적으로 또는 다른

사람들과 함께 어떠한 종교를 신앙할 권리 또는 어떠한 종교도 신앙하지 않을 권리를 포함한다. 또한, 종교 및 그 밖의 신념을 자유롭게 선택하고, 소유하고, 전파하고 그에 따라 행동할 권리가 포함된다.

● 중국

제36조: 중화인민공화국 공민은 종교 신앙의 자유를 가진다. 어떠한 국가기관, 사회단체, 개인도 공민의 종교를 믿거나 종교를 믿지 못하도록 강요할 수 없으며, 종교를 믿는 공민과 종교를 믿지 않는 공민을 차별할 수 없다. 국가는 정상적인 종교 활동을 보호한다. 누구든지 종교를 이용하여 사회질서를 파괴하거나 공민의 신체·건강에 해를 끼치고 국가의 교육 제도를 방해하는 활동을 할 수 없다. 종교 단체와 종교 사무는 외국 세력의 지배를 받지 아니한다.

● 베트남

제24조: 1. 모든 시민은 신앙과 종교의 자유를 가지며, 종교를 믿거나 믿지 않을 권리를 가진다. 모든 종교는 법률 앞에 평등하다.

2. 국가는 신앙, 종교의 자유를 존중하며 보장한다.

3. 누구도 신앙, 종교의 자유를 침해하거나, 또는 신앙, 종교를 이용하여 법률을 위반하면 안 된다.

● 북한

제68조: 공민은 신앙의 자유를 가진다. 이 권리는 종교건물을 짓거나 종교의식 같은 것을 허용하는 것으로 보장된다. 종교로 외세를 끌어들이거나 국가 사회질서를 해치는 데 리용할 수 없다.

● 쿠바

제57조: 국가는 종교의 자유를 인정, 존중, 보장한다. 모든 사람은 자신의 신념에 따라 원하는 종교를 믿거나 믿지 않을 권리, 종교를 바꾸거나 무종교를 선택할 권리를 가진다. 종교와 국가는 분리된다.

나. 표현/언론·출판/집회의 자유

● 러시아

제29조: 1. 모든 사람은 사상과 표현의 자유를 보장받는다.

3. 누구도 자신의 의견과 신념을 표현하거나 이를 포기하는 것을 강요당할 수 없다.

5. 대중매체의 자유는 보장된다. 검열은 금지된다.

제30조: 1. 모든 사람은 자신의 이익을 보호하기 위해 노동조합을 결성할 권리를 포함한, 결사의 자유를 가진다. 사회단체 활동의 자유를 보장한다.

● 중국

제35조: 중화인민공화국 공민은 언론 · 출판 · 집회 · 결사 · 행진 · 시위의 자유를 가진다.

● 베트남

제25조: 시민은 의견과 표현의 자유, 언론의 자유, 정보 접근의 자유, 집회 · 결사의 자유, 시위할 권리를 가진다. 이러한 권리의 행사는 법률에 따라 규제된다.

● 북한

제67조: 공민은 언론, 출판, 집회, 시위와 결사의 자유를 가진다. 국가는 민주주의적 정당, 사회단체의 자유로운 활동 조건을 보장한다.

● 쿠바

제54조: 국가는 개인의 사상, 양심 및 표현의 자유를 인정하고 존중하며 보장한다.

제55조: 헌법에서 인정한 언론, 표현, 집회의 자유는 사회주의 사회의 목적에 부합하게 행사된다. 주요 사회적 통신수단(언론)은 사회주의적 소유에 속한다.

다. 사유재산권

● 러시아

제8조: 1. 러시아연방에서는 경제적 통합, 상품과 서비스 및 재화의 자유로운 이동, 경쟁과 경제활동의 자유를 보장한다.

2. 러시아연방에서는 사유, 국유, 공유 및 그 밖의 형태의 소유에 대해 동등하게 인정되고 보호된다.

제9조: 1. 토지 및 그 밖의 천연자원은 러시아 영토에 거주하는 국민의 생활 및 활동 기반으로서 러시아 영토 내에서 이용 및 보존된다.

2. 토지 및 그 밖의 천연자원은 사유, 국유, 공유 및 그 밖의 형태로 소유된다.

제35조: 1. 사유재산권은 법으로써 보호된다.

2. 모든 사람은 단독으로 또는 타인과 공동으로 재산을 소유, 점유, 사용 및 처분할 권리를 가진다.

3. 누구도 법원의 결정에 의하지 않고는 자기 재산을 박탈당할 수 없다. 국가의 필요에 의한 재산의 강제수용은 사전에 동등한 가치를 보상하는 조건으로만 이루어질 수 있다.

4. 상속권은 보장된다.

● **중국**

제6조: 중화인민공화국의 사회주의 경제 제도의 기초는 생산수단의 사회주의 공유제, 즉 전 인민 소유제와 노동 군중의 집단적 소유이다. 사회주의 공유제는 사람이 사람을 착취하는 제도를 철폐하고 각자의 능력에 따라 일하고 노동에 따라 분배하는 원칙을 실행한다.

제10조: 도시의 토지는 국가의 소유에 속한다. 농촌 및 도시 교외의 토지는 법률의 규정에 따라 국가 소유 이외에는 집단 소유에 속한다. 택지와 자경지 및 자영림도 집단소유에 속한다.

제13조: 공민의 합법적인 사유재산은 불가침이다. 국가는 법률에 의거하여 공민의 사유재산과 상속권을 보호한다. 국가는 공공이익의 수요에 따라 법률에 의거하여 공민의 사유재산을 징수 또는 징용하고 보상을 지급할 수 있다.

● **베트남**

제32조: 1. 누구든지 합법적인 소득, 저축, 주택, 동산, 생산수단 및 기타 재산을 소유할 권리를 가진다.

2. 개인 소유권과 상속권은 법에 의해 보호된다.

3. 국방, 국가 안보 또는 국익, 비상사태, 재해 방지의 사유로 매우 필요한 경우 국

가는 조직, 개인의 재산을 보상 있는 강제 매입 또는 징용한다.

● 북한

제20조: 조선민주주의인민공화국에서 생산수단은 국가와 사회협동단체가 소유한다.

제21조: 국가소유는 전체 인민의 소유다. 국가소유권의 대상에는 제한이 없다. 나라의 모든 자연부원, 철도, 항공운수, 체신기관과 중요공장, 기업소, 항만, 은행은 국가만이 소유한다.

제24조: 개인소유는 공민들의 개인적이며 소비적인 목적을 위한 소유이다. 개인소유는 로동에 의한 사회주의분배와 국가와 사회의 추가적 혜택으르 이루어진다. 텃밭 경리를 비롯한 개인 부업 경리에서 나오는 생산물과 그 밖의 합법적인 경리 활동을 통하여 얻은 수입도 개인소유에 속한다. 국가는 개인소유를 보호하며 그에 대한 상속권을 법적으로 보장한다.

● 쿠바

제21조: 국가는 개인의 소비재 및 개인적 사용 목적의 물품에 다한 소유권을 인정하고 보장한다. 법률의 규제와 국가 발전에 기여하는 범위 내에서 특정 생산수단에 대한 사유재산권도 인정된다.

라. 신체의 자유

● 러시아

제1조: 1. 개인의 존엄성은 국가에 의해 보장된다. 그 무엇도 존엄을 훼손하는 근거가 될 수 없다.

2. 누구도 고문, 폭력 및 그 밖의 잔혹하거나 인간의 존엄을 훼손하는 대우나 처벌을 받아서는 안 된다. 누구도 자발적 동의 없이 의학실험, 과학실험 또는 그 밖의 실험의 대상이 될 수 없다.

제22조: 1. 모든 사람은 자유와 신체의 불가침을 가진다.

2. 체포, 구인 및 구금은 법원의 결정이 있기 전까지 48시간 이상 체포 또는 구속될 수 없다.

● 중국

제37조: 중화인민공화국 공민의 인신의 자유는 침해받지 아니한다. 어떠한 공민도 인민 검찰원의 승인이나 결정 또는 인민법원의 결정을 거친 후 공안기관의 집행에 의하지 아니하고는 체포되지 아니한다. 불법 구금 및 기타 방법으로 공민의 인신 자유를 불법으로 박탈 또는 제한하는 것을 금지하며 공민의 신체를 불법으로 수색하는 것을 금지한다.

제38조: 중화인민공화국 공민은 인격의 존엄성을 침해받지 아니한다. 어떠한 방법으로도 공민에 대하여 모욕, 비방, 무고, 모함하는 것을 금지한다.

● 베트남

제20조: 1. 누구든지 생명, 신체, 존엄과 명예의 불가침권을 가진다. 누구도 고문, 폭력, 강요, 체벌 또는 신체 · 건강 · 존엄을 침해하는 어떤 형태의 대우도 받아서는 안 된다.

2. 현행범의 경우를 제외하고, 누구도 인민법원의 판결, 인민검찰원의 결의서 또는 비준 없이 체포되지 않는다.

● 북한

제79조: 공민은 인신과 주택의 불가침, 서신의 비밀을 보장받는다. 법에 근거하지 않고는 공민을 구속하거나 체포할 수 없으며 살림집을 수색할 수 없다.

● 쿠바

제94조: 누구든지 신체적, 정신적 온전성과 개인적인 존엄이 존중받을 권리가 있다. 무죄 추정 원칙, 평등한 조건에서 심리를 받을 권리가 있다. 적법한 법적 근거와 권한 없이 자유를 박탈당하지 않을 권리를 가진다.

마. 학문과 예술의 자유

● 러시아

제44조: 1. 모든 사람은 문학, 예술, 과학, 기술 및 그 밖의 유형의 창작의 자유와 교육의 자유를 보장받는다. 지식재산은 법에 의해 보호받는다.

2. 모든 사람은 문화생활에 참여하고, 문화시설을 이용하며, 문화유산을 향유할 권리를 가진다.

3. 모든 사람은 역사적, 문화적 유산을 보존하고, 역사적, 문화적 기념물을 보호할 의무가 있다.

● 중국

제22조: 국가는 인민과 사회주의를 위하여 봉사하는 문학, 예술, 신문, 라디오, 텔레비전, 출판, 발행, 도서관, 박물관, 문화관 및 기타 문화 사업을 진흥하고 대중적 문화 활동을 전개한다. 국가는 명승고적, 귀중한 문화재와 기타 중요한 역사적 문화유산을 보호한다.

제47조: 중화인민공화국 공민은 과학연구 · 문학예술 창작 및 기타 문화 활동의 자유를 가진다. 국가는 교육 · 과학 · 기술 · 문학 · 예술 및 기타 문화 사업에 종사하는 공민이 인민에게 유익한 창조적 활동을 할 수 있도록 장려하고 도움을 준다.

● 베트남

제40조: 누구든지 과학기술 연구를 수행하고, 문학과 예술 창작에 대한 권리를 가진다. 그리고 이러한 활동으로부터의 이익을 가질 권리가 있다.

제41조: 누구든지 문화 가치 향유 및 접근, 문화생활 참여, 문화시설 사용에 대한 권리를 가진다.

● 북한

제40조: 조선민주주의인민공화국은 문화혁명을 철저히 수행하여 모든 사람을 자연과 사회에 대한 깊은 지식과 높은 문화 기술 수준을 가진 사회주의 건설자로 만들며 온 사회를 인테리화한다.

제41조: 조선민주주의인민공화국은 사회주의 근로자들을 위하여 복무하는 참다운 인민적이며 혁명적인 문화를 건설한다. 국가는 사회주의적 민족 문화건설에서 제국주의의 문화적 침투와 복고주의적 경향을 반대하며 민족문화 유산을 보호하고 사회주의 현실에 맞게 계승 발전시킨다.

● 쿠바

제95조: 누구나 사회주의적 가치에 부합하는 범위 내에서 예술과 문학적 창작, 과학적 연
　　　　구, 문화적 생산 및 확산의 자유를 가진다.

바. 거주 이전/여행의 자유

● 러시아

제27조: 1. 러시아연방 영토에 합법적으로 있는 모든 사람은 자유롭게 이동하고 체류지
　　　　　　및 거주지를 선택할 권리를 가진다.

　　　　2. 모든 사람은 러시아연방 밖으로 자유롭게 출국할 수 있다. 러시아연방 국민은
　　　　　　러시아연방으로 자유롭게 귀국할 권리를 가진다.

● 중국

관련 규정 없음(조항 확인 안 됨)

● 베트남

제23조: 시민은 국내에서 거주와 이동의 자유를 가지며, 법률에 따라 해외여행과 귀국할
　　　　권리를 가진다.

● 북한

제75조: 공민은 거주, 려행의 자유를 가진다.

● 쿠바

제52조: 누구나 법률이 정하는 제한을 제외하고는 국내에 들어오고, 머물고, 통과하고, 떠
　　　　날 자유가 있다. 거주지를 변경할 자유를 가진다.

※ 참고: 위 헌법 조항들은 각국의 최근 개정 헌법을 기초로 했다.
(러시아 2020년, 중국 2018년, 베트남 2013년, 쿠바 2019년, 북한 2023년)

▌참고문헌

1. 국문 도서

김창희, 『남북 관계와 한반도 평화』, (서울: 삼우사), 2022

김학준, 『북한 50년사: 우리가 떠안아야 할 반쪽의 우리 역사』, (서울: 동아출판사), 1995

노재봉(외), 『정치학적 대화』, (서울: 성신여자대학교 출판부), 2015

니콜라이 체르니솁스키, 『무엇을 할 것인가?』, 서정록(역), (서울: 열린 책들), 2003

대런 애쓰모글루, 제임스 A. 로빈슨, 『국가는 왜 실패하는가』, 최완규(역), (서울: 시공사), 2012

_______________, 『좁은 회랑』, 장경덕(역), (서울: 시공사), 2020

도스토옙스키, 『카라마조프가의 형제들』, 김연경(역), (서울: 민음사), 2019

레닌, 『제국주의: 자본주의 최고 단계』, 이정인(역), (파주: 아고라), 2017

레이몽 아롱, 『지식인의 아편』, 안병욱(역), (서울: 삼육출판사), 1986

로버트 스미스, 『레닌』, 김남섭(역), (서울: 교양인), 2017

_______________, 『코뮤니스트』, 김남섭(역), (서울: 교양인), 2012

민만석 외, 『중남미사-중남미 근현대 정치사』, (서울: 민음사), 1993

박승호, 『자본론 함께 읽기』, (서울: 한울), 2016

박영호, 『칼 맑스 정치경제학』, (서울: 한신대학 출판부), 2007

빅토르 위고, 『레미제라블』, 이찬규, 박아르마(편역), (서울: 구름서재), 2021

송정남, 「베트남 역사 읽기」, (서울: 한국외대출판부), 2010

아마코 사토시, 『중화인민공화국사』, 임상범(역), (서울: 일조각), 2016

안토니오 그람시, 『옥중 수고』, 이상훈(역), (서울: 거름), 1999

알렉산드르 솔제니친, 『수용소 군도』, 김학수(역), (파주: 열린 책들), 2017

야성 황, 『중국 필패』, 박누리(역), (서울: 생각의 힘), 2024

에릭 호퍼, 『맹신자들』, 이민아(역), (서울: 궁리), 2011

오오모리 미노루, 『CASTRO-카리브海의 패자』, 예맥 편집실(역), 1983

유광종, 「다시 읽는 문화대혁명」, 월간 중앙, 2001

이근식, 『애덤 스미스 국부론: 번영과 상생의 경제학』, (파주: 쌤앤파커스), 2018

이상우, 『북한정치 변천』, (서울: 도서출판 오름), 2014

______, 『북한정치: 신정체제의 진화와 작동 원리』, (서울: 나남), 2008

이윤주(역), 『The Putin Syndicate』, (서울: 한울), 2019

이종석, 『현대 북한의 이해』, (서울: 역사비평사), 2011

이종인(역), 『파블로프』, (서울: 시공사), 2000

이환(편역), 『국가론』, (서울: 돋을새김), 2011

장웨이잉, 『이념의 힘』, (김태성 역), (서울: 니케북스), 2016

정성장, 『현대 북한의 정치』, (서울: 한울), 2011

정성진(엮음), 『동아시아 마르크스주의-과거, 현재, 미래』, (서울: 진인진), 2023

정태식, 『21세기 제국의 정치와 종교』, (서울: 한울), 2025

조지 오웰, 『동물농장』, 김희진(역), (서울: 범우사), 1997

________, 『1984』, 김희진(역), (서울: 범우사), 1997

조지 프리드먼, 『21세기 지정학과 미국의 패권 전략: 제국으로서 미국은 어떻게 세계를
　　　지배하는가』, K전략연구소(역), (서울: 김앤북스), 2018

존 스타인벡(John Steinbeck), 허승철(역), 러시아저널, 2022

카를 마르크스, 『자본론』, 김승일(역), (파주: 범우사), 2009

토마스 피케티, 『21세기 자본주의』, 안준범, 유영호(역), (서울: 글항아리), 2014

토머스 무어, 『유토피아』, 박문재(역), (서울: 현대 지성), 2022

폴 크루그먼, 『불황의 경제학』, 안진환(역), (서울: 서울서적), 2015

프랜시스 후쿠야마, 『역사의 종언?』, 함종빈(역), (서울: 헌정회), 1989

______________, 『역사의 종말과 마지막 인간』, 이상훈 (역), (서울: 한마음사), 1992

하이에크, 『노예의 길』, 김이석(역), (서울: 자유기업원), 2018

한나 아렌트, 『전체주의의 기원 2』, 이진우 · 박미애(역), (서울: 한길사), 2006

__________, 『인간의 조건』, 이진우(역), (서울: 한길사), 2017

황문수(역), 『유토피아』, (서울: 범우사), 2003

황장엽, 『북한의 진실과 허위』, (서울: 시대정신), 2006

2. 영문 도서

Arendt, Hannah, 『The Origins of Totalitarianism』, (NY: Houghton Mifflin Harcourt
　　　Publishing co.), 1976

Deneen, Patrick J. 『Regime Change: Toward Postliberal Future』, (Penguin Random House), 2023

Friedrich, Carl J. and Brzezinski, Zbigniew K, 『Totalitarian Dictatorship and Autocracy』,

(NY: Frederick A. Praeger Inc. Publisher), 1961

Hayek, F. A., 『The Road to Serfdom』, (Chicago: The Univ. of Chicago), 1972

Hobbes, Thomas 『Leviathan』, (Penguin Classics), 1985

Hoffer, Eric, 『The True Believer-thoughts on the nature of mass movements』, (NY: Harper & Row, Publishers, Inc.), 1989

Kissinger, Henry, 『Henry Kissinger on China』, (Penguin Press), 2011

Kohn-Bramstedt, K., 『Dictatorship and Political Police: The Technique of Control by Fear』, (Kegan Paul & Co.), 1945

Nolan, Peter, 『China's Rise, Russia's Fall: Politics, Economics and Planning in the Transition from Stalinism』, (London: Macmillan Press Ltd.), 1995

Orwell, George, 『1984』, (NY: Penguin Group Inc.), 1961

Sen, Amartya, 『Development As Freedom』, (UK: Oxford Univ. Press), 1999

Snow, Edgar, 『Red Star Over China』, (NY: Groove Press), 1968

Tocqueville, Alexis de 『Democracy in America』, (First Signet Classic Printing), 2001

3. 논문, 북한 자료 등

김성철 외, 「북한의 경제 전환 모형: 사회주의 국가의 경험이 주는 함의」, 통일연구원, 2001

김창희, 「북한 권력승계의 정치: 이념 · 제도화 · 인적 기반 · 사회화」, 『한국동북아논총』, 제17권 제3호 통권 64집, 한국동북아학회, 2012

박수현, 「스탈린 체제와 소련 사회」, 러시아연구, 서울대학교 러시아연구소, 1997

서동오 외, 「공포의 생성과 소멸: 파블로프 공포의 조건화의 뇌 회로를 중심으로」 한국심리학회지, 실험 제18권 제1호, 한국실험심리학회, 2006

서옥식, 「김정일 체제의 지배 이데올로기 연구 - 선군정치를 중심으로」, 경기대학교 전문대학원 박사학위 논문, 2005

손한기, 「중국의 헌법 개정-2018년 중국 헌법 개정의 주요 내용과 그에 대한 평가를 중심으로」, 법학 논고 제61집, 경북대법학연구원, 2018

이상만 · 김동찬 「시진핑 친정체제 구축 방식과 그 함의에 관한 연구」, 한국과국제정치, 2018

『김일성 저작 선집』, 제1권, 1967

『김정일 선집』, 제11권(1997), 제13권(1997), 제21권(2013)

『남북 관계 연표』, 통일연구원(1948~2011)

『스티코프 일기』, 국사편찬위원회, 2004

붉은 제국의 그림자
이념과 인간 사회

초판인쇄 2026년 03월 20일
초판발행 2026년 03월 20일

지 은 이 이기우
펴 낸 이 채종준
펴 낸 곳 한국학술정보(주)
주   소 경기도 파주시 회동길 230(문발동)
전   화 031-908-3181(대표)
팩   스 031-908-3189
투고문의 ksibook1@kstudy.com
등   록 제일산-115호(2000. 6. 19)

ISBN   979-11-7457-538-8 93300

이담북스는 한국학술정보(주)의 학술/학습도서 출판 브랜드입니다.
이 시대 꼭 필요한 것만 담아 독자와 함께 공유한다는 의미를 나타냈습니다.
다양한 분야 전문가의 지식과 경험을 고스란히 전해 배움의 즐거움을 선물하는 책을 만들고자 합니다.